福祉にとっての歴史
歴史にとっての福祉

人物で見る福祉の思想

細井 勇/小笠原慶彰/今井小の実/蜂谷俊隆
[編著]

ミネルヴァ書房

はしがき

フランスのアルザス地方で生まれたアナール派が、国史、政治史に偏っていた歴史学の対象を広く社会一般にまで広げ、その研究方法に大きな変化をもたらしてから長い年月が流れた。日本では、マルクスやウェーバーに影響された戦後歴史学が現代歴史学へと脱皮していく過程で、一九七〇年代以降にその興隆の時代を迎える。特に二〇世紀末、ポストモダンの潮流のなか、歴史学が拠って立ってきた「大きな物語」が終焉を迎え、社会史への関心が高まってきた。名もない民衆の歴史に、強い関心が集まってきたのである。それは、長らく、文書を作成し保存し得た一部の特権階級に所属する人たち、支配者や権力者の側から歴史を検証してきた歴史学が、名もない庶民、市井にくらす人たちの側から、歴史を描こうとする営みにつながっている。

そしてそれは、歴史学が一人ひとりの生活問題と密接にかかわる福祉的課題と政策、実践を検証する福祉の歴史、つまり社会事業史研究に接近してきたことを意味している。しかも福祉の課題は、その時代時代の社会の問題と密接にかかわり、政治や国家政策の行方にも影響を与えてきたことから、これまで歴史学が貢献してきた政治史や国史とも深いかかわりがある。これまで社会事業史研究で明らかにされてきた近代以降の日本の社会の姿が、歴史学で明らかにされてきた日本の近現代史との接点がより求められている。しかしより豊かな歴史像を描くまでには残念ながら、まだ到達していない。

本書は、人物史・思想史研究で社会事業史研究を牽引してきた室田保夫先生に集った門下生を中心とした「サロン」のメンバーが結集して、福祉の実践にかかわってきた人物を軸に、近代国家誕生以降から戦後までの日本を描きだそうと試みたものである。それはこれまでの歴史学が主に描いてきた表舞台の歴史、いわば「光」の歴史に、その裏に隠され可視化されてこなかった、いわば「影」の部分の歴史を提示するということである。

本書のタイトルである「福祉にとっての歴史 歴史にとっての福祉」に込められた意味も、室田先生が私たちに常々教示されてきた言葉である。福祉は、暮らしや生活といった人々の日常における生きる困難や生存に関わる事象が対象とされる分野であり、歴史学研究の中で、これまでそれを主題としてあまり語られることのなかった分野である。しかしながら、人々のありふれた日常や、その暮らしを支えようとした人々の活動も含めて人間の歴史は成り立っているのであり、歴史における事蹟の重みとしては何等変わることはない。それゆえ慈善事業家や社会事業家、そうして当事者から、それぞれの時代はどのように見えていたのか、そのことを解明していくことによって、どのように歴史は描くことができるのか、本書の各章は直接にはそれを語っていないが、そのような共通の問題意識を少なからずもって書かれている。

今、日本では二一世紀のここ十数年の間に「子どもの貧困」「老人や障害者介護」「格差社会」「年金問題」「虐待」「自殺」「移民問題」等々といった諸問題が浮上している。とりわけ、二〇一一年の東北に絶大の被害をもたらした東日本大震災は、地震や津波被害のみならず、原発事故を引き起こし、日本社会のみならず世界に対しても多くの課題を突きつけた。しばしば震災前と震災後と言われるが、社会の仕組み自体と共に「生きる」人間の原点が問われているように思われる。その東北岩手の花巻で育った宮沢賢治は「世界がぜんたい幸福にならないうちは個人の幸福はあり得ない」という有名な言葉を残した。福祉の思想は、生を受けたあらゆる人間がまっとうな人生を送れるというところに基本がある。そうした人の生き様を共有できればと思う。

室田先生もよく引用されるE・H・ノーマンは『クリオの顔』（岩波書店、一九八六年）の中で「歴史はわれわれに過去に向って旅をして、過ぎ去った世代の人びとの生活を精神的に共有することを許すものであるが、もっと重要なことは、それによってわれわれが全人類と平和的協同的に生活することができるようになるということである」

（九二〜九三頁）と述べている。このような想いを込めながら、本著の刊行であるが、それと共に資格が制度化されて以降、次から次へと目も眩むような速さで変革を強いられていく福祉教育界に、いったん立ち止まり、そのあり方を歴史的な実践の積み重ねからじっくりと考えるような機会を提供することができれば、といった著者一同のねがいでもある。

二〇一六年師走

編著者一同

目次

第1章　石井十次とアメリカン・ボード
——宣教師ペティーから見た岡山孤児院

細井　勇

1　石井十次とアメリカン・ボードの出会い

各教派教会の自給問題

近代におけるプロテスタント・キリスト教の各教派は自由教会として近代国家からの自律を志向したが、近代国家の形成期とはナショナリズムの昂揚期でもあったから、各教派は、ナショナリズムの台頭に呼応していく側面があった。このことは近代日本にもそのまま当てはまる。近代日本における各教派は、英米の各教派による国際伝道によって形成されてきたから、当然、各教派は人的にまた財政的に英米の各教派に依存して出発することになった。しかし、その後は自給等が志向されていく。ここでの自給・独立への志向は近代日本におけるナショナリズムの台頭と当然無縁ではなかった。

例えば万国組織を採る救世軍の場合について見るなら、日本救世軍は、十一名の英国人士官達によって一八九五年に設立されたものであった。そこに山室軍平が日本人最初の救世軍士官となっていく。山室は日本救世軍の人的及び財政的自給を目指し、日露戦争後の一九〇四年渡英し、ブース大将（Booth, William）への直談判のすえ理解を得ることができた。帰国後は戦場書記官に任じられ、一九二六年には、東洋人としては初めての司令官、すなわち日本救世軍の代表という地位につき、山室が目指した人的自給は達成されることになった。救世軍はカトリック教会に倣う万国組織なので、それは日本救世軍の独立ということを意味しないが、日本人の手による日本人のための伝道という意味での日本救世軍の自給を達成したのである(1)。

石井十次の創業を支えたアメリカン・ボードと岡山ステーション

ここで取り上げる石井十次によって一八八七年に創設された岡山孤児院は、一慈善事業団体であって一教派教会ではない。石井にとって慈善事業とは、ジョージ・ミュラー（Müller, George）の祈りに応答する神の恵みの証としての慈善事業、すなわち一八三六年のブリストル孤児院の設立とその臨時寄付金のみに依存する経営方法に倣うものであった。しかしながら、英国のようにキリスト教が社会的に定着していない社会背景の中で、創立期の岡山孤児院事業を財政上実質的に支えたのは国際的伝道会社アメリカン・ボード（American Board of Commissioners for Foreign Missions）であった。アメリカン・ボードによる全面的な財政支援を抜きに、石井のミュラーに倣う孤児院経営と事業は考えられない。以下、ごく簡単に岡山孤児院開設の経緯ないしその背景を振り返ることにしたい。

一八一〇年、アメリカ最初の外国伝道団体としてアメリカン・ボードがボストンに設立された。一八六九年、Japan Mission が設立され、神戸が最初の伝道拠点とされた。新島襄は一八六四年国禁を犯して渡米し、アメリカン・ボードの支援を受けてキリスト教主義の大学を日本で設立することを目指し、一八七五年京都に同志社英学校を設立した。この場合アメリカン・ボードは、同志社を京都伝道者養成学校として見なせばこそ同志社を支援したのであった。アメリカン・ボードによる同志社の経営支援と西日本各地での組合系教会形成という文脈において石井は一八八七年に孤児教育会（その後岡山孤児院を名称されるようになる）を設立した。

すなわち、アメリカン・ボード宣教師ケリー（Cary, O）やベリー（Berry, J.C.）等によって一八七九年岡山ステーションが、国内四番目のステーションとして開設された。翌年の一八八〇（明治一三）年、岡山教会が設立され、金森通倫が初代牧師に就任する。ところでこの時期、宮崎の医師荻原百平《どどへい》等は、一八七九年、はやくもアメリカン・ボードに高鍋伝道を要請し、同志社英学校を卒業した小崎弘道による高鍋伝道が実現した（このとき、石井は東京攻玉社に在籍しており不在であった）。その後、荻原百平は石井に岡山医学校への入学を勧め、また岡山教会の金森通倫を訪ねるように勧めた。一八八二年、岡山に入った石井は岡山教会を訪ねるが金森はちょうど不在であり、行き違いもあって石井はカトリック教会に入会していくことになってしまった。しかし、その後、岡山教会に出入りするようになり、金森の反対を押し切って一八八四年一一月、改めて洗礼を受けた。岡山教会員となった石井は、一八八五年、岡山ステーションの宣教師ケリーと同行して高鍋伝道を行い、その後の高鍋教会の設立（一八八八年）を導くことになった。

こうした文脈において石井は、岡山教会の一員として、岡山教会を中心とする組合系教会及びアメリカン・ボード岡山ステーションによる支援のネットワークの中で、一八八七年九月孤児教育会を設立した。そしてその後、ミュラーに倣う神の恵みの証としての慈善事業に専心することを決意していくのであり、また決意し得たのであった(2)。

石井十次とアメリカン・ボードを仲介した宣教師ペティー

アメリカ、マサチューセッツ州に拠点を置く国際的伝道会社アメリカン・ボードが一慈善団体をここまで支援するというのは異例である。しかし、この異例なことが実現した要因ないし背景として以下のような複合的な要因ないし背景を挙げることができるだろう。

第一に、ちょうどこの時期、アメリカン・ボードは日本伝道に特別の力を注いだ、その結果ベリーやペティー等特別優秀な人材が日本に投じられた、という事情を指摘することができる(3)。

第二に、アメリカン・ボードによる西日本を中心とする伝道において、特別岡山が注目され、関係者の間での熱心な受け入れの努力もあって、岡山ステーションがはやい段階で設立された、という事情が挙げられよう。その岡山ステーションは四国と九州伝道を担うことになったから、石井による高鍋伝道の要請と岡山ステーションとしての伝道の使命が一致することになった。

第三に、岡山孤児院の創設者であった石井は、単なる一慈善事業団体の監督者ではなく、岡山教会の一員であり、岡山ステーションとしての伝道活動における有力な伝道者であったことも挙げられる。石井による岡山孤児院事業は、ミュラーに倣うものであり、その後は救世軍に倣うものであって、慈善事業と伝道事業を一体視するものであった。

第四に、アメリカン・ボードが長老派ではなく会衆派であって、アメリカ的な自主独立の精神を重んじる教派であったことである。それ故に石井による岡山孤児院の経営方法は激しく揺れ動くが、岡山ステーションとしては、その経営方法や事業内容には一切干渉せず財政的な支援を惜しまなかった。

第五に、石井による岡山孤児院経営とアメリカン・ボードを仲介した人物として岡山ステーションの有力な宣教師ペティー（Pettee, J.H. 一八五一—一九二〇）が存在したことである。ペティーは石井の人物像と岡山孤児院の様子をアメリカン・ボードの機関紙『ミッショナリー・ヘラルド』（*The Missionary Herald*）に逐次報告する役割を担い、アメリカ人からの寄付金募集を仲介した。とくに移動の激しかった外国人宣教師にあって、ペティーはその生涯のほとんどを岡山に留め置いて活動した例外的な宣教師であった。こうしたペティーの存在なくして、アメリカン・ボードによる岡山孤児院事業への継続的支援は成り立たなかったと思われる。

アメリカン・ボードからの自給問題

ところで、西日本各地に形成された組合教会は、アメリカン・ボードによる国際伝道の支援によって発足したものであるが、その後、アメリカン・ボードからの自給・独立が志向されていくことになる。組合教会は教派的特徴として自主独立の精神を重んじる教派であり、かつナショナリズムの台頭に積極的に呼応する性格でもあった。そのようなことから日本の各教派の中で最も強く本国本部からの自給独立が目指されていったと言ってよいだろう。

以下、その経緯に簡単に触れることにしたい。西日本各地の組合教会によって一八七八年、日本各地への開拓伝道のため日本基督教伝道会社が設立された。最初は関係教会の寄付によって経費をまかなっていたが、その後アメリカン・ボードの援助を受けるようになった。しかしその当初から沢山保羅《さわやまぼうろ》等は自給独立を強く主張していた(4)。その後、文明開化期の欧化主義が退潮し、日清戦争を契機にナショナリズムが台頭してくると、日本の世論はキリスト教を外来宗教として排除していく傾向を強めていった。こうした時代状況にいち早く呼応していったのが組合教会であって、一八九五年の第十回総会で、日本基督教伝道会社に対するアメリカン・ボードの寄付を謝絶することを決議した(5)。

では、こうした組合教会としてのアメリカン・ボードからの自給・独立の問題は、アメリカン・ボードによる財政支援に経営上大きく依存していた岡山孤児院事業にただちに影響を与えたのか、という疑問が生じてこよう。岡山孤児院経営者としての石井は確かに岡山教会の一員ではある。しかし経営の主体は石井であって岡山教会ではない。石井はミュラーに触発されて慈善事業を開始したのであり、その後は救世軍に傾倒し、東洋救世軍の名でもって岡山孤児院事業と伝道事業を一体的に展開しようとした。そうしたことに現れているように、石井は一教派教会の枠の中で岡山孤児院を経営し、事業を展開していったわけではなかった。したがって、組合教会ないし岡山教会としての自給独立問題と岡山孤児院事業とは直接連動する性格のものではなかったと言えよう。

しかしながら、石井はナショナリストであり、ナショナリズムの台頭に呼応していく性格の人物であったことから、アメリカン・ボードからの自給・独立への志向性がなかったはずはない。石井は、ミュラーに倣う孤児院経営法、つまり臨時寄付金にのみ依存する経営法――それを現実的に支えたのがアメリカン・ボードの支援ということになろう――をしばしば否定し、労働自活主義を唱えて実験的に実行しては挫折する、という経験を繰り返している。それは郷里に近い日向茶臼原《ひゅうがちゃうすばる》の開墾事業につながり、明治末期には最終的に拠点を岡山から日向茶臼原に移すことになる。それは石井にとっての最終的なアメリカン・ボードからの自給独立の達成であったと言えなくはない。しかし、少なくとも、岡山孤児院事業が岡山を拠点として継続した限りにおいて見れば、アメリカン・ボードによる岡山孤児院事業への支援は安定的に継続したのであり、石井とペティーとの信頼関係に揺るぎはなかった。こうしたことを可能にしたのはペティーの柔軟さであり、ペティーの石井への全面的信頼であった。ペティーは、一九一八年まで、つまり死（一九二〇年）の直前まで岡山に留まった例外的な宣教師であり、一九一四年の石井の死去後も岡山孤児院事業への協力を惜しまなかった人物であった。

2　これまでの石井十次と岡山孤児院の研究について

先行研究

以上見てきたように、石井十次による岡山孤児院経営と事業を語るにおいて、アメリカン・ボードによる支援、それを仲介したペティーの存在を抜きにすることはできないはずである。しかしながら、石井ないし岡山孤児院に関する先行研究においては、こうした文脈が視野から排除され、石井の個性が強調されて、石井による事業として岡山孤児院事業が紹介されるのが常であったといえよう。

アメリカン・ボード宣教師ペティーと石井との関係に直接言及した先行研究は、本井康博「石井十次、青春の彷徨――J・H・ペティーとの巡り合い」(6)のみである。しかしながら本論文は、岡山孤児院の設立以前の石井の曖昧な足跡についてアメリカン・ボードの関係資料の側から跡付ける、ないし補うことを意図とした論文であって、アメリカン・ボードと岡山孤児院事業との継続的な関係を扱ったものではない。この点、補論・資料紹介「アメリカン・ボードと岡山孤児院」で書誌学的紹介が丁寧に行われていて、大変貴重である。ここには本テーマに関する本格的研究を他の研究者に託そうとする意図が明確である。ここで本井は、一八八八年一二月、石井による孤児院の創設がペティーを通じてアメリカン・ボードの機関誌『ミッショナリー・ヘラルド』に掲載紹介されたことを紹介し、以後ペティーによる報告記事が継続していくことに触れている。

また、岡山ステーションに関する研究として、守屋友江「アウトステーションからステーションへ——岡山ステーションの形成と地域社会」[7]がある。守屋論文は、表題の通り、一八七九年の岡山ステーション設立の経緯を岡山の地域風土との関係で考察したものである。一八八五年のケリーによる高鍋伝道に石井が同行したことへの言及はあるものの、一八八八年以降のペティーによる岡山孤児院事業への支援については何ら触れるものではない。

本章の目的と『ミッショナリー・ヘラルド』

そこで本章の目的は、「石井十次とアメリカン・ボード」をテーマとし、自著『石井十次と岡山孤児院——近代日本と慈善事業』（ミネルヴァ書房、二〇〇九年）を含むこれまでの石井十次ないし岡山孤児院研究における重要な欠落部分を埋めるという課題に応えようとするものである。このための資料調査として、科研費研究補助金を活用して、室田保夫教授等とともに二〇一二年夏ボストンを訪問し、アメリカン・ボードの資料館となっている、コングリゲーショナル・ハウスの図書館と、アメリカン・ボード関係資料が所蔵されているハーバード大学ノートン図書館で資料調査を行った。しかし今回、その成果を十分生かすことができていない。

本章では、日本で閲覧可能な『ミッショナリー・ヘラルド』に掲載されたペティーによる岡山ステーションについての報告書簡ないし報告記事及び石井と岡山孤児院に関する報告記事の内容を紹介していきたい。ところで、一八九六（明治二九）年、岡山孤児院が『岡山孤児院新報』を刊行するようになると、ペティーはその英語版とも言うべき *The Asylum Record* を編集刊行するようになる。残念ながらそのうち石井十次資料館に所蔵された三部しか確認できていない。この三部は、一九〇二〜一九〇三年に刊行されたものであり、岡山孤児院創立からかなり経過した時期のものである[8]。

表1-1　関係記事のリスト

(1)	1888年12月	572-578頁	For Young People　No. 1 Red Cup.　A Story From Japan
(2)	1890　2	79-82	For Young People　The Okayama Orphan Asylum.— Answered Prayer
(3)	1891　2	70-71	The Tenth Anniversary at Okayama
(4)	1892　1	27	Okayama and Out-Stations
(5)	1892　2	70-71	A Few Tens in Central Japan
(6)	1892　8	343-348	For Young People　Ishii and His Orphanage
(7)	1892　12	522-523	Okayama Items
(8)	1893　4	153-154	Items From The Okayama Field
(9)	1893　8	322-323	Okayama
(10)	1893　12	531-532	Within The Okayama District/The Asylum Work
(11)	1894　3	121-122	The New Year in The Okayama
(12)	1894　4	156	From Okayama
(13)	1894　5	209	From Okayama
(14)	1894　7	309-312	For Young People　The Okayama Home For Discharged Prisoners

注：表中の下線は岡山孤児院を直接のテーマとした紹介記事。

本章では、とくに石井と創立時期の岡山孤児院事業に焦点を当てることにした。すなわち、一八八八年一二月から一八九四年七月までの間に『ミッショナリー・ヘラルド』に掲載されたペティーによる関係記事の内容紹介とその検討を通じて、石井とアメリカン・ボードとの関係の一端を明らかにしていくことにしたい。

この時期における『ミッショナリー・ヘラルド』に Japan Mission の報告の一部として掲載された関係記事のリストは表1-1の通りである。表中の下線は岡山孤児院を直接のテーマとした紹介記事である。

それ以外はペティーによる岡山ステーションについての報告書簡ないし報告記事であるが、岡山孤児院に言及しない場合はほとんどない。それはペティーから見れば、石井による岡山孤児院事業は、岡山ステーションの事業の一環であった、ということを意味するであろう。

3　『ミッショナリー・ヘラルド』から読み解く創立時期の岡山孤児院

ペティーの来日は、一八七八年一〇月二六日で、最初は伝道拠点としての神戸、岡山に入るは一八七九年九月一九日であった。

本井論文によれば、一八八五年七月四日～一八八八年一月一二日（論文では翌年となっているが誤記であろう）は帰国中であったので、石井十次が孤児教育会（その後の岡山孤児院）を発足（一八八七年九月）させた時期には、ちょうどペティーの帰国中であったことになる。もし、発足の時期にペティーが岡山滞在中であったならより早い時期に孤児教育会の発足についての記事が『ミッショナリー・ヘラルド』に掲載されたかもしれない。

一人の若者とその妻によるイエスについて教えられる孤児院

ペティーによって石井による孤児院について紹介された最初の記事（表1-1の(1)）は、一八八八年一二月であり、そのタイトルは、For Young People No. 1 Red Cap. A Story From Japan であった。[9]

孤児教育会が世に知られるようになるのは、岡山教会牧師安部磯雄が一八八九（明治二二）年一〇月の『基督教新聞』三二四号に石井の事業を「岡山孤児院」として紹介したことが契機である。以後、石井も岡山孤児院という名称を受け入れ、岡山孤児院という名称が定着していくのである。このように石井の事業が日本で紹介される以前の段階において、石井の事業はアメリカにペティーを通じていちはやく紹介されたことになる。しかし、本記事では、石井の名前はまだ登場していない。「一年前、一人の若者とその妻によってイエスについて教えられる孤児院が開設された」と紹介されるのみである。現在十八名の子どもがいるとし、もっぱら入所している子ども達の名前等を紹介し、タイトルにあるように「第一赤カップ」と呼ばれていた男児の入所の経緯について詳しく説明している。また、石井が孤児院として使用した三友寺の様子を伝えている。

ミュラーの感嘆すべき弟子による孤児院

次掲載は、約一年後の一八九〇年二月のものであって（表1-1の(2)）、タイトルは For Young People The Okayama Orphan Asylum.— Answered Prayer である。岡山孤児院という名称が定着したことを反映したタイトルとなっている。しかし、ここでも石井の名前は登場してこない。単にMr. and Mrs. Iと表記されるのみである。日本の場合なら、石井の名前が前面に出るのであって、「夫婦による」という形では表記されないだろう。しかし『ミッショナリー・ヘラルド』では当初、夫婦によって起こされた孤児院として繰り返し紹介されていることに注目したい。

本記事でペティーは、まず、一年前十八名であった子どもの数が今や五十五名に増えていることを伝えたうえで、もっぱらMr. Iの特異な人物像について詳しく紹介している。子ども達におかゆしか食べさせられなくなり、そのおかゆも尽きようとする孤児院経営の困難さに直面して、Mr. Iは子ども達に祈りに応えてくれる神の恵みのたとえ話をし、実際に三友寺の墓場に子ども達とともに向かい、ともに祈る。その直後実際に支援者による寄付が得られた。そうした事実を伝え、石井の特異な性格を紹介する。その上で、「彼は、ジョージ・ミュラーの感嘆すべき弟子であり、信仰の祈り（による応答）を無条件に確信している」と書いている。

ブリストル孤児院の創設者ジョージ・ミュラーはホワイト・ハウスでも説教した国際的に知られる国際的宣教者であったから、当然ペティーも知っており、石井の霊的な人格を感じ取り、石井を東洋のミュラーとして理解する仕方がこの時すでにあったことが確認できる。ペティーは、石井をその名においてではなく、ミュラーに倣う人物が日本にもいるという形で世に紹介したのである。

岡山ステーションの一事業としての孤児院

一八九一年二月の記事（表1-1の⑶）は、一八九〇年二月の記事（表1-1の⑵）の一年後である。タイトルは、The Tenth Anniversary at Okayamaであり、前年一一月一九日付のペティーの書簡内容である。ここでは一八九〇（明治二三）年一一月九日の岡山教会十周年記念会に触れ、開設時三十二名の会員が五百五十名を越えるまで増加したことを伝えている。ここで着目したいのは、はじめて「石井による孤児院」と紹介していることであり、

「九十名の浮浪児を伴う石井による孤児院は、本教会（岡山教会）の直接の副産物であり、その事業である」と紹介している点である。はじめて石井の名前が登場するが、孤児院事業が石井個人によるものではなく、むしろ岡山教会の事業の一環としてあることが強調されている。国際的伝道会社としてのアメリカン・ボードが石井の孤児院事業支援に着手するうえでは、それが岡山ステーションとしての、また岡山教会としての事業の一環である、ということが是非とも強調される必要があった、ということであろう。

また、この記事では、日本基督教伝道会社の新社長に海老名弾正が就任したことを伝えている。さらに、名前を明らかにしていないが、岡山教会牧師安部磯雄にアメリカでの神学研究のため三年間の休暇を与える決定をしたことに言及している。

一八九二年一月の記事（表1-1の(4)）のタイトルはOkayama and Out-Stationsである。ここでも孤児院について多く触れられている。監督者としての石井は、孤児院の入所者が増えて、新たな小舎建設とそのための費用の必要を訴えていると書いている。また、アメリカン・ボード宣教師ホワイト（White, S.S.）がペティーとともに高梁伝道集会に参加したことを伝えるホワイトによる前年一〇月二四日付けの報告が詳しく紹介されている。

一八九一（明治二四）年一〇月一九日から二一日までの間、石井と岡山孤児院の子ども達等が東洋救世軍の初陣として高梁に向かい、東洋救世軍大演説会を開催したことが石井十次日誌から知れる。ホワイトによる報告では、六つのトランペット、三つの黒、赤、白の旗を携えてのその行進を、救世軍に倣うものと書き記している。この時期、石井は救世軍に傾倒し、子ども達を軍隊に倣って組織し、自ら東洋救世軍を名乗って、「進撃」の名のもとに伝道を開始しようとしていたのであり、高梁進撃をその初陣として強調していたのである。

一八九二年二月の記事（表1-1の(5)）のタイトルはA Few Tens in Central Japanである。高梁教会が十周年を迎えたことを伝える内容である。高梁教会には「迫害の石」が今も記念として飾られているが、本記事は、周囲から石を投げつけられるという高梁教会設立時の迫害の経緯が紹介されている。

ここでも高梁伝道集会（東洋救世軍大演説会）のことがより詳しく紹介されている。孤児院からは二十五名が、男子学校から十二名が参加したことを伝えている。[10]

ここで注目したいことは、石井が演説会の中で、ここ高梁と神戸の中間に位置するところに一人のエヴァンゲリスト（福音伝道者）が、孤児院のためその私財のすべてを寄付してくれた、と述べたことが記されていることである。これは、一八九一年一〇月二日、小橋勝之助の博愛社と岡山孤児院との合同の達成において実現したことである。しかし、石井はその直後、東洋救世軍を名乗るようになり、その初陣としてのこの高梁進撃において、博愛社との合同には一切触れず、小橋からの財産贈与を匿名者による祈りに応答する神の恵みの如きものとして紹介していることになる。小橋から見れば博愛社と岡山孤児院との間の対等な関係における合同であったはずである。しかし、石井の側、とりわけアメリカン・ボード宣教師ペティーの側にとってはそうではなかった。アメリカン・ボードによる伝道事業の一環として岡山孤児院事業を位置づけることから、岡山孤児院が博愛社と対等な関係において合同した、という理解の仕方は有り得なかったということになろう。

石井十次と彼による孤児院

一八九二年八月の記事（表1-1の(6)）のタイトルは For Young People Ishii and His Orphanage である。ペティーが岡山孤児院を正面から紹介しようとする場合、決まって「若い人々のために」というタイトルを掲げていることに注目したい。石井の事業を伝えることが、青年への伝道ないし啓蒙につながるというペティーの理解の仕方がうかがえる。今回の記事において初めて、石井の顔写真が大きく掲載され、「石井と彼による孤児院」と明確に紹介されるに至っていることはなによりも注目される点である。

ここでペティーは石井が現在の宗教性に至った経緯ないし要因を、以下四つにまとめて、詳しく挙げている。第一の要因は、石井の一一歳か一二歳のときの体験である。ペター・パーレイ（Peter Parley）の『世界の歴史』

の訳本を読む中で、彼は十字軍の絵に十字架の像を見た。彼は同級生に、もし見えざる十字架を信じることができるなら、奇跡を起こせるだろうと言われ、彼は何度も試したという。これが彼にとって見えざる、全能の神という印象を初めて与えることになった。

第二の要因は、十五歳のときの体験である。ある夜、突然警察がやってきて自分を逮捕するという夢を彼は見る。すると翌日、夢で見た通りのことが実現し、逮捕されることになった。彼のこの体験は見えざる神を信じる誘因になっていった。その後荻原百平から、信仰と希望と愛はキリスト者の三つの土台という話を聞くことになる。岡山に向かった石井はカトリックの信者となるが、その後岡山教会牧師金森通倫に反対されながらも、改めて一八八四年に岡山教会にて洗礼を受けた。その後、新島襄が貧しきものからのわずか二ドルの献金を起点に、日本にキリスト教の大学を設立する構想をもったという、新島による文書を故郷で読むと、直ちに彼は、貧しい子ども達のために夜学校を開設した。その後、スマイルズ（Smiles, Samuel）の『自助論』を読み、ジョン・パウンズ（John Pounds）とガスリー（Dr. Guthrie）を知り、ガスリーの如く自分自身を恥じ入り、為すことを改めようとした。

第三の要因は、一八八六年一二月、ミュラーが来日し、翌二月同志社の神学生（著者注：古藤重光のこと）からそのことを知り、深い内的な衝撃を受けたことである。それまでの石井は在籍していた岡山医学校卒業後に何かをなそうとしていた。しかし、このとき石井は直ちに子ども達のために行動を起こすことを決断した。そして上阿知に行った石井は、六月のある日、二人の子どもを連れた乞食をする母親に出会い、その頼みに応えて、その男子を引き受けることになった。

第四の要因は、その直後の七月の出来事である。貧しい漁夫とその妻が、自分達を養うにも十分でないなかで引き取り手のない三歳の女子と五歳の男子を保護していることを知り衝撃を受ける。神の愛を知らない貧しきものでさえ、そのような親切を実行し得ていることを知ったからである。

その後、三人の子どもを伴い上阿知から岡山に戻った石井は、九月、彼の孤児院を開設した。そして彼のホームは、とくに一八九一年一〇月二八日の濃尾大地震以後、世に広く知られるようになった。震災孤児救済のため名古屋に支部施設を開設し、そして七十七名の震災孤児を救済した。

以上のようにペティーは石井の人物について詳しく紹介したうえで、ここでも再度、播州の献身的な福音伝道者からその全財産の寄付があったことを紹介している。そしてこれまで、二百八十五名の子どもを救済保護したこと、うち二十五名は死亡し、七名は逃亡し、二十名が引き取られ、現在二百三十三名が三つのホームで生活していると伝えている。

そして最後に、この孤児院は祈りの場所そのものであると記している。朝六時から七時までは祈りの時間であって、このため子ども達は歌いながら祈りの場である墓場に向かう。金曜の晩の九時、望む者らで短い祈祷会が同じ聖なる場所で行われる。そこは祈りに応える神の恵みが証しされる孤児院の聖なる地である。安息日の午後は、子ども達は隊列をなして教会に向かうことになる。その光景は周囲に孤児院のなんたるかを示すものとなり、見るものをして孤児院への寄付をさそうことになった。

そのように岡山孤児院を紹介したうえでペティーは結論として、石井と彼による施設は、彼自身が好きな新約聖書の一節「私はあなたがたとの間に新しい契約を結ぶ、互いに愛し合いなさい」を実際的に実現するものであった、とまとめている。

この記事は、石井とその事業を初めて本格的かつ詳細に紹介したものと言えよう(11)。ペティーの石井とその事業に対する特別の思いと信頼の情が溢れ出ている。ペティーがかくまで石井とその事業を信頼すればこそ、アメリカン・ボードによる岡山孤児院事業への継続的な支援が可能になったと言い得るであろう。

とくにこの記事で注目したいのは、ペティーの石井の紹介の仕方である。石井を紹介するにおいて岡山孤児院の創設に至る経緯という形ではなく、行動化する宗教性に至る経緯として、それを可能にした四つの石井の体験ないし出来事を列挙していく。とくにその第一の出来事として石井十二歳頃の出来事を挙げているが、このエピソードは石井十次日誌に負う従来の石井十次研究では取り上げられていないものである。ペティーと石井との間の親密な関係性があればこそ可能となったペティーによる貴重な洞察である。

一八九二年一二月の記事（表1-1の(7)）は、九月二四日付のペティーの書簡内容の一部であり、タイトルはOkayama Itemsである。記事は短いが、孤児院でのマッチ製造、活版印刷、農場、理髪等の実業教育について簡単に触れた後、同年夏に起こった洪水被害の甚大さと救済について書いている。

一八九三年四月の記事（表1-1の(8)）のタイトルはItems From The Okayama Fieldである。ここでは伝道困難な地である落合教会において一月、三人の若者の受洗者が出たことを報告している。落合教会では、若い信者達によってa Christian Endeavor Societyが設立され、現在十一名の会員であると伝えている。こうした活動方法は、岡山における日曜学校で採用され、一定程度岡山孤児院でも採用されていると書いている。

この時期の石井十次は信仰心を復興させており、一八九二年一一月七日には、古藤重光によって翻訳された『ギブソン馬太伝講義』を通じて、聖書学校を孤児院内で開校している。そしてこれまでの実業教育の行き過ぎを改め、キリスト教主義の教育を石井は重視していくのである。[12]ここでの記事内容は、こうした石井及び孤児院事業の変化と関係しているに違いない。本記事は、翌年一月八日、孤児院の十一名の児童が三名の大人とともに岡山教会で受洗していることを伝えている。一八九三（明治二六）年は、岡山孤児院経営において最も困難を極めた年であった。祈りと祈りに応答する神の恵みの事実を証しすることが、そのまま伝道につながるとして『孤児院月報』が発刊されたのも、この年の八月のことであった。

一八九三年八月の記事（表1-1の(9)）は、五月一五日付のペティーの書簡内容であり、タイトルはOkayamaである。ここでは岡山教会を留守にし、渡米中である安部磯雄について触れている。そして五月の最初の安息日に岡山教会で九名が受洗したこと、また、岡山教会のほとんどの会員は孤児院と何らかの形で関係していることを伝えている。現在二百三名の子ども達が教会近くのホームで生活している。継続してアメリカ市民に孤児院のことを想い、寄付してくれることを希望するとペティーは書いている。

出獄人保護事業（岡山感化院）への特別の注目

一八九三年一二月の記事（表1-1の⑽）のタイトルはWithin The Okayama DistrictとThe Asylum Workである。ここでは、岡山ステーションとしての報告と孤児院事業の報告が区別されて掲載されている。よって前者では孤児院への言及はない。The Asylum Workでは、以下のようにこの時期の出獄人保護事業について詳しく紹介し、支援を求めている。

ここ岡山において目を見張る活動は石井とその協力者達によって示されている。この絶好の時期に、新たな事業が彼に開かれることになった。すなわち出獄人保護である。長い間この事業は仏教関係者によって占有されてきた。しかし、新しいドアが彼に開かれることになった。岡山には一千人の出獄人がいて、出獄に際して困難に直面し再犯を繰り返している。石井の如き準備のできた忙しき神の僕には、神の摂理が働き、自暴自棄となっていた二人の出獄者が過去二週間孤児院で保護されることになった。石井は直ちに出獄者のための働く場として製筵所《せいえんじょ》を開設した。しかし、新しい起業のためには小さな家屋があるのみであった。孤児院の実業部である印刷所は入所児のためには手狭であり、孤児院の寝室は身体の弱い子ども達のためには混み過ぎていた。神の裕福な僕らがもし、この受難者と自己犠牲を見たら、孤児と出獄者のため、またキリスト教主義の起業のために、その贅沢を放棄するだろう。今、孤児院は適切な地にある二百四十ドルの建物を購入し得る優先権を有している。もし支援があり、借金せず支払うことができれば入手できる。この間、孤児院の子ども達は伝道のためトラクトを配布し、また実業に取り組んでいる。彼らは救世軍として、またa Christian Endeavor Societyとして組織され、「神に栄光あれ」という機会を失うことがない。

以上、実に活き活きとした描写となっている。なお、当時の状況を補足説明すると、岡山にはすでに一八八八年八月、光清寺の住職の千輪性海によって岡山感化院が開設されていたが、前年（一八九二年）七月の洪水の被害を受け、新たな出獄者を受け入れることができなくなっていた。こうした状況下、石井は岡山監獄の典獄とも交渉し、一八九三年九月、孤児院として岡山感化院を開設、同時に製筵所を開設し、出獄者九名を保護していくのである。(13) 一八九四年三月の記事（表1-1の(11)）のタイトルは The New Year in The Okayama であるが、前年一月九日付のペティーの書簡内容の転載である。一八九三年一〇月の洪水被害の甚大さをまず伝えている。

また、一か月前、つまり一八九三年末に、この地方に新たな特別の集会が開催されたと伝えている。それは会衆派（つまり岡山教会等組合系教会）と長老派（つまり日本基督教会）との合同であり、超教派的なものであったとも伝えている。このことから、日本基督教会の石田佑安が岡山に入り、一八九三年末岡山伝道義会を発足させたことに言及した記事であることが分かる。本記事では、これを a evangelistic corps と表現している。メンバーとして、石田の名前は登場していないが、「岡山孤児院の石井」という表現があり、炭谷小梅の名前が挙がっている。

本記事でも孤児院のことが以下のように詳しく紹介されている。

孤児院は順調に進展している。石井は名古屋の孤児院を閉鎖し、その三十八人の子どもを岡山に移そうと駆り立てられている。活動の拠点が二か所に分かれ、石井はその間を往復しなければならないが、それが不可能になってきた。その結果、一八九三年中にこの第三の施設（名古屋震災孤児院）が岡山に吸収合併されることになった。新たなハウスが与えられたが、なお不十分である。石井等は新年、もう一つのコテッジが与えられることを祈っている。今や孤児院の児童は三百名であり、部屋は混雑しており、寒い夜を温める布団も十分でない。しかし、誰も不平を言うものはおらず、皆忙しく、また幸福で、かつ可能な限りにおいて無私である。

出獄者のための感化院は、うまくいっている。一人の同志社卒業生が、その生活をこの岡山感化院に捧げて働いている。毎日二十分聖書を教え、更生途上にある彼らのけんかを仲裁しており、彼らの父親のようである。ここでの同志社卒業生とは、石井と故郷を同じくする、つまり高鍋出身の古藤重光のことである。

一八九四年四月の記事（表1-1の⑿）のタイトルはFrom Okayamaであり、やはりペティーからの書簡内容であり、ごく短い記事である。昨年（一八九三年）一〇月の洪水被害地への伝道において日本人兄弟と外国人宣教師達との関係が垣根のないものであることを強調している。しかし珍しく岡山孤児院への言及はない。

一八九四年五月の記事（表1-1の⒀）のタイトルもFrom Okayamaであり、二月七日付のペティーの書簡内容である。これもごく短い記事であるが、以下のように孤児院に触れている。

石井は今、彼の感化院で七人の出獄者を保護している。以前の生活に比べればここは天国にいるようなものだと、彼らは言っている。

孤児院は、まさに順調であり、かつてないほどに有益である。岡山教会における不和は癒された。

この最後の気になる表現はおそらく岡山孤児院と岡山教会との関係に言及したものと推定する。一八九二年一一月、石井の信仰のリバイバルは孤児院内の聖書学校の開校につながった。このとき、石井は岡山教会に生ぬるさのようなものを感じていたのであり、聖書学校の開校とは「岡山教会ないし組合教会からの独立した形での孤児院教会設立構想の具現であったといえよう[14]」。しかし、その一年度の一八九三年末には、石田佑安とともに岡山伝道議会を超教派的に結成していくのであり、岡山教会との対決色はすっかり影を潜めていく。翌一八九四年二月、ペティーは、石井と岡山教会の関係の修復を感じ、安心したのではないだろうか。

出獄人保護事業（岡山感化院）、その起点となった石井による監獄伝道

一八九四年七月の記事（表1-1の⒁）のタイトルはFor Young People The Okayama Home For Discharged Prisonersつまり「出獄人のための岡山ホーム」であって、岡山孤児院としての出獄人保護施設、岡山感化院についてのまとまった紹介記事となっている。本記事でペティーは、前回の記事（表1-1の⑹）では、「石井と彼の孤児院」を話したが、今回は、この孤児院の最近の分館について話したい。それは「社会内の孤児（orphans in society）」

と呼ばれ得る年長の者達への保護を目指したものである、と書き始めている。

孤児院の「父たる石井」は、かねてよりここに囚人達を何らかの方法で受け入れ、彼らの道徳的かつ精神的な救済のために何かを実行しようと欲していた。常時岡山監獄には少なくとも一千人、そのほとんどは男である囚人が監禁されている。彼らの一部は、累犯者であり、出獄後彼らはほんの数日ないし数時間塀の外に留まるだけである。この大量の、そして不幸な群れの道徳的教化事業はもっぱら住職者達の手に任されてきた。四人の僧侶達は、これらの一千人の犠牲者達との個人的な対話にそのすべての時間を費やしている。しかしその成果は、看守達の判断によれば無に等しい。その（岡山監獄）典獄は、かつて泥棒や乞食をしていたこともある子ども達への感化において石井が成功していることを知り、彼に対し何度も、これら社会から排除されている者達のため何かしてほしいと頼んできた。

昨年（一八九三年）九月、かつてローマ・カトリックの信者であった若い男が、彼はかつて石井をカトリック司祭に紹介した男であったが、以来悪の道に進み、出獄後は、仕事を見出すことができず、友人もなく、救いもなく、自殺することを決意していた。彼は、私（＝ペティー）の家の前の丘で発見された。そして石井の下に連れて行かれた。翌日、別の絶望的苦況にあった若い男が同じ場所で発見され、同様にして救済保護された。二番目の男は石井の事業を通じて家族の下に帰ったが、最初の男は友人も無く、帰る家もなかった。

石井は、このことを年来の希望の実現に向けた、つまり出獄者の救済のために何かを実行することに向けた神からの呼びかけであると感じ取った。そこで直ちに孤児院の分館を開設していった。

彼は、カラーの床マット製造のための麦わらの織機をそこに設置し、製筵事業を開始した。日頃の平均的な生産量は、出獄人達の食費を賄うのにちょうど十分なものであった。ここでの規則は、もし授産場に残ろうとするなら二か月間の見習い期間後は独り立ちすることである。その必要経費を上回る稼ぎ分は、注意深く彼のために貯蓄され、彼がこのホームを去る時に彼ないしその親類に与えられる。

現在、九名の出獄人がこのユニークな感化院にいる。それぞれの経歴は小説のように興味深い。次ページには三人の職員と六人の男たちの写真を掲げている。最も左の人物はローマ・カトリックの元信者で、ホームの最初の入所者である。彼は他の出獄者から「年上の兄弟」と呼ばれ、真のキリスト者となることをまさに切望しており、他の者へのよき模範となっている。

彼の隣にいるのは渡辺（亀吉）である。彼は石井自身のように選ばれし勇敢なるキリスト者の性格である。十三歳のときには彼は完全なる強盗であった。十九歳となる前彼は七度獄につながれた。彼は神戸監獄に移送され、出獄後は三つの別の監獄でチャプレンとして八年間働いた。その後石井を助けるべくこの孤児院にやってきた。以来彼はこれまで最も忠実で有能な協力者である。彼は今や出獄人保護における宝であり、彼の妻とともに男達のために家庭を築いている。

後ろに立っているのは古藤（重光）であり、同志社の卒業生である。

太った少年は、知的に遅れているように見えるけれども、ここでの生活での良き影響によって急速に輝きを見せるようになってきている。彼の経歴は悲劇的である。十六歳のとき不良仲間に陥り、放縦な習慣に染まってしまった。彼は監獄で八度の刑期を終え、まだ二十歳である。彼がこのホームに逃げ込み、入所を頼んできた時には何とも哀れな様相であった。ボロなシャツのみをきて、濡れており、震えており、野良犬同然であった。しかし、今や彼は、この授産場において最も幸せな仲間であり、そして、「私は地獄から救われ天国に入った、かつての生活と何と違うことか」と彼は話している。

我々は、この孤児院で起こった最近の発展に少し有頂天になりすぎているのだろうか。石井の信念と献身のみが、子ども達と犯罪者達とを大胆にも融合させている。しかし、この企ては今のところ見事にうまくいっている。

主たる子どもの施設とこのユニークな分館とは相互補完的である。彼らのうち何人かは一か月もここに留まっていることができない。しかし、その成果は予想に反し、すべて驚くべきものである。我々のホームは、監獄における囚人達に劇的な変化をもたらし、犯罪者であることからの解放への真の希望を彼らに与えている。我々はしばしば入所の新たな要望に悩まされている。我々の工場とホームでは、彼らをこれ以上受け入れてやることができない。どうか我々のホームの入所者の確かな救済のため、またこのホームの発展のため、思い起こし、祈ってほしい。

以上、一部省略しながら、本記事の内容を追ってきた。石井は、一八八九（明治二二）年六月の時点で監獄伝道を目指し、監獄保護会社設立趣旨始末並概則を日誌に書き、感化院設置の構想を明記していた。その四年後の一八九三（明治二六）年九月、石井はその構想を実現させたことになる。同年九月一七日の「石井十次日誌」には以下のようにある。

然るにいまは余を十二年前に天主教に導きたりし香川末吉君予がいま導きつつありし鷲見君の手に由って救はれこの［感化保護院］誕生の動機とならんとは。……妙なるかな、余は今日始めて明らかに天啓的事業の真想を悟見し感歎驚服の到りに堪えざる也。

以上ペティーが石井による天啓としての出獄人保護事業ないし岡山感化院を特別注目していたことが確認されたであろう。ペティーが描く岡山感化院は、その成果に目を見張るものがある、というものである。しかしながら、古藤重光が監督する岡山感化院は実際には必ずしもうまくはいってなかったようである。感化院に入所してくる年長の出獄者達は、比較的年少でまじめに働く岡山孤児院の子ども達のようにはまじめではなく、彼らに悪影響を与えていたからである。この年、つまり一八九四（明治二七）年一〇月には、岡山感化院は閉鎖に至っている。(15)

4　ペティーは石井十次をいかに紹介しようとしたか

ペティーによる石井十次の事業の紹介の変遷

以上、岡山孤児院創業期における、『ミッショナリー・ヘラルド』（*The Missionary Herald*）に掲載されたペティーによる関係記事とその内容を考察してきた。ここで扱った関係記事十四点のうち、岡山孤児院を主題としたものは四点であり、いずれも「若い人々のために」という見出しであった。三点目の記事は一八九二（明治二五）年八月のもので（表1-1の(6)）、タイトルは「石井と彼による孤児院」であった。

こうした『ミッショナリー・ヘラルド』に掲載された関係記事の延長に、一八九四年ペティーによって編纂された小冊子 *Mr. Ishii and His Orphanage* があり、*Okayama Home for Discharged Prisoners its Origin and Inmates* があると言えるだろう[16]。

ところで、ペティーによる石井十次の事業の紹介の仕方、そのプロセスは注目に値しよう。石井の事業は、日本ではなく、まず、アメリカ人に向かってペティーによって一八八八年一二月、知らされることになった。しかし、その場合、ペティーは「一人の若者とその妻」によって、「イエスについて教えられる孤児院」として紹介している。

一八九〇年二月の記事では（表1-1の(2)）、初めて「岡山孤児院」という名称が登場してくる。しかし、その場合も「I夫婦」による岡山孤児院と紹介するのみである。しかも、Iという人物を、「ジョージ・ミュラーの感嘆すべき弟子」として強調し、紹介している。

一八九一年二月の記事（表1-1の(3)）では、「石井による孤児院」という言い方が初めて登場するが、その場合ペティーは、あくまで岡山教会の一員としての石井を強調するのであって、孤児院を「岡山ステーションの一事業」

として強調している。

その後、石井による救世軍の名による高梁伝道が岡山ステーションとしての伝道事業として紹介される。また、この時期の小橋勝之助からの土地財産の寄贈を、博愛社との合同の結果としてではなく、そのことには全く触れず、一福音伝道者による匿名の寄付のごときものとして報告している。

一八九二年八月の記事（表1-1の(6)）は、「石井と彼による孤児院」と題して初めて石井による岡山孤児院事業をまとまった形で紹介したものである。この場合、ペティーは石井の特異な霊性を強調し、そうした霊性が如何にして獲得されていったかを四つの契機ないし出来事として説明していく。石井による岡山孤児院事業が彼の伝道事業の一環としてあったことが強調されていると言えるだろう。

一八九三年一二月から翌一八九四年七月まで、五回の記事（表1-1の(10)〜(14)）があるが、ペティーの石井による出獄人保護事業への特別の関心が表現されている。とくに一八九四年七月の「出獄人のための岡山ホーム」では、石井の出獄人保護事業ないし岡山感化院について監獄伝道の実りとして詳細な紹介を行っている。こうしてペティーが石井の出獄人保護事業を繰り返し取り上げるのは、住職による教化事業がなんら成果を上げるものではなく、石井による伝道事業の一環としての出獄人保護事業こそが如何に有益な成果を上げているかを強調せんがためであると言えよう(17)。

以上、アメリカン・ボード宣教師ペティーを通じて、アメリカン・ボード岡山ステーションとして石井の事業に対する特別の支援がなされた文脈とその理由が『ミッショナリー・ヘラルド』に掲載された関係記事の内容から明らかになったであろう。言い換えれば、本章のはじめで、指摘した国際的伝道会社であるアメリカン・ボードがなぜ一慈善団体をかくまで支援したかの文脈と理由が再確認できたであろう。ペティは、石井を一慈善事業家というよりは、一宣教者として本国に伝えようとしたのである。

石井十次とアメリカン・ボード

最後に、本章の視点、つまり石井十次ないし岡山孤児院事業をアメリカン・ボードとの関係から、とくにペティーから見た岡山孤児院事業という視点から考察することの意義について改めて考えてみたい。先行研究において石井の霊性の人格に注目した研究は意外に少ない[18]。石井の事業が石井の霊性においてこそ捉えられるべき性格のものであるとするなら、ペティーこそ、石井との交わりの中で、そう捉えた人物であり、支援者であった。したがってペティーを通じて、石井の人物像と事業の性格が改めて鮮明になってくると言い得よう。一方で、ペティーによって強調された石井の人物像とその事業は、石井の人物像とその事業を多面的かつ包括的に、あるいは客観的に扱ったものではないこともまた確かであろう。ペティーは、アメリカン・ボードが石井の事業を支援しやすいように、石井をアメリカン・ボード岡山ステーションの一宣教者として捉え、その伝道事業の延長に岡山孤児院事業を位置づけることに腐心したものと思うからである。岡山孤児院と博愛社との合同の経過など、ペティーが敢えて書かなかった事柄、書き得なかった内容があったはずである。したがってペティーによる説明をそのまま鵜呑みにするわけにはいかない。とはいえ、ペティーによって描かれる石井や関係者の人物像は実に活き活きとした描写になっており、目を見張るものがあることは疑い得ない。

注

（1）細井勇「山室軍平と救世軍の教派性――宗教法案との関係を中心に」同志社大学人文科学研究所編『山室軍平の研究』同朋社、一九九一年、参照。

（2）細井勇「岡山孤児院の創設と組合系教会形成」『石井十次と岡山孤児院――近代日本と慈善事業』ミネルヴァ書房、二〇〇九年、所収、参照。

（3）「ボードに関する伝道地の内で日本は八〇年代に急劇に規模が拡大し、八〇年代後半には統計上最大規模の伝道地となっている。」（吉田亮「総合化するアメリカン・ボードの伝道事業」同志社大学人文科学研究所編『来日アメリカ宣教師――アメリカン・ボード宣教師書簡の研究　1868～1890』現代史料出版、一九九九年、二頁)。

(4)　土肥昭夫『日本プロテスタント・キリスト教史』新教出版社、一九八〇年、六三頁参照。

(5)　同右、一四六頁参照。

(6)　同志社大学人文科学研究所編　室田保夫・田中真人編『石井十次の研究』同朋舎、一九九九年、所収。

(7)　同志社大学人文科学研究所編『アメリカン・ボード宣教師　神戸・大阪・京都ステーションを中心に、1869～1890年』教文館、所収。また、関連する先行研究として竹中正夫「岡山県における初期の教会形成」『キリスト教社会問題研究』三号、一九五九年。田中智子「明治中期における地域の私立英学校構想と同志社」『キリスト教社会問題研究』六〇号、二〇一一年、がある。なお、『ミッショナリー・ヘラルド』(*The Missionary Herald*) は同志社大学人文科学研究所所蔵のマイクロ・フィルムを活用させて頂いた。

(8)　この ASYLUM RECORD の三部は、菊池義昭・細井勇編『編集復刻版　岡山孤児院新報』第一巻、六花出版、二〇一四年に転載されている。

(9)　本書六頁における本井論文では、「若い人たち――石井氏と彼の孤児院」というタイトルで紹介されているが誤記である(室田・田中編、前掲『石井十次の研究』二八頁)。このタイトルは翌年、一八九二年八月の記事のタイトルである。

(10)　これは岡山ステーション設立後、ケリーやペティー、岡山教会牧師安部磯雄等によって、一八八九年九月に発足した岡山英語学校のことである。その後、一八九二年一月から薇陽学院と名称を変えるが、その後廃止された(守屋友江「アウトステーションからステーションへ――岡山ステーションの形成と地域社会」同志社大学人文科学研究所編、前掲、一一三頁)。より詳しくは、田中智子、前掲論文参照。なお、宮崎県児湯郡木城町にある石井十次資料館には、「薇陽学院」の印が押された書籍が一定程度保管されている。石井は有能な男子を男子英学校(その後の薇陽学院)に就学させようとしていたのであり、両者の深いつながりが知れる。

(11)　この年には、ペティーにより「石井とその事業――東洋のジョージ・ミュラーと彼のユニークな孤児院」と題する小論が書かれており、その内容は Otis Cary (ed.) The Materials for the Japan Mission of the American Board. 1875-1917. vol. 1 (同志社大学神学部所蔵) に掲載されている。

(12)　細井勇、前掲『石井十次と岡山孤児院』三四五～三五五頁参照。

(13)　同右、二一四～二一七頁参照。

(14) 同右、三五三頁。
(15) 同右、二一七頁参照。
(16) その内容は、細井勇、菊池義昭編解説『岡山孤児院関係資料集成』第一巻、不二出版、二〇〇九年に転載されている。
(17) ペティーが石井の出獄人保護事業を特別重視したのは、アメリカン・ボードがそうであったということであろう。その時代背景及び地域的な背景として考えられることは以下のことである。すわなち、十九世紀になると監獄に収監される犯罪少年の問題が欧米各国で問題視されるようになり、ヴィヘルンが一八三三年非行少年のための塀のない家族舎としてラウエハウスをハンブルクに開設したことが、仏英米に影響を与えていった。また、アメリカン・ボードが拠点とするマサチューセッツ州はブロックウエイに代表されるように監獄改良の先進地域であった。
アメリカン・ボードの支援によって開設された同志社で学んだ留岡幸助は、その後空知集治獄教誨師となるが、一八九四年五月、監獄改良を学ぶため渡米し、マサチューセッツ州のエルマイラ監獄のブロックウエイに師事することになる。渡米直前留岡は一月、石井十次を訪ねている。それは、石井が監獄伝道の夢を実現させた直後のことであった。こうして、アメリカン・ボードがJapan Missionの動向として石井の出獄人保護事業に注目するのと、留岡が監獄改良の先進地を訪問すべく渡米する時期とが重なるというのは興味深い。留岡はアメリカでラウエハウスの家族舎制を知り、そこに一八九九年開設する家庭学校のモデルを見出していった。
(18) 例えば、山室軍平「信仰の人・石井十次」『基督教世界』二五二五号、一九三二年。葛井義憲「霊性の人、石井十次」杉井六郎先生退職記念事業会編『近代日本社会とキリスト教』同朋社、一九八九年がある。

* 本章は、科研費補助研究(基盤A)「岡山孤児院の国際性と実践内容の質的分析に関する総合的研究」(代表細井勇、二〇一〇~二〇一四年度)の成果報告書『石井十次資料館研究紀要』別冊Ⅲ(二〇一五年三月)に掲載した論文「アメリカン・ボード宣教師J・H・ペティーから見た岡山孤児院―― The Missionary Herald の掲載記事より」を加筆修正したものである。

第2章　小橋勝之助と私立愛隣夜学校の創立

——博愛社をめぐる人々

片岡優子

小橋勝之助[1]は、同志である小野田鉄彌、澤田寸二、前田英哲[2]らの協力を得て、明治二三年兵庫県赤穂郡に博愛社（大阪市淀川区にある社会福祉法人博愛社の前身）を創立し、博愛社初代社長となった。その設立に際し、博愛慈善の主義に則って、博愛社文庫の設置、博愛雑誌の刊行、慈善的夜学校、慈善的普通学校、貧民施療所、感化院及び孤児院の設立という、七つの事業の完成を目指した。

本章は、これら七つの事業のなかの「慈善的夜学校」に焦点を当て、①当時の夜学校（小学夜学）とはどのようなものであったのか、②小橋勝之助が目指した博愛社の事業構想の概略、③後に博愛社の事業の一つとなった私立愛隣夜学校の創立から明治三三年ごろまでの動向について明らかにしていくことを目的とする。

これらの課題を明らかにしていくために、博愛社所蔵の『博愛雑誌』[3]や愛隣夜学校に関する資料を活用し、夜学校（小学夜学）については、日本における小学校の歩みを文部省（当時、以下同）の政策からふりかえり、夜学校（小学夜学）に関する先行研究をいくつか参照して考察していくこととする。なお、史資料からの引用に当たっては原文のとおりとしている。引用文の漢字は人名を除きできる限り常用漢字を用いた。

1　明治期における「夜学校」とは

本章における「夜学校」とは

本章における「夜学校」とは、明治五年の学制第二一章に定められた「小学校ハ教育ノ初級ニシテ人民一般必ス学ハスンハアルヘカラサルモノトス」とする小学校のなかの、尋常小学（学制第二七章）・女児小学（学制第二六章　尋常小学教科のほかに女子に裁縫その他の実技を兼修させる）・村落小学（学制第二五章　山間僻地の農村において教則を少々省略して授業を行う）・夜学校・貧人小学（学制第二四章　貧困者の子どもを入学させるための学校で特に篤志者の寄進によって設立された）・小学私塾（学制第二三章　小学教科を指導しうる免状を有する者が私宅で教える）・幼稚小学（学制第二二章　六歳までの男女に、小学校入学前に予備教育を実施する）のうちのひとつであり、学齢期を過ぎた者を対象にして生業の余暇に小学校教育を教授するものであった。学制第二五章は「村落小学ハ僻遠ノ村落農民ノミアリテ教化素ヨリ開ケサルノ地ニ於テ其教則ヲ少シク省略シテ教ルモノナリ或ハ年已ニ成長スルモノモ其生業ノ暇来リテ学ハシム是等ハ多ク夜学校アルヘシ」である。村落小学が学制第二五章において「是等ハ多ク夜学校アルベシ」と規定されていることに依拠して、各地に夜学校が開設されたのであった。

尋常小学に関しては、学制第二七章において、「尋常小学ヲ分テ上下二等トス此二等ハ男女共必ス卒業スヘキモノトス」「下等小学ハ六歳ヨリ九歳マテ上等小学ハ十歳ヨリ十三歳マテニ卒業セシムルヲ法則トス」と定められていた。すなわち、尋常小学八か年を上下二等（下等小学・六〜九歳・四か年、上等小学・一〇〜一三歳・四か年）に分けて、人民すべてが必ず就学しなくてはならないものと位置づけ、就学を督励していたのである。

しかしながら、学制においては、小学校の授業料が徴収され、書籍や学用品の費用もかかるため、子どもに教育を受けさせる余裕のない国民が少なくなかった。貧困家庭においては、学齢期の子どもでさえも働いて一家の家計を助ける必要があり、子どもの就学は、家庭の労働力の減少につながるため、一層の貧困をもたらすものと捉えられていたのである。そのため、義務教育制度を確立させようとした政府と地方当局は、小学校への就学率を向上させることを目的としてさまざまな施策を実施していった。夜学校もそうした施策の一環として設置されたものである。

明治期の小学校・夜学校に関する先行研究

ここでは明治期の小学校あるいは夜学校に関する先行研究をみていくことにする。長田三男は「明治の小学夜学――学制期・教育令期を中心として」において、学制期・教育令期を中心に明治期の「小学夜学」を取り上げ、その開設の背景、実態（入学資格、修業年限、授業時間、学校規模、教育課程、教員、授業料）について全国的に明らかにした。長田はその九五頁において、小学夜学は「その大部分が昼間小学校との併設で、修業年限・修業時間も短かく、教員もほとんどが兼務で、教育内容もおおむね日用切近の学である読書・算術・習字の三科を授けたにすぎなかった」が、「就学という教育サイドの要求と昼間労働という家庭サイドの要求を両立せしめる」ために、学制第二五章にいう学齢超過者だけでなく、家庭の貧困のために昼間就学できない学齢児童をも含めて小学教育を施すことを目的としたと論じ、地方当局と民間の努力によって各地に設置され、国民教育に果たした役割は極めて大きかったと評価している。

田中勝文は「貧民学校史の研究――学制期の夜学校について」において、学制期の夜学校に限定し、その全国的な普及の状態と制度並びに内容的実態を明らかにした。田中はその八二頁において、「学制で規定された夜学校の制度は明治一二年の教育令によって、その法的規定を失った。一三年の改正教育令も一二年の教育令の形を踏襲した。したがって、夜学校は明治一八年の教育令再改正によって『小学教場制』の中に復活するまで、法的規定をもたなかった。しかし、事実としての夜学校は存立しなかったわけではない。（中略）かくて、寺子屋夜学に始まり、学制で制度化された夜学校は、学制期以後も貧民子弟の教育機関として存続した」としている。

川向秀武は「小学簡易科論」において、明治一九年の小学校令によって設置されて以来明治二三年の小学校令改正によって廃止されるまで存続した小学校簡易科制度を取り上げ、小学簡易科制度が、本格的な軍国主義への傾斜をたどっていった我が国の教育制度の近代化に貢献した、すなわち、初等教育を簡易な形で普及させようとした当時の政治的な意図に合致したと論じている。

また、豊田ひさきは「大阪の都市化とスクーリングの変遷」九〇頁において、「都市の近代化に伴い、新たな低所得者層の流入・集住が始まり、その子弟が就学するための夜間小学制度が市の施策として打ち出されたことも大阪市の特徴である」と述べている。

明治期の教育制度と小学校

明治五年、明治政府は太政官達第二一四号をもって学制を公布したが、当時の社会的な実情にそぐわない点(寺子屋よりも拘束時間が長い、学制に伴う小学校の建設費や諸経費を学区内住民が負担しなければならないなど)があるため一般には受け容れがたく、明治一二年に学制は廃止され、代わって教育令(太政官布告第四〇号)が制定された。教育令により、それまでの画一的な中央集権制が改められ、教育の権限を地方にゆだね、学区制を廃止し、就学に関する規定が緩和されることになった。しかし、この教育令も、就学率や出席率の低下を含む大きな混乱を招いたとされ、明治一三年一二月に太政官布告第五九号をもって改正された。この改正によって、府知事、県令の権限を強め、文部省による統括の強化とともに、学校の設立や就学率の向上にも力点が置かれた。

そして、さらなる日本の経済不況下で、明治一八年八月一二日布告第二三号により、教育令が再改正された。これにより、授業料徴収原則の確立、半年進級制から一年進級制への変更、授業料を徴収しない簡易な小学校の設置(小学教場)、尋常・高等の二階梯小学校構想への変更、戸長管轄区域を学区とする学区改定、自然科学教科の理科への統合等、小学校令（勅令第一四号）の時期に引き継がれていく数々の改革が実施された。教育令再改正の背景には、西南戦争後の財政難、明治一六年の全国的な干ばつ、翌一七年の全国的な水害、農村の財政的な疲弊があり、地方教育費の削減がその目的であった。

明治一八年の教育令再改正は、地方の教育費を節減する目的で実施され、このときに設置されたのが小学教場であり、その第三条で「小学校及小学教場ハ児童に普通教育ヲ施ス所トス」と規定された。小学教場とは、授業料を納めることのできない貧困家庭の子どもに簡易な内容の教育を授ける場であり、小学校としての校舎を設けず、社寺や民家等の一隅を用いて尋常小学校よりも簡易な教育を実施した。伊藤は、小学教場は「貧しい家庭の子どもたちや小学校を維持し得ない地域の初等教育機関」であり、小学校令期の小学簡易科制度へとつながっていったとしている。文部省は、地方の実情に応じて簡易な教育ができる小学教場を認め、全国的に普及させようとしていたのである。(4)

明治一九年四月一〇日には小学校令が公布された。小学校令では、小学校を尋常小学校四年、高等小学校四年の二段階、尋常小学校の教科は、修身、読書、作文、習字、算術、体操で、図画と唱歌を加えてよいとした。小学校令の第一五条には「土地ノ情況ニ依リテハ小学簡易科ヲ設ケテ尋常小学校ニ代用スルコトヲ得、但其経費ハ区町村費ヲ以テ支弁スベシ」、第一六条には「小学簡易科教員ノ俸給ハ地方税ヲ以テ之ヲ補助スルコトヲ得」とある。

明治一九年五月二五日に小学簡易科要領が定められ、小学簡易科は「修業年限三箇年以内タルベシ　学科読書・作文・習字・算術　学級児童六十人以下ノ場合ニ於テハ学級ヲ分ツコトヲ得ズ其他ハ尋常小学校ニ準ス　授業時間毎日二時ヨリ少カラズ三時ヨリ多カラズ　但算術ノ授業時間ハ授業時間総数ノ半分以上タルベシ」と記されている。小学簡易科は、経費の全部を町村が負担したため、子どもの保護者から授業料を徴収しなかったが、教科は読書、作文、習字、算術のみであった。

明治二三年一〇月七日に公布された改正小学校令は昭和一六年の国民学校制度まで長く適用された。これにより、小学校設置維持の主体は市町村となり、市町村行政区画と小学校設置区域とを一致させ、これまでの簡易小学校を廃止して尋常小学校と高等小学校の二種類とし、尋常小学校は義務教育で修業年限三年もしくは四年、高等小学校は二・三・四年の三つの年限とした。さらに小学校に専修科・補習科を付設し、徒弟学校・実業補習学校をも小学校とみなした。

明治期の大阪の小学校・夜学校

ここでは、明治初めから明治三三年ごろまでの大阪の小学校・夜学校についてみていくことにする。

大阪府では、明治七年一月より「夜学女工学規則方法」を設け、夜学校と女紅場の開設を奨励した。女紅場とは、裁縫・手芸・家事等や、女子の礼法、読み書き算術などを教えた教育機関で、京都府に初めて設置された。大阪府は女紅場の設置にあたり、京都府を範とした。「夜学女工規則方法」によると、「夜学校は、年齢が長じ正規の課程を修めることができない者、また昼間仕事に従事して学ぶことができない者を対象とした。学齢児童は原則として入学できなかったが、やむを得ない事情のある者は許された。課目は一科あるいは二、三科で、生徒の選択によるとした。授業料は一人一ヵ月十五銭と定めている。休業日は小学校と同じで、授業時間は日没から午後九時までとした(5)」。

明治九年一二月、大阪府は、学制には存在しない「下々等小学」の設置を通達した。下々等小学とは、正規の上等・下等小学の体系とは別に、小学の課程を簡略化したもので、学制の規定にはない、大阪府独自の変則型の小学校であった。下々等小学は修業年限一年四か月、午前あるいは午後半日または隔日に授業が行われ、科目には句読・習字・算術・口授・問答・書取・作文があった。「下々等小学」の開設が進んだのは、明治一一年に本校外に設置することが認められてから以後であり、すでに存在していた私塾を分校とすることが多かった。すなわち下々等小学は、「公立小学校の普通の学について行きにくい者が多数教授を受けていた私塾を、就学率向上のための便法として公立の変則小学として認めたものであった」[6]。しかし、明治一二年の教育令発布により小学校の基準に合致しないとのことで私立変則小学とみなされるようになり、明治一三年に「下々等小学は廃止となり、その多くは再び私学となった。十三年に大阪府の就学率が低下したのはこのためであった」[7]といわれている。当時の大阪では、一般に簡略化された小学校教育が好まれ、学齢期の子どもであっても働くことが当然とみなされていた。

田中[8]によると、大阪では、学制期において「大阪の町部では七四％の小学校に夜学校を併設している。ついで西成、住吉、東成、島下の諸郡で併設率が高い。これら夜学校併設率の高い郡部はいずれも大阪町部に隣接した地域である」としている。学制期において、大阪の町部では小学校に併設された夜学校の設置が進んでいったのである。また、明治一九年の小学校令以降、大阪「府下の就学率は低迷を続け、明治十三～十九年の当時を下廻っていた。（中略）明治十九年から二十七年ごろまでの大阪府の就学率は五〇～六〇％代であり、全国平均をかろうじて上廻っていたにすぎなかった」[9]。大阪府は、明治二五年、知事が同年五月の府令で学区制をしき、以後昭和二年までその学区制が存続した。大阪市は、高等小学校及び幼稚園の設置負担区域を定めた。この学区制制定以後、学校、幼稚園その他付設学校の経費は、すべてその学区内において市税を納める者から徴収することになった。

大阪府では、明治二四年一一月の文部省令による小学校教則大綱に準拠して、明治二五年府令により小学校教則や学齢児童就学及び家庭教育等に関する規則を定めた。明治二七年一月・一〇月、二八年一月にも就学関係の府訓令・告諭を出した。明治二七年一月の府令第一三号により、貧窮等の事情により就学を免除された場合、尋常小学校の学科試験を受けて合格すれば、何年修了した、あるいは小学校を卒業したという旨の証書が授与されることになった。明治二七年一〇月の告諭では、学齢児童の保護者は就学させる義務を果たしてから就業させること、そして、尋常小学校を終了していない学齢児童を使役している事業所は、小学校に通学する余裕を与えるよう便宜を図るか、もしくは昼間修業する場合夜学の方法を設けるようにし、すべての子どもに尋常小学校の教科を必ず学ばせるよう強く求めていた。

大阪府編『大阪百年史』に掲載されている「第二三表　大阪府下小学校就学率と日々出席率」[10]によると、大阪府下小学校就学率は「明治二六年五七・三八％、二七年六八・六三％、二八年六七・八八％、二九年七〇・三二％、三〇年七二・七二％、三一年七三・九七％、三二年七七・一四％、三三年八四・四六％」であった。一方で、不就学の理由は、依然として貧困がほとんどであり、明治二三年度において九二・八％を占めていた。

さらに、大阪府編『大阪百年史』は「昼間の通学が不可能な児童のためには夜学校が設けられていた。府下では二七年から尋常小学校で夜間授業を始めたようで、市内西区日吉尋常小学校では、創立直後おかれてその後中絶したのをこの年六月に再開しており、東区南大江尋常小学校も一一月に開始している。のち三四年一二月に府令で簡易小学を許可し、それによって、西成郡佃尋常小学校でも夜間教授を開始している」[11]と論じている。

また、大阪市では、明治二七年五月の市会において「尋常小学校夜間教授開始ノ件」が論じられた。こうして明治二七年以降大阪市内では夜間に尋常小学校レベルの教育が行われていくようになった。豊田は、「明治も二〇年代後半に入ると周辺部からの人口流入が増加してくる。市は当然、学校の収容能力を超過する部分を二部授業によって切り抜けようとするが、昼間働かねばならない子どもの就学を保障する夜間小学の制度を確立していくことも大阪市の特徴である」[12]と述べている。

明治三一年一〇月大阪市は普通市制施行に伴い府から独立し、大阪市役所が誕生した。それとともに市役所内に学務課をおき、市視学による市教育の指導にあたらせ、同時に区役所にも学務掛が設けられ昭和三年四月まで存続した。

明治三三年八月に小学校令が改正され、尋常小学校の修業年限は四か年となり、読み書き、作文、習字を国語科とした。教育科目は、尋常小学校では修身・国語・算術・体操の四科目で、土地によっては図画・唱歌・手工または数科目を加え、女児には裁縫を教えることができた。授業時数は三六時間から三〇時間に減った。義務教育規程を明確にしたため、以後就学率は急速に伸びることになった。

2　小橋勝之助が目指した博愛社の構想

『博愛雑誌』第一号三〜七頁にある小橋勝之助の論文「博愛社の主意書」から、小橋勝之助が博愛社創設に際してどのようなことを企図していたのか、見ていくことにする。

博愛社の主意書

同論文の冒頭で、小橋勝之助は「同志相団結して博愛社を組織し協心同力博愛慈善事業を企て貧民を救済し資力に乏しき青年を教育し放蕩生を感化し孤児を養育するの方法を講究せんとす」(三頁)と記している。すなわち貧民の救済、貧困状態にある青年の教育、感化事業、孤児の養育が主な目的であったと解される。博愛社の今日に至る長いあゆみのなかで実践されてきた事業は広範囲にのぼるが、一般には博愛社といえば児童養護施設という印象がある。しかし、小橋勝之助の問題意識は、単に「孤児の養育」だけではなく、貧困の解決、貧困者の教育そして感化にあった。次いで小橋勝之助は「七つの事業」について以下のように論じている(三〜四頁)。

博愛社の後来起さんとする事業は第一に文庫を設けるなり文庫なるものは宗教教育衛生勧業の書籍を集め之を生徒に貸与し又世間有志の人に無料にて貸与し以て智徳の進歩を図るものなり第二に博愛雑誌を刊行するなり博愛雑誌は福音の真理を証明し、博愛慈善の事業に就きての論説を掲げ又博愛社の起こす事業の成績を報告し社会の慈善心を喚起し博愛慈善の事業の益々起らん事を奨励する為に発行するなり第三に慈善的夜学校は村内の貧民にして昼間職業を働き修学の目的なきものを集めて普通学を教授し智徳を養成する為に設くるなり第四に慈善的高等普通学校を設けるなり慈善的高等普通学校は資力に乏しき青年を集め食料を払ふのみにして蒲団机書籍を貸与し高等普通学を学ばしむる為に設くるなり第五に貧民施療所を設けるなり貧民施療所は一は博愛社学院に寄宿する生徒の病気を療治し一は村内極貧のものに施療する為に設けるなり第六に感化院を設くるなり感化院は放蕩無懶にして父兄の教に背き教育の目的なきものを集めて感化し善良なる人とならしむる為に設くるなり第七に孤児院を設くるなり孤児院は父母なき憐れむべき孤児を摂取して之を養育する為に設くるなり以上七個の事業は離る可らざる関係を有するものにして必ず漸次に悉く之を起さゞる可らず

このように、当初小橋勝之助は地域における社会教育や貧困者のための初等中等教育、地域医療、少年の感化事業、及び孤児養育を構想していたことがわかる。

慈善的夜学校と慈善的高等普通学校

小橋勝之助は「博愛社略則」（『博愛雑誌』第一号）において、「慈善的夜学校に於ては尋常普通科即修身科、読書科、数学科、習字科、作文科を教授し○慈善的高等普通学校に於ては修身科、読書科、英学科、理科、数学科、作文習字科、音楽唱歌科、実業科を教授す○女子部に於ては修身科、読書科、英学科、習字作文科、数学科、裁縫科、音楽唱歌科を教授す」と述べている。

また、上記の「七つの事業」構想において、小橋勝之助は、第三に慈善的夜学校、第四に慈善的高等普通学校の設立を掲げているが、『博愛雑誌』第六号六頁で述べているように、男女の普通学校を設立した後に夜学校の設立すること、男子の普通学校は兵庫県矢野村に設置して実業的教育を実施すること、そして、女子の普通学校は兵庫県赤穂町に設置して「実業的の教育を施し一家を能く治め子女を能く教育する賢婦人を養成せんとする」ことをそれぞれ希望していた。したがって、設置にあたっての優先順位としては、第一に男子の普通学校、第二に女子の普通学校、第三に慈善的夜学校の順であった。

「慈善的夜学校」に関しては、澤田寸二が主任となって開設準備を行っていたものの、小橋勝之助の存命中には開校できなかった(13)。そのため、博愛社の事業としての「慈善的夜学校」は後に詳述する「私立愛隣夜学校」として実現することになる。

また、「慈善的高等普通学校」の構想は、「博愛社普通学校」となって明治二四年七月に認可を得、八月二五日に開校式を挙げた。小橋勝之助が『博愛雑誌』第一五号四～五頁で述べているように、博愛社普通学校は「尋常小学の卒業生にして資力乏しきか或は他の事情の為め都会の地に出て、修学すること能はさる者に普通の教育を施し並せて実業的訓練を与ふるを以て目的」とする学校であった。ところが、明治二四年九月に至り博愛社と岡山孤児院の事業を合同するという協議がなされた。同年一〇月に小橋勝之助名義の所有財産をすべて岡山孤児院へ寄付し、博愛社普通学校は岡山孤児院に帰属することになった。その後博愛社に普通学校が復活するのは大阪移転後の明治三三年五月であり、さらに同校は博愛社尋常小学校となっていく。

道徳の腐敗と経済の困難

ここでは、小橋勝之助が『博愛雑誌』に掲載した論文「我国の二大欠点」（『博愛雑誌』第八号六～九頁）から、小橋勝之助が目指していた教育のあり方について見ていくことにする。小橋勝之助は当時の我が国が抱える問題点を「道徳の腐敗と経済の困難」であるとしている。まず「道徳の腐敗」を解決する策として「我が国の腐敗したる道徳を挽回するには大なる勢力を以て世界萬国何れの処に至るも伝播して多くの人を救ふ所の基督教によらざる可らず」と述べ、さらに、それを具体化するために、「基督教を学び先づ自己に誠実敬虔愛国の品性を養ひ以て我国の道徳を振興する為に力を尽す可し」と論じている。

次いで我が国の「経済の困難」を救ふには、「后進の子弟に実業的の教育を施し実業上の精神を養成する」ことが急務であるとしている。小橋勝之助が理想とする博愛社における教育は「実業的」であることが最も重要であり、「実業的教育は独り実業を修練し併せて有益有効なる所の萬有物に関して其智識を研くのみならず身体の健康と強壮とを増進し智性と感情とを改良し道徳を養成するに尤も大なる益あり余は后進の子弟に実業的教育を施さんが為に博愛社普通学校を設立せんと目下計画中なり」と論じ、さらには「真に基督教主義の道徳に基ける実業的教育は道徳の腐敗と経済の困難を救ふ無二の秘法なり」とした。

このように、小橋勝之助は、キリスト教の道徳に基づく実業的な教育こそが、我が国の道徳の腐敗と経済の困難を解決すると確信していたのである。では、小橋勝之助のいう「実業的教育」とはどのような教育なのであろうか。それは『博愛雑誌』第一号五頁で小橋勝之助が論じているように「智徳の養成と共に実業生産的の教育を施す即ち午前は修学し午后は農事及ひ手工を働かしめ一は以て身体を鍛錬し一は実業を習はしめ夜は又修学せしむ斯くの如くにして智あり徳あり且つ身体健康にして独立自治の精神に富める人物を養成」するということである。

また、『博愛雑誌』第八号九頁において、小橋勝之助は「普通教育の欠点とすべき所は即ち自活の針路を教へざるにあり」としていることから、実業教育とは自活の方法を教える教育であり、さらに『博愛雑誌』第八号八頁において、「博愛社の主義にて教育されし人物は如何なる有様にて社会顕はるゝか或は北海道に侵入して不毛の地を開拓するの任にあたるものもあらん或は故郷に在りて父祖の業をつぎ農業の改良に従事するものもあらん或は学校の教員となりて実業的教育の従事するものもあらん或は商業に従事して国益をはかるものもあらん或は工業に従事するものもあらん或は直接伝道の任にあたるものもあらん斯くの如く種々なる人物を養成し以て世の光となり監《ママ》となり我国の二大欠点を救ひ社会の改良進歩を図らんとす是れ博愛社の将来に向って抱く所の希望なり」と述べているように、多様な人材を養成しようと試みているものの、実業に就くための教育に重点を置くことを希望している。

3　私立愛隣夜学校の設立への地道な努力

私立愛隣夜学校と林可彦

私立愛隣夜学校とは、明治二九年大阪・川口基督教会の信者であった林可彦が創立した「貧民者ニシテ小学適齢中就学ナシ能ハズシテ徒ニ年齢超過セシ無教育者ニ対シ簡易ナル学科ヲ授クル」（「私立愛隣夜学校規則」第一章）ことを目的とする夜間定時制の尋常小学校であった。

林可彦とはどのような人物であったのかを知るために、博愛社機関紙『博愛の園』第一五四号（大正三年一〇月五日）一二頁にある「林可彦氏の永眠を弔す」という記事を以下に引用する。

林可彦氏は今回溘然として永眠に就かる哀惜の情に堪へず氏は本社と因縁浅からず。本社経営の上福島北三丁目にある愛隣夜学校の前身は将に氏の創立に係れり。氏は貧民救済の事業に殊に熱心にて興味を有し明治二十六年の頃貧民夜学校を創立し、引続き大阪ヨハネ学園の前身なる救児院のため自ら車を挽ひて同情米を募集せられしことあり、後本社のためにも働かれたることもありき。早くより基督教を信奉し、川口基督教会に属し、其信仰は熱烈にて寧ろ常に奮闘的たりき。（以下省略）

さらに、同記事によると林可彦は大正三年八月一五日に亡くなり、享年八〇歳であった。また、川口基督教会とは、大阪・川口（川口居留地）に聖堤磨太教会と聖慰主教会が合併してできた教会で、日本聖公会大阪教区の主教座聖堂である。博愛社は小橋勝之助が亡くなった翌年の明治二七年に大阪へ移転するが、博愛社のチャペルである聖贖主教会が明治四〇年一〇月（聖別式は翌四一年一月六日）に設立されるまで、博愛社内の信徒の教籍は川口基督教会であった。

私立尋常小学校と私立愛隣夜学校の設立認可願

博愛社には、林可彦が記した「私立尋常小学校」と「私立愛隣夜学校」のそれぞれの設立を願う旨の文書が所蔵されている。以下に述べるように、林可彦は当初「私立愛隣小学校」の設立を企図していたものの大阪府から認可が下りず、次いで「私立愛隣夜学校」の設立認可願を提出したところそれは認められ、「私立愛隣夜学校」を設立したのであった。まず、林可彦が明治二八年七月に大阪府に提出した「私立尋常小学校設立ノ事」を引用する。

「私立尋常小学校設立ノ事」

一　設立目的　本校ハ尋常小学校ノ教科ヲ履修セシム国民必須ノ教育ヲ受シムルヲ以テ目的トス

一　名称　私立愛隣尋常小学校

一　位置　大阪府下西成郡上福島村四百五拾四番地　一　敷地建物図面（中略）

一　修業年限　四ヶ年　教科目ハ正教科ノ外唱歌ノ一科ヲ加フルモノトス毎教科目毎週教授時間ノ配分ハ別表通トス

一　学級ノ定員　一　児童ノ定員　一　教員ノ定員種別及給料額　以上三項ハ別表之通

一　授業料及徴収法　授業料ハ一切徴収セス（以下省略）

博愛社所蔵の林可彦宛の文書には、大阪府知事山田信道の署名があり、明治二八年九月一二日付で「明治二十八年七月付願私立小学校設置ノ件許可シ難シ」とある。すなわち、林可彦は明治二八年七月に修業四年の「私立尋常小学校」の設立を願い出たが、許可されなかった。そこで林可彦は愛隣夜学校を設立するために、明治二八年一一月大阪府知事宛「私立夜学校設立認可願」を提出した。その文面を一部分以下に引用する。

右者今般有志者ト相謀リ貧困ニシテ小学適齢中就学ナシ能ス徒ニ年齢超過セシ者ヲ憐ミ私立愛隣夜学校ナルモノヲ設立シ無報酬ニテ教育致度候ニ付例規ノ事項所詞具申仕居間御認可相也度此段奉願候也

私立夜学校設立認可願

第一項　設立目的　一　本校ハ貧困ニシテ小学適齢中モ就学スルヲ得ズシテ徒ニ年齢超過セシ可憐ナル無教育者ノ為メニ簡易ナル学科ヲ授クルヲ以テ目的トス

第二項　名称　一　本校ハ私立愛隣夜学校ト称ス

第三項　位置　一　本校ハ大阪府下西成郡上福島村四百五拾四番屋敷ニ設置ス

第四項　敷地建物坪数　一　別紙図面之通リ

第五項　教科課程表　一　別紙ノ通リ

第六項　各教科目教授要旨　一　修身教育ニ関スル勅語ノ旨趣ニ基キ生徒ノ良心ヲ啓発シテ其徳性ヲ涵養シ人道実践ノ方法ヲ授クルヲ以テ要旨トス　一　読書及作文ハ普通ノ言語并ニ日常須知ノ文学文句文章読方綴方及意義ヲ知ラシメ適当ナル言語及字句ヲ用ヒテ正確ニ思想ヲ表彰スルノ能ヲ養ヒ兼テ智徳ヲ啓発スルヲ以テ要旨トス　一　習字ハ通常ノ文字ノ書キ方ヲ知ラシメ運筆ヲ習熟セシムルヲ以テ要旨トス　一　算術ハ日常ノ計算ニ習熟セシメ兼テ思想ヲ精密ニシ傍ラ商業上有益ナル智識ヲ与フルヲ以テ要旨トス

第七項　試験法　一　毎学年ノ終リニ定期試験ヲ施行ス　試験毎科ノ得点百点ヲ満点ト定メ毎科ノ得点五十点以上ニシテ平均六十点以上ヲ得タルモノハ及第セシム　但シ不足点一科ニ止マル時ハ再試験ヲ行フコトアルベシ

第八項　教科用図書配当表　一　別紙ノ通リ

第九項　入校退校規定及生徒年齢学力ノ制限　一　学齢ヲ超過シ昼間実業ニ従事スルモノニシテ本校入学ヲ望ムモノハ本校々主ニ願出テ其許可ヲ受クベシ　退学セントスルモノハ其理由ヲ校主ニ申出其許可ヲ受クベシ又怠惰不品行ニシテ成業ノ見込ナキモノハ退学セシムルコトアルベシ

第十項　教授時間終始及休日　一　休業定日ハ日曜日　大祭日　夏季休業　自七月十一日至八月三十一日　冬季休業　自十二月二十一日　至一月七日　教授ハ毎日午后七時ニ始メ十時ニ終ル　（以下省略）

加えて、第五項の別紙「学科《ママ》課程表」の概要は次のとおりである。教科の科目は、修身、読書、作文、習字、算術で、毎週の授業は一八時から三時間であった。私立愛隣夜学校の設置許可は明治二八年一二月一三日付で大阪府知事名により出され、これにより翌明治二九年に私立愛隣夜学校が設立されたのである。

私立愛隣夜学校規則

博愛社には、「私立愛隣夜学校規則」と題する史資料があり、その内容を以下に引用する。

私立愛隣夜学校規則

第一章　教育ノ目的　第一条　本校ハ貧民者ニシテ小学適齢中就学ナシ能ハズシテ徒ニ年齢超過セシ無教育者ニ対シ簡易ナル学科ヲ授クルヲ以テ目的トス

第二章　学科及学期科程　第二条　本校学科卒業期限ヲ四ヶ年ト定ム但シ学科程ハ別紙之通　第三条　一年ヲ以テ一学年ト定メ之ヲ三期ニ分ツ第壱学期ハ九月一日ニ始メ十二月二十日ニ終ル第二学期ハ一月八日ニ始メ四月十五日ニ終ル第三期ハ四月二十日ニ始メ七月十日ニ終ルモノトス

第三章　試験法　第四条　試験ハ学期試験　学年試験二トス　学期試験ハ毎学期終リ学年試験ハ毎学年終ニ施行スルモノトス　学期試験学年試験ニ於テハ毎科ノ得点百点ヲ以テ満点トシ毎科ノ得点五十点以上ニシテ平均六十点以上ヲ得タル者ハ昇級セシム　但不足点一科ニ止ルトキハ再試験ヲ行コトアルベシ

第四章　入学退学　第五条　入学ヲ望ム者ハ本校々主ニ願出其許可ヲ受クベシ　第六条　退学セント欲スル者ハ其理由ヲ本校々主ニ願出許可ヲ受ク可シ　第七条　怠惰不品行ニシテ到底修学ノ見込ナキモノハ退学セシムル事アルベシ

第五章　第八条　小学適齢ヲ超過セシ者ニ尋常高等小学課科ヲ斟酌シテ速成法ニ依リテ授ク

第六章　授業時間并ニ休業日　第九条　毎日午后七時ニ始午后九時半終ル　一週時間割別表之通　第十条　休業定日ハ日曜日土曜日　大祭日　夏季休業　自七月十一日至八月三十一日　冬季休業　自十二月二十一日至一月七日　（以下省略）

なお、第二章第二条別紙「愛隣夜学校学科課程表」によると、愛隣夜学校の教科には、修身科、読書科、数学科、作文科、習字科があった。

『博愛月報』に見る私立愛隣夜学校の略歴と概則

私立愛隣夜学校の明治二六年から明治三三年頃までの動向を理解するために、ここでは『博愛月報』明治三三年一月一六日一頁に掲載されている「私立愛隣夜学校略歴」を引用する。

本校は明治二十六年のころ川口基督教会員林可彦氏米国伝道会社よりの扶助により設立されたるものにして当初大阪市西区上福島梅田橋北詰に於て校舎を構へ専ら窮民の子弟にして無教育に成長するものを憐んで之を教育せんとの主意にて教育の事業を創められたり之れぞ本校の濫觴なりとす最初本校を貧民学校と称し七名の貧児を集め教育を始めたりしが素よりキリスト教の主義なれば世人の迫害一方ならず可彦氏は熱心鋭意屈せず撓まず百難を排し之に従事せられたり其頃教師として堀しん子氏助けられ又奥山利郎氏松岡克氏梅澤重起氏等も来り助けられたり明治二十七年六月より博愛社林歌子氏来りて教授を担任せられ迫害も暫く薄らぎ生徒の数次第に増加するを得たり翌明治二十八年五月突然府庁より解散の厳命を受くるに至れり此の苦心経営翌二十九年一月に至り暫く許可を得て開校するに至れり此時より校名を改称して愛隣夜学校と称す其後助教として楠谷ツネ子氏教鞭を執られしが暫らくして辞し氏に代って重村元治郎氏教授せらるゝことゝなれり明治二十九年十一月梅田橋北詰夜学校隣家より失火し校舎半類焼す爾後位置を転じ上福島金又裏に校舎を借り受け同年十二月開校式を兼ねクリスマス祝会を挙行せり明治三十年二月教員重村氏都合にて本校を辞せられ大阪労働会発起者岡田二郎氏代って教授せらるゝこととなり此時より労働会員を夜学校に止宿せしむることとなせり明治三十年十二月岡田氏助教を罷め労働会会員河合治平氏之に代はる河合氏道を信じて洗礼を受け主の僕に加はれり本校は曩に秋山清三郎同弟謙五郎の二人幼年受洗をしたるのみにて河合治平氏の受洗は此校の実とも云ふべきもの今回を嚆矢とす明治三十一年伝道会社経費節約問題生じ伝道事業を大に縮少せんとするや本校も又存廃一髪の有様となれり然れとも素より有望ある本校の働きなれば特別の詮議にて従前の儘維持することの議一決せられたり此時より林可彦氏校主の任を辞せられ名出保太郎氏仮りに校主たられしが明治三十二年九月より更に小橋

実之助校主の任せを引継かれ（以下省略）

以上のように、林可彦は、私立愛隣夜学校を設立する以前の明治二六年、米国伝道会社の事業として上福島梅田橋付近に「貧民学校」と称する生徒七名ほどの小学校を開設した。同校の詳細は不明であるが、一般に、貧民学校とは、「私学ではあるが下等小学校にも就学できない貧民の子弟で年齢八歳から十四歳までの者に限って無月謝で入学させ、書・算・筆・紙・墨などの学用品をことごとく給与して実施されたもの(14)」であり、大阪では、明治一二年に二校開校され、以後も篤志家たちによって設立されていた。そのため、林可彦が設立した貧民学校も、同様の内容であったと推察される。

貧民学校はキリスト教主義であったため、世間から迫害を受けていたが、林可彦はそれに屈することはなかった。同校の教員として、堀しん子、奥田利郎、松岡克、梅澤重起らが協力した。翌二七年六月より、博愛社の林歌子(15)が教員となったことで、学校に対する迫害も少し和らぎ、生徒数も次第に増加していった。林歌子が貧民学校の教員となった背景には博愛社の経済的な窮迫があった。小橋勝之助は明治二六年三月に三十歳という若さで亡くなり、翌二七年三月小橋勝之助の後継者である弟小橋実之助(16)と林歌子が中心となって、博愛社を大阪へ移転させる。移転後の博愛社において運営費の調達が急務であったため、林歌子の教師としての月給が当時の博愛社の運営を支えたのである。

明治二八年五月に、経緯は不明であるが、大阪府より貧民学校に対して解散するようにとの通知があったという。それを受けて、林可彦は、翌二八年七月に「私立愛隣小学校」の設立願を府に提出したものの認可されなかった。そのため、林可彦は、同二八年一一月に改めて「私立愛隣夜学校」の設立願を提出したところ、同年一二月に府より設置許可が出され、翌明治二九年一月に「私立愛隣夜学校」が設立されたのである。

こうして私立愛隣夜学校はなんとか開校にこぎつけたが、明治二九年一一月には隣家の失火により、校舎が半類焼し、同年一二月上福島に校舎を借り受けて再開した。明治三一年には、伝道会社の経費節減の問題が生じ、存亡の危機が訪れたが、夜学校としてのそれまでの実績が認められ、存続が決定した。この時点で林可彦は校主を辞し、川口基督教会牧師であった名出保太郎が跡を継いだ。その後博愛社が学校運営を担うことになり、小橋実之助が校主となった。この間の経緯について、小橋実之助は「外国伝道会社経費節減の問題起り遂に我が博愛社に同事業を継承し博愛社長小橋実之助校主となり同時に学校の新築を企画し有志の資金を醸し明治三十二年春現在の鎌田吉蔵氏の地所を借り入れ建築すること同年十二月工を竣へ翌明治三十三年一月六日落成感謝式を挙げたり爾来今日に及ぶ」[17]と記している。

また、この「私立愛隣夜学校略歴」の記事に引き続き、「私立愛隣夜学校概則」が掲載され、それには、第一條に「本校を私立愛隣夜学校と称す」、第二條には「大阪市北区上福島」に設置したこと、第三條に「本校は小学適齢中貧困にして就学能はず徒に年齢超過し昼間実業に従事する者に対し簡易なる学科を授くるを以て目的とす」、第四條に「学年を四ヶ年」で三学期制とすること、第五條に「授業時間は毎日午後七時より九時半」で、土曜と日曜は休校、その他夏休みと年末年始の休みがあり、第六條に「学齢を超過し昼間労働に従事する者にして本校入学を望む者は本校校主に願出許可を受くべし」、第七條には「本校は素より慈善的夜学校なれば月謝を一切徴収せず」とある。

今後の課題

夜学校（小学夜学）は、変則的な小学校の一つであり、村落小学が学制第二五章において「是等は多く夜学校あるべし」と規定されているのに依拠して開設された。夜学校は尋常小学（学制第二七章）と比較すると、修業年限や修業時間が短く、教科も読書・習字・算術の三科目であったが、学齢超過者だけでなく、家庭の貧困のために昼間就学できない学齢期の児童をも教育の対象として含めたため、小学教育を受ける機会を拡大させることにつながった。

小橋勝之助は、キリスト教主義に基づく実業教育を目標とする博愛社を明治二三年一月に創立し、五月に『博愛雑誌』を発刊した。翌二四年九月に博愛社と岡山孤児院が合併することが決まり、さらに同年一〇月の濃尾大震災後小橋勝之助は岡山孤児院の石井十次と共同で震災孤児院を運営することになった。二五年五月から九月にかけて小橋勝之助は北海道を旅行し、その道中で志を同じくする人々を訪問した。この旅行で体調を著しく悪化させた小橋勝之助は翌二六年三月に昇天した。小橋勝之助の存命中に「慈善的夜学校」を開設することはできず、明治三二年に私立愛隣夜学校が博愛社の事業となることで小橋勝之助の構想が具現化したのである。それは小橋勝之助の意思を受け継いだ小橋実之助と林歌子の地道な努力の上にもたらされたものであった。

私立愛隣夜学校の前身である貧民学校は、外国伝道会社の資金援助のもと明治二六年林可彦によって設立された。当時は貧困のため小学校に就学できない人々が少なくなく、林可彦は彼らをなんとか就学させたいと念じ、学費も教材費も無償の小学校を設立したのであった。しかし、明治二八年五月に大阪府の命令により、学校を存続させることができなくなった。そのため、林可彦は尋常小学校の設立を企図するが認められず、夜学校の設立認可を求めたところそれは受理された。では、その背景にはどのようなものがあったのだろうか。

大阪では、明治二七年頃に繊維業を中心とする軽工業での産業革命が本格化し、周辺部から職を求めて多くの人々が流入してきた。彼らの子どもたちは、たとえ学齢児童であっても昼間働かねばならない場合が少なくなかった。明治二七年以降、大阪市は尋常小学校において夜間授業を行うという方針を打ち出し、昼間・夜間の二部制の授業が開始されるようになった。明治二七年には七校、明治二八年には新たに四校において、夜間の授業が開始された。こうした社会的な事情があり、私立愛隣夜学校の設立が認可されたものと思われる。

上記の夜学校に関する先行研究で明らかになったのは、全国的な学制期・教育令期の夜学校が主であった。一般に、貧困児童特に学齢期の児童のための夜間小学校に関する研究は少なくないが、学齢期を過ぎて就学していないあるいは尋常小学校を修了していない者のための小学校について、その詳細を知ることができなかった。私立愛隣夜学校の特長は、学齢期を過ぎて就学していないあるいは尋常小学校を修了していない者が対象であったことである。本章では、主に私立愛隣夜学校の創立期に関してみてきたが、明治三三年以降の同校がどのような道を歩んでいったのかについて明らかにしていくことは今後の課題としたい。

注

（1）小橋勝之助（一八六三～九三年）は兵庫県赤穂郡で生まれ、神戸で医学を学んだ。その後弟実之助とともに上京してドイツ語や神学を学び、明治二〇年五月神田基督教会で洗礼を受けた。明治二一年に母が重病との知らせを受けて故郷へ帰り、翌二二年伝道師となる。明治二三年より西播の伝道を開始し、博愛社を創設した。小橋勝之助や博愛社の創立までに関しては、西村みはる『社会福祉実践思想史研究』ドメス出版、一九九四年に詳述されている。博愛社の全般的な歴史を知るには、博愛社『春夏秋冬恩寵の風薫る―博愛社創立百年記念誌』一九九〇年、がある。

（2）小野田鉄彌（一八六四～一九四八年）は下総国猿島郡で生まれた。立教学校に学んだ後、神田基督教会で小橋勝之助と知り合い、友人となる。博愛社の創設に教師として参加する。博愛社と岡山孤児院との合併を機に同孤児院へ移り、岡山孤児院の創立者石井十次を助けた。澤田寸二（一八七一～一九〇九年）兵庫県赤穂郡塩谷村の出身。小橋勝之助が西播で伝道を開始し、博愛社創立を決意したときに賛同し、協力者として全力で支えた。前田英哲（一八五五～一九二九年）兵庫県赤穂郡の出身。神戸医学校に学び、郷里で開業。博愛社創立時に有力な協力者として尽力し、勝之助の死後も博愛社の事業運営を支えた。

（3）『博愛雑誌』に関する先行研究には、室田保夫「『博愛雑誌』について」『関西学院大学人権研究』第八号、二〇〇四年、一～一六頁がある。

（4）伊藤稔明「初等教育施策を中心としてみた一八八五年の文部省」『愛知県立大学児童学科論集』第四五号、二〇一一年、一七頁。

（5）新修大阪市史編纂委員会編『新修大阪市史』第五巻、大阪府、一九九一年、六九七～六九八頁。

（6）大阪府教育委員会『大阪府教育百年史』第一巻概説編、大阪府教育委員会、一九七三年、一一八頁。

（7）新修大阪市史編纂委員会編『新修大阪市史』第五巻、大阪府、一九九一年、七〇四頁。

（8）田中勝文「貧民学校史の研究――学制期の夜学校について」『名古屋大学教育学部紀要』第一一巻、一九六四年、七一頁。

(9) 梅渓昇『大阪府の教育史』思文閣出版、一九九八年、三二九～三三〇頁。
(10) 大阪府編『大阪百年史』大阪府、一九六八年、一〇六〇頁。
(11) 同右。
(12) 豊田ひさき「大坂の都市化とスクーリングの変遷」『都市文化研究』第一号、二〇〇三年、一〇一頁。
(13) 西村みはる『社会福祉実践思想史研究』ドメス出版、一九九四年、二六七頁。
(14) 大阪府教育委員会『大阪府教育百年史』第一巻概説編、大阪府教育委員会、一九七三年、一一九頁。
(15) 林歌子（一八六四～一九四六年）は小橋勝之助の日記には林ウタと記されている。生前本人が「歌子」で通していたため、本章では歌子とした。同姓であるが林可彦の親戚等ではない。故郷の福井で小学校教師となった後結婚したが、離婚に至る。一児は相手方に引き取られるものの死亡する。傷ついた歌子は東京で学び、立教女学校の教師となる。神田基督教会で小橋勝之助と出会った。故郷に帰り博愛社を創設した勝之助は自らの死期を悟り、歌子に博愛社での献身を願う手紙を送る。勝之助の懇願を受けとめた歌子は明治二五年八月に博愛社を訪れ、子どもたちの養育を始める。以来博愛社の社母としての生涯を全うした。
(16) 小橋実之助（一八七三～一九三三年）は勝之助の弟で、明治一七年に勝之助とともに上京し共立英和学校に学ぶ。明治二〇年神田基督教会で洗礼を受けた。明治二一年母重病の報を受けて兄とともに帰郷、故郷の教化を試み、キリスト教徒であることを公表した。当時村人の多くはキリスト教を受け入れず、小橋兄弟に対する村民の迫害は甚だしいものがあった。明治二三年勝之助が郷里においてキリスト教主義に立脚し実業教育を目標とする博愛社の事業を開始する際補佐を務めた。明治二六年三月一二日に勝之助が永眠した後二〇歳で博愛社の事業を継承する。翌二七年三月一二日に博愛社を大阪府西成郡大仁村に移転させた。さらに明治三二年一月に博愛社を社団法人とし、二月には現在地に移転させ、社業の基礎を形成した。昭和八年に亡くなるまで四〇年間にわたって社長を務めた。
(17) 大正四年六月三日付小橋実之助筆「愛隣夜学校沿革」博愛社所蔵文書。

参考文献

博愛社『春夏秋冬恩寵の風薫る――博愛社創立百年記念誌』博愛社、一九九〇年。

伊藤稔明「初等教育施策を中心としてみた一八八五年の文部省」『愛知県立大学児童学科論集』第四五号、二〇一一年、一～二一頁。

川向秀武「小学簡易科論」『人文学報　教育学』七号　東京都立大学、一九七一年、四一～八三頁。

小橋実之助『博愛社』博愛社、一九三三年。

室田保夫「『博愛雑誌』について」『関西学院大学人権研究』第八号、二〇〇四年、一〜一六頁。

長田三男「明治の小学夜学――学制期・教育令期を中心として」『早稲田大学大学院文学研究科紀要』第二十七輯、一九八二年、六五〜九五頁。

西村みはる『社会福祉実践思想史研究』ドメス出版、一九九四年。

大阪府編『大阪百年史』大阪府、一九六八年。

大阪府教育委員会『大阪府教育百年史』第一巻概説編、大阪府教育委員会、一九七三年。

新修大阪市史編纂委員会編『新修大阪市史』第五巻、大阪府、一九九一年。

田中勝文「貧民学校史の研究――学制期の夜学校について」『名古屋大学教育学部紀要』第一一巻、一九六四年、六九〜八四頁。

豊田ひさき「大坂の都市化とスクーリングの変遷」『都市文化研究』一号、二〇〇三年、九〇〜一〇三頁。

梅溪昇『大阪府の教育史』思文閣出版、一九九八年。

第3章　田中太郎の感化教育論

――「人道の闘士」の思想的基盤

倉持史朗

田中太郎（一八七〇～一九三二年）は、明治期後半から昭和初期にかけて活躍した社会事業家である。多くの著書や翻訳書を残したことから社会福祉史においてはその名を目にする機会は多いものの、彼の生涯や事跡、論稿等に関する研究はこれまでほとんど行われることがなかった。(1) 東京市養育院幹事、院長を歴任した彼の活動は多岐にわたるが、社会事業に関心を抱き身を投じていく契機となったのは『犯罪救治論』（教文館、一八九六年）という一冊の書物であり、本書は非行・犯罪など問題行動を伴う子どもに対する感化教育の必要性を訴えたものである。

感化教育とは非行児童・幼少年犯罪者に対して、監獄ではなく「感化院」という場で、刑罰によってではなく、福祉・教育的な援助によって彼らを更生・自立させることを目的とする実践である。その先駆者と目されていた留岡幸助が『感化事業之発達』を著したのが一八九七年であった。つまり、田中が同書において展開した感化教育論もわが国における先駆的な業績とみなすことができよう。また、後述するように田中自身も渋澤栄一との親交の中で東京市養育院を中心的な舞台として社会事業の実践に関わっていくことになるが、「社会事業家・田中太郎」を知る上で、その「原点」として彼の感化教育論を知ることは重要である。そこで本章では田中太郎研究の端緒として田中太郎の事跡を概観した上で、明治期に展開された彼の感化教育論に焦点を当てその特徴や限界などについて検討していくこととする。

1 渋澤栄一との出会いまで

本節ではまず、田中の生い立ちから統計の専門家としてキャリアを積み重ねていくまでの経過や家庭生活などについて論じる。次に渋澤栄一との出会いや東京市養育院との関わりについて述べていきたい。

「統計」の専門家として

田中太郎は、一八七〇（明治三）年一一月一〇日東京府士族として日本橋浜町に生まれた。築地の府立中学、東京英和学院（後の青山学院）と進み、そこで生涯の友・布川孫市と出会う。同じく同窓の友人・生江孝之は彼らの後輩にあたる。さらにこの時期に英語研究のために宣教師のヒュー・ワデル（Wadell. H）から聖書講義を受け、やがて熱心なキリスト教の信者となった。学院を出た後には東京高等商業学校（後の東京商科大）に入学するも八九年に退学し、内閣統計局雇として職業生活をスタートさせ、九三年に内閣属に任用、以後一九〇八年の外遊まで一九年間そこで勤務した。同時に東京統計協会に所属し、統計に関する業務に勤しむかたわら得意の語学力をいかして『統計集誌』（東京統計協会の機関誌）に海外事情に関する翻訳を数多く発表している。

さらに、この時期司法統計に深く関わったことが、「後年君が犯罪救治や社会研究に興味を持つに至つた動機の一つ」(2)と指摘されるように、海外事情とこれらの統計データの分析が「私自身が立案起稿した社会科学的論文」＝『犯罪救治論』（教文館、一八九六年）へと結びついていくのである。(3)内閣統計局時代の同僚の関によれば、田中は「種々な社会事象の上に現はれる統計的の結論が実際上のことに役立てるに極めて有利であるといふ事実に大変興味を感じ…（中略）…又社会事業と統計との間には密接な関係のあることに大いに興味を喚起させられた」のである。(4)この統計データを通じて社会事象や社会事業の状況を客観的に分析しようとする姿勢は、田中の論稿上に一貫して表されているものであった。

ただし、田中の統計に向き合う姿勢としては「統計の限界効用を認めて、社会研究に資する側」で、「犯罪救治論や窮民論をなすにも、統計を一種の立証価値として使用したに過ぎない」、むしろ「活きた人間に接触」し、「凡てが実際的であり、現業的であり、行動的であった[5]」と布川が語るように、問題を多角的に検討するための手段として統計を専門的に修めたという割り切った側面もあったようだ。これは田中の語学にも言えることで、英語が堪能な一方で「片仮名の者は凡て嫌ひ[6]」、西洋式のスポーツも嫌い、という研究と職を離れた実生活の田中はおよそ欧米事情とは最も遠い場所にいる人物でもあった。

とにかくもこの『犯罪救治論』が渋澤との出会い、実際の社会事業の世界へと踏み込んでいく契機となっていくのである。一方、統計の専門家としての活動はその後も続き、一八九七年一月からは東京統計協会の機関誌『統計集誌』の編集委員としてその後約三十年間専門誌の編集に携わる。また、明治末期の貧民調査、一九一九年の第一回国勢調査の際にもその力がいかされていくのであった。

田中の家庭生活についても少しふれておこう。田中は十六歳にして父親が他界したため、以降は母と妹を終生扶養していくことで経済的にも苦労し、それが東京高等商業学校を中退する背景にあったのかもしれない。やがて、所属していたキリスト教の赤坂教会で及川清子と出会い、外遊から帰国してすぐの一九〇九年一一月に結婚し、一子・春雄を目に入れても痛くないほど溺愛したようである。ただし、先に述べたように海外事情に精通したクリスチャンでありながらも、家庭に関しても田中は「最旧式」の思想の持ち主だったようで、妻が家庭の外に出ることを嫌い、高い教養を身につけた清子の「文学趣味や音楽の天才」が無駄になったと布川が嘆くような「ある種」の和魂洋才とも言うべき性質をもった人物であったと言えよう[7]。

渋澤栄一との出会い

統計の専門家として着実にキャリアを積んでいく田中に目をつけた人物がいた。渋澤栄一である。彼が田中という人間に関心をもつに至ったのには東京市養育院に関する事情があった。以下、その事情をしばらく追ってみたい。

当時、渋澤は養育院を統括する院長として窮児悪化（非行化）の状況について調査を行い、一八九六（明治二九）年七月には東京市参事会に非行化する孤貧児への対策を講ずるよう上申していた[8]。その翌年の七月、英照皇太后大喪による慈恵救済金の東京市配当分とその利子を基本財産として養育院に感化部を開設することを東京府・市に取りつけている。そして、一〇月に東京市会で感化部設置が正式に承認、九八年二月には当時留岡幸助と感化学校の設立をめざしていた元大審院院長・三好退蔵を感化部顧問にすえ、設立のための寄付金募集を開始した[9]。一九〇〇年に至って大塚本院内に感化部施設を竣工させ、七月二二日に開始式を挙行した。養育院の感化教育はまさに感化法制定（一九〇〇年三月）と同じタイミングのスタートになったのである。

以上、養育院感化部の設立経緯について述べてきたが、この感化部設立に向けて渋澤らが動きだしたのと時同じくして田中の『犯罪救治論』が出版されたのである。田中の回想によれば、一九九六年四月に出版した同書を内閣属の龍居頼三に寄贈したところ、龍居がそれを三好退蔵に渡し、内容が有益であるということで三好からさらに渋澤の手にわたったのであった。そして、同書を読んだ渋澤は著者・田中との面会をつよく希望し三好の仲介によってそれが実現した。九七年の初夏のことである。渋澤は「社会問題研鑽」と「社会事業」という共通点において「君と私とは同志」であるから渋澤の事業などを手助けしてほしい旨を田中に依頼、一方の田中は渋澤の懇切丁寧な対応に感銘を受けてこれを快諾したようである。それが「常に親しく御目にかゝり通ほし、御指導の受け通ほし」という生涯にわたる親交の始まりであった[10]。

その後、渋澤は一九〇一年三月に『東京市養育院月報』を創刊する際にその編集を田中に委ねる。ちなみにこの創刊号は、「発刊の辞」に始まり、渋澤による「東京市養育院の過去及現在と将来に対する希望」、三好の「本院感化部設立に就て」、「感化部開始式の景況」、「感化部開始後の概況」など感化部に関する記事が目白押しとなっている。まさに「感化教育」が田中と渋澤、田中と養育院（『月報』）をつないだキーワードであったのだ。

2 『犯罪救治論』に見る感化教育論

それでは田中の「感化教育論」について述べていきたい。本節では明治期の論稿に焦点をあて、『犯罪救治論』（教文館、一八九六年）について検討する。田中は非常に多くの著書・論文を残しているが、大正期以降、ことに養育院幹事に就任してからは著述活動に手が回らないほど多忙を極めたのかその数が激減しており「感化教育論」という論稿は明治期までに限られていることも付記しておく必要があるだろう。(11)

犯罪の原因

『犯罪救治論』はもともと『統計集誌』上に「窮民救助論」として一八九五年七月ころより八回に分けて掲載された論文である。このタイトルからわかるように当初田中は「窮民救助」の手段として感化教育に関心を向けたようであるが、この点については後にもう一度ふれたい。

本書の構成に目をむけると、前半（第一篇）は犯罪の「原因」に対する分析が行われ、後半（第二篇）では犯罪の「救治」に関する方法が展開されている。それではまず、田中による犯罪の原因に関する分析を追っていきたい。彼によれば犯罪の原因は「遺伝」と「境遇」に大別される。特に子どもの「堕落の不運は境遇の結果」として後者を重視したが、その「境遇」とは家庭、教育、交友、飲酒、貧困を意味する。(12) そこでは犯罪児の家庭環境を統計データで示し、知識偏重の狭隘な教育がかえって犯罪を助長することなどを指摘しているが、「貧困」という境遇についで語る部分ではかなりの熱を帯びた主張になってくる。つまり、貧困の境遇にある人々の犯罪行為は「必要に迫られる犯罪」であり、「彼等が罪を犯かすは、決して彼等自身の罪には非ずして、全く境遇の罪」という。そして、もし彼らに「恒の産あらしめば、彼等も亦た容易に、各々一個の良民たるを得る者なり」とも主張するのである。(13) したがって、後段に述べる田中の犯罪「救治」の方法とはおのずと「貧困」対策（＝「窮民救助」）を中心に展開されていくことになる。

犯罪の救治①――窮民救助

そこで、犯罪の「救治」に関する方法についてである。その前提として田中は、「懲戒主義の監獄制度は、久しき以前に早や其無効力を証拠立てられたり(14)」と指摘する。特に初犯者を中心にした年少犯罪者については「一度蹉跌したる此等の可憐なる少年を捕へて、夫の忌まはしき獄窓の裡に投ずるあらば、疑もなく彼等の終生は之れがために呪はれて、遂に積悪の人となり、徒らに其の一生を社会の負荷として朽ち果つるの悲境に立ち至らしむ(15)」として、「徹頭徹尾初犯の年少罪人をば監獄に送致するの不可なる」ことを主張する。(16) その理由は①入獄経験は子どもの「自重の精神を失わせる」こと、②「出獄後の彼等が甚だしく世人の排斥を受け」、孤立化するという点にある。(17) そして、懲戒ではなく「良心を磨く」ための「彼等の智を啓き、感情を清らかにし、意志を鞏固ならしむる」教育の必要性を説くのである。(18) ただし、そこから直接的に（感化）教育事業について論じられるかと言えばそうではなく、「窮民救助」についての検討から議論が始まるのである。以下、犯罪救治のための現行（当時）の「窮民救助」制度について田中の議論をみていこう。

まず、田中は恤救規則を中核とする日本の救貧制度をどうみているのであろうか。その点について彼は救貧を「隣保の情誼」に任せるのは「迂闊極まる愚説」という。(19) 窮乏を理由にして行き倒れ・自殺する者の統計データを示しながら「情誼」にもとづく隣保相扶は実際的には機能しない。だから貧窮者には「死」以外の逃げ道として「犯罪」を選択せざるを得ないというのが田中の分析である。そこで「切迫せる同胞をして其餓渇を免かれしむるてふ消極的の手段たるのみに止まらずして、実に積極的の利益たる犯罪の救治てふ至要なる問題に対して莫大なる影響を及ぼす」と述べるように、犯罪を減少させるという「積極的」利益のために「完全なる法律を設けて貧民を救助する」ことが必要なのである。[20]そこで田中の検討は恤救規則の改良におよんでいく。それは、①国費（官金）救済を廃止し市町村の責任とする。②市町村に窮民視察係とも言うべき吏員を配置し、窮民の調査・救済にあたらせる。③自宅救助を廃し市町村毎に救育所を設置する、というものである。また同時に、①労働者の貯蓄の推奨、②共済組合の設置、③強制保険（死亡、労災、老齢）と所得再分配、④労働者住宅の整備という「防貧策」の整備の必要性も説くのである。[21]

一方で田中は英国の救貧法などの施行状況についてふれ、「堕民」の発生を抑制するための院内救済の徹底（先の市町村救育所の活用）を強調。また救済権を認めることには消極的な態度を示している。[22]さらに、これまでの議論からも理解されるように窮民救助は貧民の生活救済（＝「消極的」）よりも犯罪の救治（＝「積極的」）という、一見「治安維持」を第一の目的とした制度であるともとれる点に田中の主張の特徴がある。しかし、本書では具体的な言及はないが、『東京市養育院月報』二九号（一九〇三年）に掲載された「貧富と道徳」において「胃腑の空乏と社会の平和進歩とは決して並行し得べきものではない、然かり而して窮民救助の事業なるものが、社会の生存及び発達に必要欠くべからざる所の条件である」[23]と述べているように、貧民の直接救済の意義を軽視しているわけではないようだ。むしろ彼の関心が向かう先は貧困問題の「根本的解決」方法の発見にあったのだと思われる。たとえば『月報』二一号（一九〇二年）の「窮民論(9)」では、「貧窮問題解釈の要点」として「貧窮問題解釈の最根本的方法は決して慈善救済の事業には非らずして、寧ろ教育事業である」、「慈善事業は弥縫的、事後的、応急的の性質のものであつて、教育事業は形成的、事前的、永久的の性質に属する」と述べ、教育事業の優位性を指摘している（これが後述の感化教育につながる）。[24]また、『月報』四〇号（一九〇四年）の「下等慈善と高等慈善」では、「慈善問題の目的物たる現象」（＝窮民など）に対して直接的に救済・改良を行うことを「下等慈善」とし、「社会状態其れ自身の欠陥を補ひ若しくは制度を改良して、悲惨なる悪結果の発生を根本的に杜絶」することを目的とする事業を「高等慈善」と位置づけた。社会問題、都市問題の深刻化に伴い直接的な救済活動は限界に達し、「社会制度に適当の改良を加へ一層拡大的及び友好的に慈善の目的を遂げんと欲する所謂高等慈善」の確立が必要とされるとの認識を示している。[25] 後述する感化教育論でも個人（の境遇）の変容をもたらす教育が「万能」であるかのような単純さがみえるのであるが、それらと平行して高等慈善（の取り組み）が必要であると田中が認識していることに留意しておく必要がある。

犯罪の救治②——感化教育の必要性

それでは、犯罪救治のためのもう一つの方法である「感化教育」についてみていきたい。田中は、「犯罪救治の最良の手段は感化事業にあり、之れ恰も病者を治療するの医術よりも、疾病を未発に予防するの衛生術が尚ほ一層大切なるが如し」と述べ、「彼等を導きて各々一個の良民たらしむるの感化事業は、緊要中の最緊要の問題なり」と主張する。[26] つまり、「犯罪救治の最上乗の方策」は「悪風に感染し尽さゞる少年等を集めて、之れに感化的教育を施こして彼等が将来の生活を保護するの事業」にあるというのだ。[27]

田中のいう感化教育とは「法律を破りたる少年」、犯罪歴がなくとも「性質不良にして将来に危険の虞のある者」、父母の監督が行き届かず「浮浪の生活を送り、若しくは袖乞ひ等をなしつゝある者」を感化院という施設に収容し「感化矯正して生産的の良民たらしむる」活動をいう。[28] 子どもの状況に応じて数種の感化院が必要であるとも述べる。ただし、その「感化矯正」の具体的内容とは、①初等教育程度の学科教育、②農業・手工業などの作業教育、③「道徳的教訓を加ふる」という漠然とした言及に止まっている。[29] むしろ、田中が強調したいのは、彼が参考とした英国感化院の成績が「頗ぶる満足すべきもの」である統計データによって示された「事実」であったようだ。[30]

そしてこのような感化教育は社会に対して三つの効果をもたらすという。それは感化教育が①「犯罪者の根源を切断」すること、②「監獄に送らる可き大人の犯罪者を少なくとも半減」させること、③「窮民の員数を減殺」することであるという。[31] すでに指摘したように、ここで注目されるのは田中の感化教育論が「監獄改良」の流れからその着想を得たのではなく、「貧困」対策（＝「窮民救助」）の一環として感化教育に着目したと考えられる点である。小河滋次郎といった著名な感化教育論者は前者の流れの中から感化教育の必要性を訴え、犯罪の原因となり得る貧困問題に対しては別個の救貧事業の発展が必要と考えた。また、このような認識が監獄事業の範疇の中で感化教育が扱われていくという方向性を生み出したといえよう。[32] それらに対して田中は犯罪の救治には貧困対策が必要不可欠であり、その対策の方法としては直接的救済（貧）よりも感化教育が「最上策」とした。このように感化事業それ自体を「貧困」対策（＝「窮民救助」）の中核に据えているところに大きな相違点がある。[33] この田中の感化教育に対する認識のあり方は日露戦争以降の「感化救済事業期」の思想的潮流、つまり感化教育の対象を犯罪・非行児のみならず国民一般へと拡げていこうとする論理へと発展する可能性を示唆したものであり、ここに当時の田中の感化教育論の独創性があるといえよう。しかし、田中自身は感化救済事業期に強調された「隣保相扶」には否定的であるし、また、具体的説明を欠くとはいえ貧困問題が社会制度の欠陥によってもたらされるという認識を持っており、それが先に見た「高等慈善」についての言及につながったという点には注意を要する。

犯罪の救治③——感化教育の実施方法

それでは、犯罪救治の最上策として感化教育をどのように実施するのであろうか。そこで、田中はまず感化教育の法制化の必要性を述べる。それは①刑法を改正し、原則として全ての初犯の少年犯罪者を感化院に送り、「温和なる家庭主義の生活の内に漸次彼等を教導感化すべし」、②将来危険を有する監督不行き届きの貧児、非行児は、警察や専門吏員が必要と認めた際に感化院に送致すべきというシンプルなものである（さらに詳細な手続きについては英国感化法を参考にするという言及にとどまる）。[34] 重要なのは、「国家をして右の感化的事業を直接に施行せしめんとする」ことにあり、在野の慈善事業家らに一任せず、「充分に其国費を以て全国各地に多数の感化主義学校を設立し、最も完全に近き制度を利用して、之が施行経営を適当なる人物に委ね、以て出来得べきだけ良好なる結果を成立せしむ可きを要す」というものである。そこでは「温柔なる愛的家庭主義」の採用、「宗教的インスピレーション」による教育主義をとるべきとするが、事実上の国営施設において「宗教的インスピレーション」とはどのような主義をさすのかは疑問である(35)。

さらに、このような感化教育に対して向けられる批判として、①子どもや父母の権利の侵害、②不道徳な親の養育放棄を助長する可能性などをあげている。①については一般的な父母の養育に干渉することは弊害を引き起こすおそれはあるが、「徳義上の義務、即ち其監督教養等を忽にする者あらば此は例外」であり、「国家が更に代りて彼等少年の監督者となるは、決して不当の処置に非ず」という。また、②下等社会の者が「自己の煩労と養育の費用とを免かれんがため故意に子女の監督を怠り、以て其負担を国家に帰せしむることを謀る」という疑念については、「父母たる者より其養育の費用の幾分を徴収する」という条件を必ず付帯することによって解消できるとしている(36)。田中はこのような感化教育を実施する財源を①在監人の減少による監獄費の節減、②院内の作業教育による収入、③保護者からの養育費、④篤志家からの寄付金等によって確保することを可能であるとしているが、これは英国法の規定を参考に述べるにとどまっている(37)。

以上、『犯罪救治論』で展開された感化教育論について述べてきた。田中は本書の執筆にあたり「英米幾多の学者の類書を参考とした(38)」と述懐している。書物だけから得たものであったにしても本書を執筆する段階における海外感化教育事情に関する彼の知識・情報は相当なレベルに達していたと思われる。ただし、初犯の児童を全て感化教育に付すという提案は英国でも一九〇八年児童法によって実現する規定であり、本書が単に海外事例などの「後追い」的な性格のものだと断ずることは難しい。

そこで次節では田中の感化教育論を補足するために、東京市養育院感化部に対する田中の批評、海外視察後に上梓した『泰西社会事業視察記』の内容を検討していきたい。これらの作業を通じて先の筆者の指摘が妥当であることが理解されるだろう。

3　東京市養育院感化部と『泰西社会事業視察記』

「養育院感化部の過去及将来」（『東京市養育院月報』八号　一九〇一年）

先述のように本節では、まず『犯罪救治論』で自身の感化教育論を展開した田中が、開設されて約一年が経過した養育院感化部の状況やその取り組み等をどのように評価したのかという点についてみていきたい。具体的には『月報』八号（一九〇一年）の「養育院感化部の過去及将来」の内容を追う。これにより感化教育の実践的側面に関する田中の見識の一端を明らかにできると考えられるからである。

本論文ではまず当時の感化部の状況の説明がなされているが、一九〇〇年七月の発足時から入所した児童は翌年八月末までで八八人（男子八三人、女子五人　再入院者含む）であった。しかし、その期間にのべ五一人の逃走者を出し（帰院は一五人のみ）、入院以来一度も逃走しなかった者は二八人しかおらず、一九〇一年八月末日現在の入所児数は三七人であった。一方、在院児のうち「成績良好なる者は合計二十六名にして、残余の十一名中七名は感化の見込ありと認めらるゝ者」とあり[39]、直ちに感化部における取り組みが芳しくないと評価を下すことは難しい。

このような状況をふまえて、本論の後半では田中による感化部改良のための意見が開陳されている[40]。それは①感化部主任者に運営の全権を委ねること、②感化部を分離すること、③生徒居室を改良し雑居状態から五名程度の児童の居室を確保して衛生管理に関しては責任を児童に負わせること、④「不良」行為や悪化の程度に応じて交流を制限すること、⑤生徒の状態・性質に対する理解を促し、教師と生徒との接触・交流の機会を増やすための教師館（舎宅）を建設すること、⑥監督上の不統一を防ぐために「輪番的宿直」をやめ生徒と起居をともにする専任舎監を配置すること、⑦体育機関を設置すること、⑧作業教育を改良すること、⑨農園を設置すること、⑩徳育の方法を改善すること、⑪感化部経費を増額することなど多岐にわたるものであった。一つひとつを詳細にみることはできないが、いくつかの指摘について田中の主張をみていきたい。

まず、②感化部を本院から分離する必要性については「之れ部生教育上に於て最も必要を感ずる所」だという。それは、感化部生は「普通の孤児窮民等に比すれば一層厳格なる紀律に服従せしめざるべからず、之れ必ずしも彼らに懲罰を加ふるの意味に非ずして、其性格を陶冶改造する一の根本手段」というが、一方で「厳格な規律」は一般入所児（孤児・貧児など）の生活に対する羨望を生む（感化部生も一般入所児と一緒に学科教育などを受けていたため）。また、都会喧噪の地で感化部生を生活させることなども望ましくないという理由からであった。[41] この点はおそらく当時の幹事の安達憲忠や、感化部主任の山本徳尚も共通する認識だったようで、田中の論文が発表されたのと時を同じくして移転地の選定が行われ（一九〇二年一〇月）、一九〇五年一〇月の井之頭学校開校へとつながっていった。また、職員による感化部入所児への人格的感化を発揮するために⑤・⑥の提案を行うのであるが、同時に職員の質の保証も重要な課題となる。この点については、前著『犯罪救治論』でも「人身を指導啓発して其が奸悪なる心状を感化矯正するの事業は、実に最大の難事なり。故に感化事業は其制度の完全無欠なるを要すると同時に、之れが衝に当るべき人物の亦た完全無欠なるを要す[42]」と述べているし、後述の『泰西社会事業視察記』でも同様の主張を繰り返している。

さらに「作業教育の一事に至りては大に改良の必要を唱へざるべからず」として感化部の取り組みにおいて特に問題だと考えたのは⑧である。[43] 感化部児童に作業教育を行うことの第一の困難は勤勉の精神が欠如していること、第二の困難は「現在の作業が請負組織たるの点に存す」という。特に後者の請負制度は、児童による粗悪製品の生産は取引業者からの契約解除の要因となること（発注がなければ作業教育が停止する）。また、需要・供給の状況によって作業内容が変更されるため、生徒が熟練になる機会を保障できない。そのため田中はこれを「作業教育の現状に於ける最も遺憾の欠点なり」として、請負制度を止め「感化部自身の経営」とし、「生徒をして各其適応せる種類の職業に終始一貫して従事せしめ得るが為め、其結果として各自の作業に対する趣味を深からしめ、従つて漸次熟練の域に達すると共に倍々其業務に精神を傾注」させることが肝要であると述べるが[44]、この点については後の欧米感化院の視察でより確信を深めたようである。最後に⑪の経費の点については、感化部入所児童にかかる経費が老衰・障がい、一般入所児童一人あたりの経費と同額であることに対しての批判である。「将来社会の良民」としての期待がかかる「感化部の生徒等をば同一に取扱ふものにして、不当之れより甚だしきはあらざるなり」として、生徒に一名につき一日十六銭という経費の増額を強く求めるのであった[45]。このことからも田中が養育院事業の中でも感化教育の役割を非常に重視していたことがうかがえよう。

『泰西社会事業視察記』（一九一一年）

先述のように、『月報』の編集などを通じて養育院事業と関わりをもっていた田中ではあったが、本務として内閣統計局での勤めを続けていた。そんな田中に対して渋澤（と内務省・東京市）は欧米視察を嘱託する。これにより一九〇八年五月から翌年一〇月まで田中は異国の地に赴くことになる。その行程は英国滞在が約一年間、他の国・地域は一週間から一月程度の視察であった（米国はニューヨーク州のみ）。この海外視察の記録をまとめたのが『泰西社会事業視察記』であるが、これは渋澤の指示で一部関係者用に頒布するために刊行されたものであると同時に、日本において初めて「社会事業」という名称を用いた書籍として知られている[46]。本項ではこの報告書をたよりにこれまでに展開された田中の主張との共通性および相違点について検討していく。

この視察では英国を中心として非常に広範囲におよぶ事業の見学、関係者からの聞き取りを田中は精力的に行った。まさに田中をして「社会事業」と呼ばせるにふさわしい海外の先駆的な事業を直接的にふれ、彼自身の後半生の活動を方向付ける重要な意味をもったものであっただろうが、本章では感化教育に関する言及に焦点をしぼって論じていく。この点については当の田中自身も視察の中でもっとも調査に力を注いだのが「感化事業」であったと振り返っている。[47]

その言葉に示されるように本報告書では英国を中心とした感化事業の紹介・分析に多くのページが割かれている。例えば、英国の感化事業に関する報告の一部を掲げると①感化事業・法制度の沿革、②児童法の諸規程の詳細、③感化院入所児童の統計データ、④感化院入所手続きと収容期間、⑦仮退院・退院とアフターケア、⑧在院・退院児への職業斡旋、⑨児童への報償と処罰、⑩感化事業の経費・財源、⑪教育内容とその方法、⑫養育形態、⑬職員の待遇、⑭入退院者の成績などである。[48]なかでも⑦アフターケア（感化院長による退院児への保護監督）、⑫感化院以外の養護施設を含むものではあるが、子どもに家庭的な環境を提供する保護（里親）預け制度（「ボールジング・アウト・システム」）や地域の一般民家を借りて十数名の入所児童を養育するグループホーム（「シェフィールド・システム」）などを直接的に学ぶことができたことは田中にとってとても刺激的なものであったであろう。[49]反対に、かつては「模範的」と評価したフランス・メットレー感化院の峻厳な家族制度に嫌悪感を抱いたようであるし、ドイツやフランスの孤児院・感化院ではアルコールを院児に飲ませる習慣があることには大いに呆れたようである。[50]

諸国の感化院を幾度となく訪れるなかで田中が特に注目したのは、⑪の教育内容、特に「実に感化事業の中枢」[51]というべき「作業教育」の内容と方法、また、レッドヒル感化院に代表される「開放主義」教育であろうか。先述のように養育院感化部の作業教育についていろいろと注文をつけた田中であるが、この視察で以前の彼自身の指摘が妥当なものであったか否かの検証をするよい機会となった。田中はレッドヒル感化院などには五度も足を運び、その作業教育を賞讃している。同院の作業教育は「院理事者の見込みと生徒自身の志望とを基礎として各自の専門を定め」て在院中には徹底的にその専門業の研鑽に励ませ、「技能の熟練を得るに従つて、自然と其仕事を愛し且つ之れを楽しむと云ふ結果を生ずるのである」という。これこそが「実に作業教育、否な感化教育の大眼目」なのである。[52]これらは、仕事を「道楽」と感じるほど専門業を極めるべきだと考える田中の職業観からすれば、養育院の「請負作業」とは対極にあると言えるものであった。

次に「開放主義」についてはどうか。田中はレッドヒル感化院が「家族制度」を標榜することについては「六十人も生徒を一緒にぶち込んで置いて、それで家族制度が完全に行はれると云ふことはどうも私の知識程度の低い為か想像ができない」として皮肉たっぷりに批判するものの、「世界でも有名な好成績」であることの否定はできない[53]。その好成績をもたらすのは「作業教育」と並んで「開放主義」にあると見たようで、この「開放主義」の研究を自分の研究の中心課題とも述べている。レッドヒルに限らず開放主義を採用している感化院では「自由に逃げることが出来るやうにしてあつても逃げない」。田中はその理由として、「要するに感化院と云ふものに一つの『アットラクション』がある、引き付ける力がある」、「其所（感化院）の生活状態は従来自分が経来つた生活状態よりも遥に上等である」、「感化院の教師院長は親切な人である」という点などをあげる[54]。つまり、開放主義は障壁を設けないということが重要ではなく、入所児童に快適な生活環境と適切な学校・職業・社会的教育を提供することが勘どころなのである。ただし、すでにこの開放主義は留岡幸助の家庭学校や、明治三〇年代から設置が進んだ特別幼年監（懲治場）など日本国内でも採用されている方式ではあったが、この点について田中の評価は知ることができない。

以上、田中の視察報告についてみてきた。彼は帰国後の講演の中で自身が視察した諸事業全般を「弱者保護事業」と命名して紹介しているが、その中でも感化教育は国民（小学校）教育、貧児教育とならぶ「少年保護事業」の一分野として位置づけている。つまり、欧米視察を通じて感化教育は「一面に於ては懲罰的性質を帯びて」はいるが、「其事実は純然たる教育事業」（＝「社会事業」）であるという認識を確固たるものとしてきたに違いない[55]。このことは彼がこれから日本の弱者保護事業の機関たる養育院の幹事として、感化部運営を担う中で重要な理論的基盤となった。

4　その後の田中太郎——養育院との関わりで

人道の闘士

本章ではここまで田中太郎の感化教育論を中心に論じてきた。ただし、渋澤栄一などから嘱託として欧米視察に派遣されるまでは、田中の公的な立場は内閣属の役人であった。つまり、本章で検討した時期において田中自身はいまだ「社会事業家」と認知されていたわけではなく、上記の視察を一つの境として東京市養育院の事業や社会事業などへ直接的に関わっていくことになる。そのような意味では、留岡幸助や小河滋次郎らが監獄事業や感化事業への関心・活動を出発点として社会事業へと活動を拡げていったことと共通した部分も見いだせよう。

社会福祉史研究において海外視察後の田中の帰朝報告が契機となって、中央慈善協会によって『救済事業調査要項』（一九一一年）がとりまとめられたことは周知の事実であるが、本節ではそこにあまり立ち入らず、東京市養育院との関わりを中心としたその後の田中の足跡を追って本章のしめくくりとしたい。

帰朝後の田中は、東京市の救済事業関連の嘱託や中央慈善協会評議員、感化救済事業講習会の講師などの仕事を担っていたが、一九一九年六月に養育院幹事・安達憲忠が病気によって職を辞したことにより、田中が東京市主事・養育院幹事の職に就いた。この幹事職とは「院長の命を承け院務を掌理し職員を指揮監督」（一九一六年四月「東京市養育院処務規程」第四条）するもので、「院長は市長の承認を得て幹事をして軽易なる事項の専決を為さしむ」ことができるとしている（同前、第二条）。したがって田中は、高齢の院長・渋澤に代わり彼の期待と養育院の運営を一手に引き受けることになった。田中自身も渋澤の信頼にこたえるべく各方面にわたって奔走、物価高騰などで中絶していた老朽化施設（大塚本院）の板橋移転を実現させ、「東洋一の社会事業施設として誇るに足る立派な設備」を完成させた[56]。また、一九二三年九月の関東大震災の際には本院では一人の死者も出すことなく、一千名の入所者のために「幹事自身陣頭に立つて収容者給食に要する物資調達に奔走」[57]。猛火が本院に迫った際には職員を集め、「愈々危険が迫つたら諸君は収容者中の足腰の立つ者を一人でも多く安全地帯に避難せしめよ。自分はそれを見送つて残る、そして動けなくて院内に残つた収容者と生死を共にする」という覚悟を示し、その責任感の強さを職員から称えられている[58]。結局は先の努力が実ったのか被害を受けた本院の入所者をすぐに新築の板橋へ移転させることに成功、壊滅した安房分院も田中によって一年以内に再建された。このような田中の奮闘ぶりは養育院の職員らが「人道の闘士[59]」と呼ぶにふさわしい姿であったのだろう。

渋澤と田中の死

このように渋澤の「補佐」役として養育院事業の発展につくした田中ではあったが、渋澤からこの事業を「継承」することはできなかった。渋澤は一九三一年一一月に他界するのであるが、それまでにも何度か田中を呼びよせ自らの養育院への思いを伝え後事を託そうとした。それほどまでに渋澤は田中を信頼した。そして、渋澤の死から半年たった三二年四月一六日には田中が東京市理事・養育院二代院長に就任。しかし、病魔はすでに彼の身体を蝕んでいたようで、市会で新院長就任の挨拶をした五月一七日から病臥に伏し、翌月五日にはこの世を去った。「つねに渋澤子爵と形影相伴ひ[60]」といわれた田中は、渋澤の死によって「精神的打撃は遂に身を害ない、殉死致しましたかの感が御座います」と妻・清子が述べるように渋澤の事業を継承することなくわずか一年足らずで渋澤の後を追ったのであった[61]。

田中の死の翌年三月に発行された『養育院六十年史』は田中が親友・布川に編纂を頼んだものであり、病に倒れた五月一七日には田中自身が編纂委員会に出席している。本資料の巻末にある年表記事は養育院六十周年記念式と渋澤と田中両院長らの追悼会で締めくくられている。養育院創立と同じ時代に生まれ、渋澤と出会い、「身は病に悩むとも心は常に養育院を離れず[62]」といわれるほどに養育院に情熱を注いだ田中にとって、この『六十年史』こそ彼と渋澤の「形影相伴ひ」ながら奮闘した記録と言えるかもしれない。

注

(1) 田中の著書『泰西社会事業視察記』(一九一一年)、翻訳書『開明諸国に於ける感化事業』(一九〇二年)は日本図書センターから復刻版が出版されており、前者では加登田(一九九五年)、後者では窪田(一九八四年)によって田中の事蹟や理論等の一部に解説が加えられている。田中の事蹟については彼の追悼集である田中清編(一九三三年)にまとめられているが、先の解説も本書を参考にしている。本章においても本書を参考にしている。また、中央慈善協会の『救済事業調査要綱』(一九一一年)作成に関わって田中が果たした貢献については菊池(一九九六年)がある。各文献については、本章末の参考文献リストを参照のこと。

(2) 関三吉郎「田中君を悼む」田中清編『田中太郎』一九三三年、一四七頁。

(3) 田中太郎「今は世に亡き渋澤老院長を偲びて」田中清編『田中太郎』一九三三年、五八頁。

(4) 関、前掲「田中君を悼む」、一四七~一四八頁。

(5) 布川孫市「若き日の田中君を語る」田中清編『田中太郎』一九三三年、二三一~二三二頁。

(6) 田中清「今は亡き夫を偲びて」田中清編『田中太郎』一九三三年、二六〇頁。

(7) 布川、前掲「若き日の田中君を語る」、二四〇頁。

(8) これらの調査結果については安達憲忠『孤児悪化の状況附収養法』(一八九五年)、渋澤栄一編『窮児悪化の状況』(一八九八年)として発行されている。

(9) 感化部の主任には、同じく留岡・三好と感化学校設立準備のための調査計画にあたっていた山本徳尚が就任した。

(10) 田中太郎、前掲「今は世に亡き渋澤老院長を偲びて」、五八~六一頁。

(11) 堀文次編「田中太郎氏著作目録」田中清編『田中太郎』一九三三年、八二~八八頁、を参照のこと。

(12) 田中太郎『犯罪救治論』教文館、一八九六年、一七~七六頁。

(13) 同右、六〇~六一頁。

(14) 同右、七七頁。

(15) 同右、一五八頁。

(16)　同右、一六五頁。
(17)　同右、一六一～一六二頁。
(18)　同右、八七～八八頁。
(19)　同右、一〇九頁。
(20)　同右、一一一～一一二頁。
(21)　同右、一三八～一五四頁。
(22)　同右、一一九頁。
(23)　田中太郎（無髯子）「貧富と道徳」『東京市養育院月報』二九号、一九〇三年、四頁。
(24)　田中太郎（無髯子）「窮民論(9)　貧窮問題と教育」『東京市養育院月報』二一号、一九〇二年、五頁。
(25)　田中太郎（無髯子）「下等慈善と高等慈善」『東京市養育院月報』四〇号、一九〇四年、三頁。
(26)　田中太郎『犯罪救治論』教文館、一八九六年、一五七頁。
(27)　同右、一七四頁。
(28)　同右、一六五頁。
(29)　同右、一六六～一六七頁。
(30)　田中が本書で紹介している英国感化院の成績は、一八八二～八四年の三か年にかけての工芸院（インダルトリアルスクール）の改善率八二・五％、感化院（リフォマトリースクール）七四％という内容であった（同右、一八六～一八七頁）。
(31)　同右、一七二～一七三頁。
(32)　小河滋次郎を代表とする感化教育論者が、「監獄改良」（行刑制度の近代化と犯罪者数の削減をめざす改革）を成功させる一手段として感化教育を提唱する動きについては、倉持史朗「監獄関係者たちの感化教育論」『社会福祉学』四八巻四号、二〇〇八年、四三～五五頁。などを参照のこと。
(33)　ただし、田中（一九〇一年）の「社会的事業としての貧児倶楽部(1)」・「同(2)」では、「吾人は今日世上に所謂感化主義学校の施設のみが必ずしも感化事業の全体なりと信ずる能はず」として、より積極的に「不良家庭の貧窮児を保護して彼等の悲惨なる堕落を予済するの任務を有する」事業として「貧児倶楽部」という取り組みを「広義」の感化事業として提唱している。
(34)　田中太郎『犯罪救治論』教文館、一八九六年、一七五～一七六頁。

(35) 同右、一八四〜一八六頁。
(36) 同右、一七五〜一八二頁。
(37) 同右、一八五頁。
(38) 田中太郎「今は世に亡き渋澤老院長を偲びて」田中清編『田中太郎』一九三三年、五八頁。
(39) 田中太郎（無冀子）「養育院感化部の過去及将来」『東京市養育院月報』八号、一九〇一年、四頁。
(40) 同右、五〜一一頁。
(41) 同右、五頁。
(42) 田中太郎『犯罪救治論』教文館、一八九六年、一五七頁。
(43) 田中太郎（無冀子）「養育院感化部の過去及将来」『東京市養育院月報』八号、一九〇一年、八頁。
(44) 同右、九頁。
(45) 同右、一一頁。
(46) 本書は当初、渋澤の援助により個人出版され、後に『欧米感化救済事業』として巌松堂より刊行されている（タイトル変更は巌松堂からの要請によるもの）。
(47) 田中太郎『泰西社会事業視察記』一九一一年、三〇二頁。
(48) 同右、一二四〜一九四頁。
(49) 同右、二三二〜二三七頁。
(50) 例えば、ドイツ・ミュンヘンの市立救児院やフランスのモンテッソン感化院で、児童に飲酒をさせていることを田中は直にみている（同右、四一九〜四三三頁）。
(51) 同右、一六四頁。
(52) 同右、一六六〜一六八頁。
(53) 同右、二三八〜二三九頁。田中はレッドヒル感化院の成績については「最近五年間の統計に依りますれば出院者百中其九十は兎に角遷善威化の功を奏したものとなつて居ります」という報告をしている（同右、三一六頁）。
(54) 同右、二五一〜二五二頁。
(55) 田中が本書において「弱者保護事業」として紹介した事業のうち児童保護関連では、嬰児保護事業（保育事業）、嬰児生命保護（低額の牛乳提供、公設乳屋の設置）、母親学校（貧民家庭の母親に育児方法を学ばせる）、貧民妊婦のための無料看護制度、児童虐待防止法、児童遊園および少年保護事業である（同右、三〇四〜三一一頁）。

(56) 小坂梅吉「田中君を惜しむ」田中清編『田中太郎』一九三三年、一〇三頁。

(57) 二井敬三「追慕涙は更に新たなり」田中清編『田中太郎』一九三三年、一九七頁。

(58) 若林金次郎「悲壮なる故田中院長の責任感」田中清編『田中太郎』一九三三年、二〇二頁。

(59) 早川秋一「人道の闘士故田中院長を偲ぶ」田中清編『田中太郎』一九三三年、一八二頁。養徳院で精勤して渋澤や職員から厚い信頼を寄せられる反面、「江戸っ子」気質からなのか「田中さんは煙草の煙と同時に悪口や、諧謔や、棚卸ろしを、この煙幕の中から機関銃のやうに発射する」（佐野温玉「就職の頼みを忘れず三年後に叶へて呉れた誠の人、田中太郎氏」田中清編『田中太郎』一九三三年、一五八〜一六八頁）というように口が悪く、「公務に関しては実に厳格な方であつて、寸毫の誤謬も寛容せられず」（若林金次郎「悲壮なる故田中院長の責任感」田中清編『田中太郎』一九三三年、一九九〜二〇三頁）という証言も少なくないように、同僚に対して非常に厳しい面があったようである。

(60) 窪田静太郎「自分のみた田中君」田中清編『田中太郎』一九三三年、九七頁。

(61) 田中清、前掲『田中太郎』一九三三年、二五四頁。

(62) 田中清、同右、二四八頁。

参考文献

加登田恵子「田中太郎著『泰西社会事業視察記』解説」『戦前期社会事業基本文献集21　泰西社会事業視察記』日本図書センター、一九九五年、一～一四頁。

菊池義昭「『財団法人中央社会事業協会三十年史』解説」『戦前期社会事業基本文献集44　財団法人中央社会事業協会三十年史』日本図書センター、一九九六年、一～一三頁。

窪田暁子「解説」児童問題史研究会監修（ローザ・M・バレット著　田中太郎訳）『日本児童問題文献選集16　開明諸国に於ける感化事業』日本図書センター、一九八四年、一～一二頁。

窪田静太郎「自分のみた田中君」田中清編『田中太郎』一九三三年、九五～一〇二頁。

小坂梅吉「田中君を惜しむ」田中清編『田中太郎』一九三三年、一〇二～一〇四頁。

佐野温玉「就職の頼みを忘れず三年後に叶へて呉れた誠の人、田中太郎氏」田中清編『田中太郎』一九三三年、一五八～一六八頁。

渋澤栄一「東京市養育院の過去及現在と将来に対する希望」『東京市養育院月報』一号、一九〇一年、二～六頁。

関三吉郎「田中君を悼む」田中清編『田中太郎』一九三三年、一四五～一五一頁。

田中清「今は亡き夫を偲びて」田中清編『田中太郎』一九三三年、二四三～二六八頁。

田中太郎『犯罪救治論』教文館、一八九六年。

田中太郎『泰西社会事業視察記』一九一一年。

田中太郎（無髯子）「養育院感化部の過去及将来」『東京市養育院月報』八号、一九〇一年、三～一一頁。

田中太郎（無髯子）「社会的事業としての貧児倶楽部(1)」『東京市養育院月報』九号、一九〇一年、三～六頁。

田中太郎（無髯子）「社会的事業としての貧児倶楽部(2)」『東京市養育院月報』一〇号、一九〇一年、三～五頁。

田中太郎（無髯子）「窮民論(9)　貧窮問題と教育」『東京市養育院月報』二一号、一九〇二年、三～五頁。

田中太郎（無髯子）「貧富と道徳」『東京市養育院月報』二九号、一九〇三年、三～四頁。

田中太郎（無髯子）「下等慈善と高等慈善」『東京市養育院月報』四〇号、一九〇四年、三～四頁。

田中太郎「今は世に亡き渋澤老院長を偲びて」田中清編『田中太郎』一九三三年、四二～六八頁。

東京市養育院編『養育院六十年史』東京市養育院、一九三三年。

生江孝之「田中太郎君を憶ふ」田中清編『田中太郎』一九三三年、一四二～一四五頁。

二井敬三「追慕涙は更に新たなり」田中清編『田中太郎』一九三三年、一九四〜一九九頁。

布川孫市「田中太郎君略歴」田中清編『田中太郎』一九三三年、一〜五頁。

布川孫市「若き日の田中君を語る」田中清編『田中太郎』一九三三年、二二五〜二四二頁。

早川秋一「人道の闘士故田中院長を偲ぶ」田中清編『田中太郎』一九三三年、一八二〜一八六頁。

不詳「感化部開始式の景況」『東京市養育院月報』一号、一九〇一年、一〇〜一二頁。

不詳「感化部開始後の概況」『東京市養育院月報』一号、一九〇一年、一二〜一五頁。

堀文次編「田中太郎氏著作目録」田中清編『田中太郎』一九三三年、八二〜八八頁。

三好退蔵「本院感化部設立に就て」『東京市養育院月報』『東京市養育院月報』一号、一九〇一年、六〜七頁。

若林金次郎「悲壮なる故田中院長の責任感」田中清編『田中太郎』一九三三年、一九九〜二〇三頁。

第4章　園部マキの生涯と事業
——信愛保育園

徳川早知子

近代日本は日清・日露の戦争を経て、さらなる資本主義の発展とともに、一方で社会問題も顕現化していった。大正期に入り都市では貧困や生活問題も深刻化していく。京都市に目を転じてみても、貧困の課題は地域によって、たとえば京都西陣地区を見ても住民の生活問題は顕在化したのである。そうした状況を背景にして、この地区に保育所を創設し、かかる課題に敢然と立ち上がった一人の女性がいた。その人の名は園部マキである。園部（藤田）マキ(1)は同志社女学校で学んだ後、米国に留学し、明治末期に帰国後、西陣地区と関わり、一九一四（大正三）年八月、京都における最初の保育園である信愛保育園を創設した。

ところで園部マキについての先行研究を見てみると、長門谷洋治により「京都看病婦学校・同志社病院設立と廃止の事情(2)」として発表された研究報告の付記で紹介されているのを除いては、ほとんど研究がなされておらず、文書史料の少なかったためか、社会福祉学や看護学あるいは保育学の領域などにおける研究対象になってこなかったように思われる。現在、乳幼児を持つ世帯で母親の就労は必要とされており、また家庭と共に、乳幼児の育っていく場所としての保育所に光が当てられているが、園部マキとその活動について知る人はそう多くはない。園部マキの生涯とその業績について、武間冨貴は「その一生の間に常人では到底できない程の大きな貴い業をなし遂げた人である(3)」とその活動について評価しているが、京都では戦前期における社会福祉事業の発展過程で、女性によりなされた福祉事業の評価は、これまでほとんどなされていないのが現状である。

ところで園部マキに関連する資料を渉猟した結果、母校である同志社女子大学が二〇〇四年一一月から二〇〇五年七月にかけて展示した「『女子教育ハ社会ノ母ノ母ナリ』――同志社女学校で学んだ女性たち」において紹介がなされ、同志社女学校時代のマキの一面を知ることが出来る。また、信愛保育園は『信愛　創立五十周年記念』[4]『あすを夢みて　信愛保育園創立六十周年記念誌』[5]『Shin-Ai Day Nursery』[6]『Shin-Ai Day Nursery 子どもたちと共に歩んだ90年』[7]等、保育園にとって節目の年には記念誌を編集出版している。これらの記念誌の中には彼らの時代を反映した、多くの子ども達やその保護者、元同園保母、園部マキに連なる人々の写真や手記など、示唆に富む資料に遭遇する。マキ自身による文書はわずかに、『社会時報』に数編見られる。[8]また看護の分野から園部マキの事業を考察したものもある。[9]

本章は園部マキが夫、秀治（逸堂）の協力により創設された信愛保育園を中心に彼女の生涯とその事業について論究したものである。ただ紙幅の関係もあり、西陣での保育園事業を中心に彼女の生涯と事業の概略を論じるにとどめ、詳細は別稿に譲りたい。

1　出生から同志社女学校卒業まで

高鍋より同志社女学校へ

園部マキこと藤田マキは高鍋藩士藤田半次郎を父として一八八五（明治一八）年、宮崎県高鍋に生まれた。慶応元年の『高鍋藩人給帳』[10]によれば、半次郎はその年十九歳であり「祐筆役」に任じられていた。祐筆は藩の文書・記録をつかさどる役職である。藤田マキは高鍋時代に石井十次と交流があったようである。『高鍋教会百年記念誌』[11]には、キリスト教の高鍋伝道の初めとして、石井十次は萱嶋諸秀と日向伝道を思い立ち一八八五年三月宣教師のオーチス・ケリー（Otis, C.）を伴い、高鍋で大説教会を開き、聴衆は約五百名であったと記されている。翌、一八八六年に石井らは再びケリー宣教師を伴い高鍋の地に伝道した。石井十次等による二回目の高鍋伝道で「初めて七名（荻原恕平氏、岩村真鐵氏、泥谷アィ姉等）の受洗者が与えられた」と『高鍋教会百年記念誌』は記し、さらに、「ここに播かれた種が芽ばえたので常任伝道師として、同志社卒の牧師が高鍋に招聘され一八八六年の内に合計三十九名の受洗者が与えられたのである。」と記されている。一九一三年から一九二〇年の間、高鍋から西陣のマキの元で援助を惜しまなかった藤田リヨの名前も同教会名簿に見える。高鍋における藤田マキと石井十次の具体的な接点はわからないが、マキの同志社女学校入学時に石井がマキに同志社女学校関係者への紹介状を持たせたのは[12]、高鍋での伝道集会などを通してキリスト教の伝道が浸透していたと推察できる。

同志社女学校時代

一九〇一（明治三四）年、マキは単身高鍋を後にした。マキは十六歳で同志社女学校普通科に入学した。同志社女学校でマキは新島寮[13]に入り、かなり厳しい寮規の下で自活しながら勉学に励んでいた。高鍋の実家は経済的には裕福ではなく、マキは牛乳配達をして女学校の学費を得た。また、在学時代テニスを好み、四年間テニス競争会の選手であったという。『同志社女学校期報』（一九号、十五頁）によると藤田マキの後の人生に大きな影響を与えることになるデントン（Denton, M.F.）[14]は一八八八年の着任以来、女学校、看病婦学校で熱意を以て教鞭を執っていたが、一八九六年以来同志社を離れ、鳥取・東京で宣教活動に従事していたが、一九〇一年秋には再び女学校教師として同志社に着任した。デントンは若い頃、米国で病院に勤務して看護技術を身につけた[15]という。一八八八年の来日時、一時リンダ・リチャーズ（Richards, L.）[16]の勧めにより、リチャーズと共に看病婦学校に住み、看病婦学校で食物調理法などを教授したこともあった。

藤田マキは一九〇一（明治三四）年六月二三日、同志社礼拝堂に於いて同級生十三人とともに、ディヴィス（Davis, J.D.）より洗礼を受けた。デントンは新島襄のキリスト教主義による医学校設立の希望が実現できなかったことを非常に惜しんでいた。

2　米国の看護学校での学び

米国留学

マキについて記述されたかなりの資料で、藤田（園部）マキは、「同志社女学校卒業後、米国に留学して」との記述を見るが、マキの米国行きにはかなりの偶然が働いたのであった。このことは、同志社女学校のデントンとも懇意であった佐伯理一郎[17]による『京都看病婦学校五十年史』（一九〇五年）の日誌の記述からマキ留学の経緯がうかがえる。

本年一月以来京都他阿彌ホテル滞在中の米国費府汽罐車會社総務ヴァクレイン氏の令息腸チフスに罹り既に危篤の容態に迄至りしを佐伯校長の治療宜しきを得遂に全快せし其の御禮として母君が誰ぞ一人あなたの看病婦学校の生徒にて英語の出来る人を私が米国に連れて行き十分の教育をなしていよいよ成業の上は其人を日本に帰へし永久にあなたの病院に使ふて下さいと云はれるのでミスデントンに相談し藤田牧子を先ず本校の一年生に編入し豫備知識を授け本年五月を以て派遣したり。

マキは佐伯から看護学の基礎を学び、留学に備えた。フィラデルフィアのプレスビテリアン病院看護学校（The Presbyterian Hospital in Philadelphia TRAINING SCHOOL For Nurses）に入学して、三年間の課程を修め、実習も終えて卒業式を迎えた。一九〇八年、マキは「そこで三年間在学いたしまして、看護婦と産婆の資格を得ましたのであちらで訪問看護婦や訪問産婆の班に加わりかれこれ二年ばかり実習して帰りました。それが明治四二年のことであります」と、記述しているが、これは米国で訪問看護婦教育を受けた第一人者とされてきた保良せき[18]に先立つこと十五年も前である。園部家所蔵による藤田マキの卒業証書は資料4-1のように証明され、理事たちの署名がなされて

資料4-1　藤田マキ卒業証書

The Presbyterian Hospital in Philadelphia
TRAINING SCHOOL For Nurses
This Diploma witness that Maki Fujita has completed the prescribed term of three years Instruction and Practical Service in the Training School of the Presbyterian Hospital of Philadelphia and having passed the required examinations has been approved by the trustees as a Trained nurses
April twenty third Nineteen hundred and eight.

いる。

マキは、一九〇八年四月二三日、プレスビテリアン病院看護学校を卒業。その後、米国の社会事業施設を具に視察して一九〇九年一一月帰国した。マキの学んだフィラデルフィアでは訪問看護婦会が一八八六年に訪問看護事業を開始し、同訪問看護婦会では「単に看護処置を提供するだけではなく、仕事先の家庭の人々に家庭看護や健康について指導を行おうとした」と述べられているように、米国でも訪問看護事業の先駆的歴史を持つ都市であった。また、日本から帰国後のリンダ・リチャーズは一八九一年四月にフィラデルフィア訪問看護婦会の会長に就任している。園部（藤田）マキのこの留学時には、米国ではリリアン・ウォールド（Wald, L.D.）がニューヨーク病院看護婦学校を卒業し、イーストサイドで巡回看護を始めていた。その事業は後にヘンリストリートセツルメントとなり、看護事業は社会事業の一部門となっていた。

帰国後のマキ

一九〇九年一一月の佐伯の日誌には、「藤田牧子米国より帰朝せらる依て来年一月一日より新築の京都産院にて働かるゝ事となりたり」と記されている。

一九一〇年、帰国後のマキの職場である佐伯の京都産院[19]は、年初めからあわただしかった。一月一五日には京都看病婦学校と産院の献堂式が行われ、多くの人が招待された。三月には京都看病婦学校から看病婦学科・産婆学科計五十一名が巣立ち、さらに九月になってフィラデルフィアからマキに続いて、同志社女学校から留学していた中川元子、相澤操子の二名が帰国して、女医として佐伯病院で勤務している。帰国後マキが佐伯のもとで働いたのはごく短期間であった。一九一一年の佐伯の日誌に「藤田マキはシャムの公使夫人付看護婦としてシャムに出張するため、佐伯産院を退職した」と短い記述がある。『同志社女学校期報』には、マキがタイへ出張したのは、「五月上旬」と記されている。(『同志社女学校期報』三〇号、五頁)

マキは一九〇九年一一月、母校同志社女学校に勤める傍ら西陣地域で助産施療、訪問看護を始めた。京都市内の無産階級の多い西陣方面の各家庭を歴訪し、無料で乳幼児保育の指導を開始した。帰国後間もない、マキの日暮丸太町時代のことと思われるが、「想い出の丸太町」として、一九七四年当時京都の民生児童委員会副総務であった福原盛子は当時のマキの日常の一端を次のように記述している。

旧丸太町通り(京都監獄の北通)から新しい丸太町、大正の初期、広っ場で草がぼうぼうと生えていた。その空き地に、いろんな人がやって来て様々の催し物や、お話し等を聞かせてくれた。「信ずる者は幸いなり」という難しいお話を聞いたのも、その当時だった。初代園長園部マキ先生が日暮丸太町に、子供を集めて神の道を説き、清い精神美を子供たちに話していらした当時が近更の様によみがえって来る。[20]

タイから帰国後のマキは、京都監獄のあった西陣の外れに住んで、人と神に仕える道を模索したようだ。一九一三年高等看護婦養成の目的で西陣の自宅に産婆看護塾を起こし、塾生の実地修学指導も兼ねて訪問看護、助産や保育指導の範囲を拡張し、一九二三年までに五十余名の看護婦を養成した。

マキは宣教師ペック(Peck, S.P.)[21]と共に西陣地区における訪問看護事業、信愛看護塾を開いて塾生の看護婦を目指す若い女性を教え、地域での実地修学に従事していた。塾生たちは主に九州高鍋出身者が多かった。[22]一九一三年から一九二〇年頃までマキ一家とその事業を助けたのはマキの実家である高鍋から手助けに来たマキの実姉、藤田リヨ[23]であった。

藤田リヨはマキが信愛保育園を創設するに至ったもう一つの出来事を想起し、次のように記述した。

丁度大正二年から九年迄京都に居りまして九州に帰りました。その頃牧さんが看護婦塾をしており、最初は

四、五人の塾生が居りましたので私が留守番役をしていました。或る日、三人の乳児と幼児をつれた働き盛りの若い男が豆を売りに来ました。余り気の毒に思ったので様子を聞いてみますと、「家内に死なれ三人の小さな子供がいて手が離せないので機織りをやめ、五十銭の資金で豆を仕入れ、こうして子供をつれ行商しています」というので、ご飯を食べさせお米一升を量ってやっているところにマキさんとペックさんが帰ってきて大変気の毒に思い、この子供のお世話をしようという事になったのです。それから私は着物やふとんを作り子供たちの世話をしながら張りあいを覚えました。その子供の父親（上田長三郎）は又はた織りをはじめました。これをきいた織屋の人たちは、私の子も是非預かってほしいと申し込んできました。塾生は昼間保育園の仕事を手伝い夜間勉強しました。又昼間、学校に通ったものもあります。マキさんが助産、家庭訪問の仕事をしていましたのでいつも実習に連れてゆき、大変に役に立ちました（後略）。

3　信愛保育園の設立と発展

信愛保育園の創設

マキは、西陣地域の母親たちは分娩後、日数を経ずに重労働に携わり、不衛生な住環境と不十分な衛生・育児知識でもって育児がなされているのを知った。母親の栄養状態の悪さや赤ん坊、子どもたちの発育不良にも気づいた。そしてマキは乳幼児保育と母親教育の必要性を痛感し、一九一四年、園部逸堂との結婚後、二人の働きは保育園開設へと向けられていった。その間の事情は一九四二年厚生省により刊行された『紀元二千六百年社会事業功労者事蹟』にも「（園部マキによる）保育事業の経営　大正二年西陣地方の大不況に際し当該方面に於ける貧困家庭の惨状を目撃して、惻隠の情禁ずる能はず、其の家庭生活の改善向上を図ると共に乳幼児保育指導の緊切なるを痛感し、遂に米国宣教師エス、ビペック嬢と相謀り信愛保育園を設置し専ら幼児保育事業に従事するに至ったのである。是れ京都市に於ける保育所の濫觴である。[24]」と記述されている。

厚生省の前掲書中、園部マキが保育事業を始めるきっかけとして「惻隠の情禁ずる能はず」と記述されていた状況は前に記した藤田リヨの想い出の中にもその心の動きが思われるが、マキ自身も保育園開設への契機を「明治四十二年のことであります。それから府立第一高等女学校に教鞭を執ることになりましたが、近所の人に頼まれて、助産の事や、乳幼児保育のことに奉仕している中に、或る気の毒な一家の子供さん達を、どうしても引き受けて世話して遣らねばならぬことが起こりました。それは、西陣の機業界が、非常な不景気に襲はれた時の事でありまして、五人の幼い子供達と、病気のため足腰の立たない妻とを置き去りにして、主人が家出をしたと言ふ悲惨な出来事がおこったのでした。その時分には、まだ方面委員制度と言ふものも無かったのでありますから、どうすることも出来ず、私が助産をしてあげたと云ふ関係から、お世話をせねばならぬ様なことになったのです。五人の子供達をば、自宅へ引き取って、病床に臥してゐる母親をば、近所の人々と一緒になって介抱し、一方父親の捜索願を警察の方へ依頼すると云ふ様な騒ぎをしましたが、これが動機となって、保育事業をやって見る決心がついた様な譯であります」と記している。[25]また、「その時分、私は、丸太町日暮西入ル処に住んでいましたので、取り敢へず、其の処に信愛保育園といふ門標をかけることになったのが、大正三年八月のことでありますが愈々開園して見ると、忽ち十人ばかりの乳幼児を依頼されました」と記述されているように、初めて西陣の街に出現した手足纏になる子どもを預かってくれる保育園は、早朝から夜半まで機織りに追われていた近所の人々にとって、願ってもない需要の高いものであったが一方、「保育園に対する社会の認識はきわめて薄く『子供相手の物好き夫婦』とか『子供に恩を着せて、いきぎもとりに売るのではないか』等の噂もたてられた。某新聞には、『女児を売り物！にする』という記事等をのせ、関係者を憤慨させたひとこまもあった。」と『信愛　創立五十周年記念』には記載され、その開設前史の困難さを覗わさせる。

また、一九一七年一月二四日『大阪新聞』は「乳呑子を預かる　◇京で始めての試み　◇信愛保育園の事」と言う見出しで、次のように報じた。

（前略）世の不幸な人々に（信愛保育園は）無料で産婆を派遣する事にして居ったが（春慶流日本画家の夫人は）、実際無料で産婆を需むる様な家庭に限って赤貧者が多く産後の乳児養育に就いても日々夫婦共稼ぎをせざれば一家の糊口にすら窮すると言ふ悲惨の人が多いからとて遂に意を決してミスペック氏の後援を得、大正四年一月より自宅に保母或いは看護婦、産婆等を傭い入れて実際生活上の為め手足纏ひとなる哺乳児を預かる事としたのみならず学齢に達するまでの幼児をも預かって居る尤も営利的にやって居るのでないから料金は取らぬが牛乳代として一日一人の小児から五銭づつを徴収して居る併し是とて貧しい人々に負担せしむるのであるから成るべく取らぬ方針らしい五六歳の小児になると一日七合位の牛乳は苦も無く平げるから到底勘定づくでは出来ぬと云ふて居た現今では六人居るが朝其宅から送り届けると何れも衣服を着換えさせて風呂へ入れたりおもちゃを与たり泣く子には夫々物を与へオムツを仕換たりして一人で歩む子供は保母が連れて御所の附近を散歩したりして実に自分の子程可愛がって育てて居る中には晩の六時頃に父母が連れて来ても帰るのを嫌がるいぢらしいものもあると云ふ。現在預って居るのは母に離れた乳呑子や或いは労働者の子供などで実に悲惨な境遇にある子供計りである多い時は十人も預って居るが此頃の様な寒い時は労働者も余り働きに出ないのか連れて来る人が寡いと云ふことである。

京都西陣に初めて出現した保育園は、近隣の人々に惑いと驚きをも、もたらせたようだ。また、財政的な裏付けもなかった。

保育園の経営

マキが設立の当初考えていた保育園は、彼女自身も指摘しているように、「小規模であたたかく、ゆきとどいた家庭の延長の様な保育園の建設であったが、社会の強い要求に迫られ、次第に拡張しなければならなくなった。」(26)

設立当初からマキが対象とした子どもは、〇歳から学齢までであり、働く家庭、病気や片親の乳幼児、虚弱児を親の代わりに昼間保育し、キリスト教の精神で子どもの福祉、健全な生育をさせることを目的としており、マキは対象家庭の幸福改善を使命として努力していた。創設から十七年経った一九三一（昭和六）年、『社会時報』の記者として信愛保育所を取材した、京都府嘱託の小瀬松次郎は当時の信愛保育園について次のように報じている。

（前略）更衣室のとなりが浴室でここで毎日子供に入浴させる。驚いた事には一人一浴の設備にできている。この辺は全く米国式だ。一人一人の湯を替えて行くのでいかにも軽敏な設備である。タオルも石鹸も皆別々にしているが、これでないと病気の伝染する恐れがある。流石は看護法から出発した保育法である。私はすっかり感心してしまった。保育室は非常に日当たりがよい。衛生上の見地から見てこの位整った保育園は余り多くはあるまいと思う。賜恩館　ここは遊戯室にしたり、日曜学校の集会所にしたり、青年会などの会場に使っている。室の内部の色彩、カーテンの調和、押し入れや棚の具合等がすべて美術的に出来ている。きけば主人逸堂氏の設計だそうだ。この園は総体的に清潔で而も質素な間に、芸術味が豊かに出ているが、これは逸堂氏その人の趣味が其のまゝ現れているのである。斯うした小さな注意が、保育されている子供たちの脳裡に如何に力強く、植え込まれていくことであろう。(27)

もう少し内容を見ていくことにしよう。一．保育時間は午前七時～午後六時（事情により延長）、二．給食は完全給食（おやつ、昼食、栄養不良児には別に栄養食を補給）、三．保育料はできるだけ軽減する（乳幼児とも一日五銭）、四．家庭との連携については、入園条件として、親は保健衛生に協力し、貯蓄、勤勉に努力する。又家庭訪問や生活相談をする、五．保育相談、助産、婦人身の上相談、各種講演会、母の会、こども会、日曜学校等が付帯事業として行われていた。

マキは「最初は何とかやりくりをしてきましたが、その後よい協力者であったペック氏も帰国され、聖公会から補助を頂く様になりましたが、子供の数も多くなり経済的には人知れず苦しむ事も度々でした。しかし、堅い信念をもって、一生懸命やっていけば、どうにか打開されて行くものだとしみじみと感じさせられています。この事情を察してくださった有志の方々（同志社女専関係者）が、信愛保育園後援会を組織して、精神的にも、物質的にもこの小さな事業を援助して下さっております」と、述懐している。

マキの信愛保育園は個人経営の慈善事業で始められ、マキが府立女学校や母校同志社からの英語講師で得た報酬をつぎ込んでも途方に暮れるような状況であった。逸堂も画会などを開き、園の運営と一家の生活を補助した。一九二一年初めての宮内省からの御下賜金、内務省より助成金、京都府・京都市より補助金がそれぞれ交付されるようになった。一九二一年、信愛保育園は、創設から七年を経過していたが施設運営は財政面で未だ多くの困難があった。

保育園事業の発展——募金のため海外へ

当初からマキは、保育園の施設を西陣の母親たちにとって、もっと便利な枢要な場所に移したいと考えていた。一九二一年、マキと夫、逸堂は次のように考えた。「この年、本園も従来の借家では収容力も設備も不十分であるところから、新しい園舎設立を急がねばならない」と。そして一九二三年五月にやっと現在の地である上京区丸太町日暮西入ル西院町七四七に移転できる見通しがついた。しかし、保育園経営のための建築募金は国内で容易に得ることはではできない。マキは、「自分の事業を理解してくれるのは残念だが、日本人よりも寧ろ外国人に多いので」と語っていた。マキは再び海外へ募金と社会事業施設の視察を兼ね渡米することとなった。心ならずも愛児三人（一歳半、三歳、五歳）を夫、逸堂と姑マチ子に託しマキは一九二一年七月、園舎募金のため渡米した。マキが再び西陣の愛児の元に帰ってきたのは翌、一九二二年一〇月のことであった。

後に、第三代信愛保育園園長となった三男の望氏は「家族には事業拡大のための募金集めとのことであったようだが、こんなものがありました」と一九九四年の面接時にマキのプレスビテリアン看護学校卒業時の証明書と共に、もう一枚の卒業証書を示された。それは、マキが一九二二年三月三一日にニューヨーク婦人病院（Woman's Hospital in the State of New York）の六か月課程を修めたという修了証であった[28]。

一九二三年五月、マキと逸堂は丸太町日暮西入上ル西院町七四七に新園舎の建築に着手して、一〇月には竣工した。一九二九年御大典造営物と御調度品の下賜があり、乳児保育室（二十坪）を増築することができた。翌、一九三〇年二月には慶福会から千二百円が交付された。一九三一年二月にも宮内省からの御下賜金を受けた。一九三二（昭和七）年、乳児室、日光浴室、附属室が整備され、翌年二月慶福会より金三百円を交付された。この年マキは特殊事情があった乳児、四名の昼・夜間保育を始めている。保育事業の質の面のみならず、入園児数からみても、百七十七名と増加した。信愛保育園において一九三二年以降の入園乳幼児数は、極限なく増え続けた。

この頃保育園の収容園児数が増加していき、京都市営では崇仁隣保館が四百四名に、そして私設保育園では和楽園が二百三十一名となった。一九一四年にマキが保育園を創設した当時、京都の人々は、子どもを預かってどうするのだろうかという疑いの目を向けていた。行政でも「惻隠の情でもって取り組んでくれる篤志家」の仕事であったため、この事業に京都市から初めて百円の補助金が下付されたのは、創設から七年を経た一九二一年になってであった。翌年からは市と府から夫々五十円が補助されるようになった。京都市が初めて保育事業（市営託児所の設置）に取り掛かったのは、表4-1にみられるように一九一八年一二月に三条託児所を開設したことを嚆矢とする。翌年には崇仁・養正にも市は市営託児所を設けた。昭和一四年度統計書中「社会事業総覧」から私設乳幼児保護状況を見れば、市設の十二施設で託児所の名称は児童院のみで、他は隣保館（八施設）、銃後託児所（九条、花園、深草）の三施設となっている。この年、市営託児所数は急増し、翌一九四〇年一挙に十五施設となった。同様に、この年私設乳幼児保育事業数も三十八施設となった。一九三七年七月の日中戦争勃発を契機として保育園は戦時体制下に組み込まれていった。信愛保育園を始め、京都の保育園も例外ではなかった[29]。

信愛保育園においても、園児数が一九四一年には二百二名となった。保育の質においては子どもたちの上に大き

表4-1　京都市公・私設保育園数と信愛保育園園児数（1914年から1941年）

年　度	私設乳幼児保育事業数	市営託児所数	信愛保育園園児数	年　度	私設乳幼児保育事業数	市営託児所数	信愛保育園園児数
1914	1	0	47	1928	6	6	104
1915	1	0	47	1929	5	6	113
1916	1	0	43	1930	14	6	103
1917	1	0	18	1931	16	6	110
1918	1	1	50	1932	16	6	76
1919	2	3	56	1933	18	6	152
1920	2	3	68	1934	18	6	177
1921	2	4	73	1935	18	6	193
1922	5	4	77	1936	18	6	202
1923	5	5	91	1937	22	7	218
1924	5	6	87	1938	20	7	181
1925	5	6	104	1939	38	12	187
1926	5	6	113	1940	36	15	200
1927	6	6	103	1941	29	11	202

出所：『京都市統計書』第11編社会事業「乳幼児保護」等より筆者が作成。なお大正12年度については京都市統計上に報告見当らず，『京都府庁文書』大正15年より12年度の数値を得た。

な変化をもたらせた。元職員の一人は後年、次のように当時を述懐している(30)。

昭和一〇年から一五年三月までの四年半。その頃道子先生のお母様が御健在で、園長先生として内外共に多忙な毎日を過ごしていらっしゃいました。先生ご夫妻をパパ先生・ママ先生とお呼びして子供達もしたっていました。私は主に幼稚園年齢の子供達三十余名受け持って、軍国調が次第に入り濃くなってくる頃で、歌にもお遊戯にも兵隊や日の丸の旗を主体としたものが多くなってきました。日赤陸軍病院や岡崎の分院等慰問して、歌やお遊戯をお見せした事もありました。長い棒切れをカッコよく抱え込んで肉弾三勇士のマネをしたり…（後略）

また、一九四二年になると園部マキがよく記事を書いた雑誌『社会時報』第一二巻第二号には表紙に「膺れ（ほうむれ）米英われらの敵だ」と書かれ、京都府社会事業協会から発行されている。その号の表紙には、信愛保育園室内で、幼児を遊ばせている園部マキの姿があった。園部マキにとっても夫、逸堂にとっても苦しい時代は始まっていた。

一九二三年百二十坪の園舎が増築された折り、「この建物は園長がかねてから考えた保健・衛生・健康管理のゆきとどいた保育をするために必要であった」日光、清潔、栄養、遊び、幼児の心と身体の発達に専門的な知識と技術が保育事業の中に注ぎ込まれていた。

マキは同時に、保育園において乳幼児専門の調理室の設置、栄養不良児の特別給食なども大正年間にいち早く行い、一九二九年には保育園の付帯事業として身上相談、育児相談、青年会がもたれている。一九三二年になると「母の出産または死亡・病気等やむを得ない場合は乳児を昼夜保育を行い、その家族が困難な時を乗り越え、自立できるのを援けた。その中には未熟児で生まれ、一週間目に母が死亡、栄養不良で失明寸前の乳児（一カ月半女児）を小学校に入学する六歳迄預かり健康な子供として、祖母に引き渡した」などのケースが紹介されている。

4　信愛保育園とともに

母子の家希望寮の創設

一九二九（昭和四）年の世界的経済恐慌の影響は、経済力の弱い母子家庭の生活を直撃した。生活苦のための母子心中が西陣の、マキの身辺でも起こるようになった。一九三四年の五月、緊迫した社会情勢の中で園部マキは母とその乳幼児の為、母子の家希望寮を創設した。生活苦のため赤ん坊を背負って疎水に飛び込んだ母子が希望寮収容の最初のケースであった[31]。母子寮は応急的に借家を開放してつくったものであり、借家であるため家賃等を支払わねばならなくなり、運営面でも苦しいことが多かったが夫、逸堂は画会などを開き、資金調達に当たった。これが京都府下で最初の母子寮となった。

「信愛保育園母子の家希望寮」として、『大阪新聞』は昭和一七年一〇月二〇日付で取り上げた。ここでマキは「母子の家希望寮をはじめましたのは昭和七、八年ごろ是亦世界の不況から園に程近い二条城のお堀に母子心中などがよくありましたので思ひついたのです。最初はこちらが無経験からとんだイカモノを背負いこんだこともありますが、その後十分身許を調べることにして今日では立派な心がけを持った人ばかりです。夫との死別ばかりでなく生別の人もをられます。戦死者の未亡人、応召軍人家族もおられますが昼間は事務員、家政婦授産所通勤、賃織り等いろんな仕事に真剣な努力をしている人ばかりで真に希望寮の名にそむかないことを自分たちも喜んでおります。自分たちのささやかな事業が人的資源の培養に資すると共に国力の源泉たる児童と母性の福祉に貢献しうることともならば満足です」と語っている。母子ホームは一九三二年一月に救護法が施行され、母子救護の施設が各地に設置されるようになったが京都では、園部マキによる希望寮の外、一九三五年になって平安徳義会経営の母子寮と西陣隣保館に付設された三施設のみである。一九三六年一一月末の社会局調査に依ると、母子ホームの全国の総数は四十三施設であり、これらの施設に保護されている母は四百九十二人、子は一千六人であった。京都では三施設のみであった。

一九四一年にはアジア・太平洋戦争が勃発し、保育園、希望寮の運営も困難を極めたが、さらに「出征兵の送迎・慰問と園長は園務のみにとどまらず、方面委員として、又、地域の婦人会、町内会の役員、救急指導員として活躍、同時に家庭訪問、病者慰問など多忙を極めた[32]」。こうした戦時下、激務に追われ、マキは十分な療養も出来ず、一九四四年一月六日、胃潰瘍により天に召された。

『信愛五十周年記念誌』誌上に「保育園史」執筆者（夫、園部逸堂であろうか）は、マキの死について、「昭和十九年一月六日、雪降り積もる静夜、五十八歳で愛と信仰の生涯を終わった。一月九日園葬により若王子山頂に葬る。」と記している[33]。

園部マキが新島ら同志社関係者の眠る若王子に葬られたその背景には、彼女が若い日に憧れて入学した同志社女学校で、デイビィスより洗礼を受け、キリスト者として生き、或いは新島が「良心を手腕に運用するの人物を出さんことを勉めたりき」と、「同志社大学設立の旨意」で伝えている、彼の真の弟子であったのかもしれない。また、デントンの教育の影響があったのかもしれない。とりわけ「信愛」という二文字に彼女の福祉思想が内包されているように思われる。若き日、マキはキリスト教信仰による愛の実践者としてのデントンの指導の下で同志社女学校「新島寮」で生活した。アメリカ留学からの帰国後、学生時代に思いを馳せ、『同志社女学校期報』に、「尊き礎に根ざせるこの歴史ある松かげにて共に雪霜をしのぎ慈愛の母に育てられしにもいと恥ずかしきことならずや我が信愛の姉君たちよ（後略）」と綴っている。女学校時代に、ディヴィスから洗礼を受け、新島襄の志を受けたデントンから受けた愛と信仰への想いがマキの心の中に存在していた。マキは同文中で「昔の暖かき友情を猶一層まされるものとし高きひとむれとなり母校の恩にいささかでも報いたいものと思う……[34]」と追記している。

京都を代表する社会事業家

このように園部マキは畢生の事業である信愛保育園で開設以来三二四二名の保育園児を育て、働いている彼らの母とその家族の友として生涯を全うした。また六十名の母、百三名の子ども達を母子寮で育て保護した[35]。その家庭の幸福を絶えず願っていた。そして京都で最初の保育園の創設者、母子寮の創設者そして京都府方面委員としても京都の福祉を拓いた先駆的人物であった。

一九六四年、マキの夫、園部逸堂は喜寿を迎え、信愛保育園創立五十周年を前にして記念誌の表紙に祈りを込めて『信愛』と揮毫した。逸堂による『信愛』の書は、創立百周年を迎えた今日も保育園の精神の在り処を示すように信愛保育園の玄関に掲げられている。

逸堂はマキと共に信愛保育園を創設し、マキ亡き後も娘の道二代目園長、三男望三代目園長を助け、施設を発展させ一九六七年八月、七十九歳にて生涯を終えマキとともに若王子に眠っている。逸堂はマキと共に日曜学校で子どもたちを教え、彼の主催する青年会では西陣の青年たちの友となった。逸堂とマキは生涯を通して「信愛」と共にあった。信愛保育園は今日もマキと逸堂の心を受け継いで、乳幼児・学童とその家族とともにある。

それゆえ、「信仰と希望と愛、この三つはいつまでも残る。その中で最も大いなるものは愛である（コリントの信徒への手紙13の13)。」という固い信仰の絆でもっての生涯であった。マキの事業はこの夫なくしては語れないものである。

本章の最初、マキのフィラデルフィア留学は計画されたものと云うよりむしろ偶然の要素が高かった旨、記述した。かって、『ヴォーリズ評伝』の著者である奥村直彦は、ヴォーリズ(Vories, W. M.)について述べる中で、「まことに聖霊の導きによって、生活しようと決心した者には、偶然の出来事は何一つない[36]」と記述しているが、宮崎県高鍋の地からキリスト教に憧れ、同志社を目指して、一人海路京都に辿りついた園部(藤田)マキについても同様な思いを抱く。

園部マキは、キリスト教の信仰とともに、若くして米国プレスビテリアン看護学校で学び、実践を通して身につけた訪問看護と助産の知識や技術、なかでも看護の目指す価値でもあり、人間の生存上欠かせない心地よい清潔、光、栄養のある飲食物などの保障を、その生涯を通して西陣の地で、保育園事業を始めとして、彼女が手がけた母と子の保護事業の中に見事に織り込んだ京都を代表する社会事業家であった。

注

(1) 園部マキの名前の表記については、「牧子」も見られるが、藍綬褒章の褒章記などにも用いられている「マキ」とした。また、姓については、結婚までは藤田姓を使用した。

(2) 長門谷洋治「京都看病婦学校・同志社病院設立と廃止の事情(付:園部(藤田)マキ氏のこと)」『日本英文学研究会研究報告第六一号別刷』一九六六年、七~八頁。

(3) 武間冨貴(一八九三~二〇〇四年)。『スモークツリー』同志社同窓会、一九八三年、二三頁。「同志社女学校の生んだ人――園部マキさんのこと」『同志社時報』二五号、二八~二九頁。武間冨貴は京都府立第一高等女学校卒業後同志社女学校英文科卒業、同志社同窓会会長などを歴任。信愛保育園理事として長期にわたり、園部マキとその家族を支え信愛保育園の発展を絶えず祈り、二〇〇四年二月、百四歳の天寿を全うした。

(4) 園部道『信愛　創立五十周年記念』信愛保育園、一九六四年。
(5) 園部道『あすを夢見て　信愛保育園創立60周年記念誌』信愛保育園、一九七四年。なお、園部道は園部逸堂・マキの長女として一九一五（大正四）年に生まれる。一九四四年マキの死去と共に信愛保育園第二代園長として園の発展に寄与する。京都保母会初代会長。藍綬褒章受章。
(6) 創立70周年記念誌編集委員会『Shin-Ai Day Nursery』信愛保育園創立70周年記念誌、一九八四年。
(7) 園部望　社会福祉法人信愛保育園『Shin-Ai Day Nursery 子どもたちと共に歩んだ90年』信愛保育園創立90周年記念誌、二〇〇五年。
(8) 園部マキ執筆による『社会時報』掲載文献を次に示す。園部マキ「彼女とその子供達」『社会時報』第二巻七号、一九三二年、一八～一九頁。園部マキ「私の保育事業は斯うして経営してゐます」『社会時報』三～七、一九三三年、二四～二六頁。園部マキ「人を得るに困難なし」（乳幼児教育座談会）『社会時報』第三巻七号、一九三三年、一四～一五頁。園部マキ「時局と母性保護　社会事業家一夕話」『社会時報』第七巻二一号、一九三七年、四〇頁。園部マキ「婦人方面委員の増員」『社会時報』一九三七年、三八頁。園部マキ「信愛雪濱寮」『社会時報』第一〇巻八号、一二～一四号。一九四〇年。
(9) 徳川早知子「看護と福祉の融合について――園部マキの生涯より」『滋賀県立短期大学学術雑誌』四八号、一一一～一一六頁。
(10) 安田尚義『高鍋藩史話』鉱脈社、一九九八年、三二一頁。
(11) 高鍋教会創立百周年教会誌編集委員会編『高鍋教会百年記念誌』日本キリスト教団高鍋教会、一九八九年。
(12) 一九九四年一〇月八日、筆者は京都市上京区智恵光院丸太町の信愛保育園を訪ね、三代目園長である園部望氏に面接し、園部マキとその事業について聞き取り調査を行った。その面談記録による。
(13) 「同志社女学校期報」二七号、一九〇九年、四九頁。
(14) デントン（Denton, M. F）「私の歩んできた道　愛する日本に生涯を捧げて」『婦人公論』二五（五）、一九四〇年、二五二頁。デントンについては、中村貢『デントン先生』同志社女子大学、一九七五年を参照。
(15) 同志社庶務課編「デントン先生略歴」一九四七年、二頁。
(16) リンダ・リチャーズ（Richards, Linda：一八四一～一九三〇年）、アメリカにおける近代看護の重要なパイオニアである。一八七二年米国ニューイングランド婦人・小児病院看護婦養成所第一期生として入学。America's First Trained Nurse と呼ばれる。一八七七年英国に留学してナイチンゲール及び英国の病院から多くを学ぶ。一八八六年宣教看護婦として来日。新島襄、ドクターベリ（Dr. Berry）等と共に同志社に京都看病婦学校を創設し訓練を受けた看護婦の養成を始めた。
(17)佐伯理一郎『京都看病婦学校五十年史』京都看病婦学校同窓会、一九三六年。
(18)保良せき（一八九三～一九八〇年）、東京慈恵医院看護婦養成所卒業後コロラド大学にて看護婦資格取得。その後、コロンビア大学にて学ぶ。ヘンリストリートセツルメントで訪問看護、健康相談、保育事業などセツルメント活動に従事。帰国後は、看護・福祉の多分野にわたり幅広く活動して、わが国現代看護の礎を築いた。
(19)佐伯理一郎（一八六二～一九五三年）、熊本医学校を卒業後海軍軍医。欧米留学。京都看病婦学校にて看護婦養成に従事。後、京都看病婦学校校長、同時に開業医として、産院経営す。佐伯は「受るよりも与ふるは福也」をモットーに多くのクリスチャンナース、助産婦を育てた。また佐伯は下京に佐伯病院を設立して、二人の息子と共に上京・下京の二つの病院で貧しい産婦や褥婦と乳幼児の施療を行った。佐伯による「京都産院」は一八九一年に開院された、わが国最初の産院である。また、京都産婆学校を開設し、多くの助産婦を養成する。京都産院では施療患者を多く診療し、産婆学生の実習教育をも行った。
(20)福原盛子「思い出の丸太町」『あすを夢見て信愛保育園創立六十周年記念誌』一九七四年、七～八頁。
(21)日本聖公会の米国宣教師。一九〇九年マキの帰国当初から信愛保育園創設当時マキと共に京都西陣地域での施療、訪問看護事業に携わり、保育園の経営面でもマキの援助者であった。日本聖公会社会事業連盟編『現代社会福祉の源流』聖公会出版、一九八八年。
(22)一九九四年一〇月八日午後、京都市上京区の信愛保育園を訪問し、三代園長であった園部望氏に面談した面談記録による。
(23)園部マキ実姉。「保育園のはじめ」『信愛保育園創立五十周年記念』三九～四一頁。一九一三～一九二〇年の間、マキの実家である九州高鍋から来京し、マキの事業と家事、育児等、生活全般にわたって園部家を支えた。
(24)厚生省『紀元二千六百年社会事業功労者事蹟』一九四二年、二六三～二六四頁。
(25)園部マキ「私の保育事業は斯うして経営してゐます」『社会時報』三巻七号、一九三三年、二四～二五頁。
(26)同右、三巻九号、一九三三年、四。
(27)小瀬松次郎「社会施設訪問記　信愛保育園」『社会時報』一～二、京都府社会事業協会、一九三一年、一三～一六頁。
(28)Woman's Hospital in the State of New York. 110th Street between Amsterdam and Columbus Avenues New York City. This is to certify that Maki Sonobe has completed a six months course of instruction and practice in the post graduate school for Nurses of the Woman's Hospital and has passed satisfactorily all required examinations. New York may31. 1922.

(29) 母性と児童保護のための画期的な有機的、総合施設として京都市は位置づけていた。一九三一（昭和六）年設立された。『京都市児童福祉百年誌』一九九〇年、二二一頁。
(30) 西澤菊枝「肉弾三勇士」『信愛保育園創立五十周年記念』一九六四年、五九頁。
(31) 『信愛保育園創立五十周年記念』一九六四年、一六～一七頁。
(32) 同右、一八頁。
(33) 同右。
(34) 園部マキ「明治三十八年高等普通科卒業生諸姉に告ぐ」『同志社女学校期報27号』一九〇九年、四九～五〇頁。
(35) 同右、七三頁。
(36) 奥村直彦『ヴォーリズ評伝　日本で隣人愛を実現したアメリカ人』港の人、二〇〇五年、一〇八頁。

＊　本章は、日本キリスト教社会福祉学会『基督教社会福祉学研究』第四七号四七～五八頁、所収。再録に当たっては、同学会の承諾を得ている。

第5章　岩橋武夫と盲人社会事業

――小説『動き行く墓場』からの出発

森田昭二

盲人社会事業が、今日のごとく多岐にわたって整備されてきたのには、岩橋武夫（一八九八～一九五四年）の愛盲運動によるところが大きいのは誰しもが認めるところであろう。本間一夫[1]（一九一五～二〇〇三年）は、「今日、日本の盲人の福祉や教育は、いわゆる先進国といわれる欧米諸国に比べて、その開きは急速に縮まってきたと言われる。ほとんどが無に等しい、同じアジアの開発途上国に比べれば、まったく別世界である。しかし、そうしたよき時代にめぐり会った私どもの幸せは、決して一朝一夕になったものではない。明治、大正、昭和の三代にわたっての、多くの先輩たちの並並ならぬ努力の結果なのである。その数多い先輩たちの中で、いま仮に、『最も優れた一人を』と言われるならば、私は躊躇なく岩橋武夫を挙げるであろう。その人物において、社会的活動の広さにおいて、また、残された業績においてである」と言っている。そして、岩橋の、ミルトン研究を含めた著作の幅広さとともに、社会事業家、社会運動家としての功績を高く評価している。[2]しかし、この功績が言われるほどには、岩橋武夫についての研究がなされてきていないのが現状である。特に、その著『光は闇より』（日曜世界社、一九三一年）が喧伝されたわりには、その初期の精神形成に関する面が、見逃されてきているのではないか。本章では、その点に焦点を当てて、ささやかな考察を行った。

岩橋武夫の初期を取り上げた先行文献としては、関宏之の『岩橋武夫――義務ゆえの道行き』（日本盲人福祉研究会、一九八三年）と、室田の論文があるぐらいである。

関宏之は、岩橋武夫の足跡を、六つの時期に分けて説明している。(3) それによると、「失明からの蘇り」、「学究の時代」、「著作、文筆の時代」、「伝道、学校教育への時代」、「愛盲の時代」、「愛盲リアリズムの時代」の六つである。年代で区切ると、重なり合う時期もあれば、「愛盲リアリズムの時代」のように、前後二期に分かれてもいる。この時期区分を借用していうと、私が研究対象にしたのは、一九一七（大正六）年の「失明からの蘇り」から「学究の時代」のエディンバラへ留学するまでの一九二六（大正一五）年までの、ごく短期間のことである。また、室田保夫は、「失明からの蘇り」を「新生」として、一九一七年一二月三一日の自殺未遂で区切り、大阪市立盲唖学校への入学を一つの転機としている。さらに岩橋の、人生上の歩みにおいて重要な位置を占める関西学院への入学を取り上げている。(4)

本章の目的は、岩橋武夫が、盲人社会事業に関わるまでの、その最も根底をなすと思われる精神形成を明らかにすることである。そのため、岩橋武夫の最初の著述である『動き行く墓場』を取り上げる。この著は恋愛小説であるが、関西学院での学窓生活までを描いた自伝ともなっており、作品中から節目となる時期の彼の精神形成に関する記述を拾い上げ、それを分析することにした。また、分析には、後の岩橋の著作との照合を基礎におき、盲人社会事業に進展する動きとして整理するように努めた。特に、ここで用いた著作は、最も初期のものとして、一灯園の機関誌『光』に寄稿した岩橋の論文と、この間の事情を総合的にまとめて書いてある『母・妹・妻　女性に与ふ』（日曜世界社、一九三三年）までのものである。

1　愛盲運動の基盤を支える出来事

愛盲運動の基盤

岩橋武夫の愛盲運動の、その基盤を支えるものに、失明に絶望して、自らの命を絶とうとした時の母の愛と、留学先のエディンバラ大学で受けた、特にクエーカー教徒たちから受けた愛、それにマザー夫人（Mother, W.H.）によるライトハウス運動の三つを挙げるのが、岩橋の著述を読むことで妥当なところのように思われる。そのことを、岩橋について書かれたものから抜き出してみよう。

まずその一つであるが、「大正六年の大晦日、武夫は自分の人生に訣別するため、祖父、正勝が慶応三年に造らせた短刀を手にした。悲しい思いで武夫を見守ってきた母は、『お前に死なれて、この母が生きておれようか』と絶叫し、短刀を取り上げた。こうして武夫は、黄泉の国から、現世の人になった。母の説く単純な倫理は、難解な哲学的論理や宗教の説く趣きとは異なっていた。母は、たとえ無能力者だ、廃疾者だとさげすまれようが、ひたすら、この息子と存在感をともにし、同行者であり続けるのだと説いた。武夫は、与えられた生命を全うすることこそこの母に応えることだと、ただ運命に愚弄されるだけの自分の生き方に終止符を打った。岩橋は、終生盲人に対して同行者であり、執拗なまでに彼等に対して責任をとるという態度を貫いた[5]」が、よく知られている。

その二つめとして、エディンバラでの体験を踏まえた記事に、「ラットラム博士の感化を受け、クエーカーの信仰に入り、神の恵みを深く胸に刻みながら、昭和二年七月、マスター・オブ・アーツの学位を得て、翌三年、在英中生まれた長女恵品を抱いて帰国し、母校関西学院大学の教壇に立ち、昭和一九年三月まで哲学・英文学、特にミルトンを教えた。昭和八年五月、基督教思想叢書の一つとして出版され、学会の高い評価をかち得た『失楽園の詩的形而上学』は、学者としてのかれを記念する偉大な碑でもある。しかし、社会事業面、特に盲人福祉関係で著しくたち遅れた日本の現状は、かれをすぐれた盲人学者としてのみ、とどめておくことを許さなかった。すなわち、自らの失明を思うにつけ、光なき盲人の心に光をと念願し、かれのうちなる光は、大きく、深く、かつ広く精神的に、霊的にかれをゆさぶったのである。かくて、かれは、神からの使命を感受し、日本盲界のために一身を捧げることを決意したのである[6]」という一節を挙げることができる。

三つめは、「中央盲人福祉協会」が、マザー夫人の勧告に従って、日本においても大々的にライトハウス運動を推進し、その中央機関としてライトハウスの建設を決意した。マザーを招いての講演会で、岩橋はその通訳を行った(7)。しかし、その後の成行は、岩橋に失望しかもたらさなかった(8)。彼は、一九二九（昭和四）年一月から一二月まで七回にわたって、『社会事業研究』に「英国に於ける盲人社会立法」と題する論文を掲載した。関宏之は、岩橋がその第一二号「結論」において、「そは盲人を人間として取り扱い、失明による欠陥をハンディキャップとして社会が負担保護し、以って国民文化構成の一員として、その天分を自由に発揮せしめ、人間らしき生活の保障を与へんとする盲人解放」と述べていることにふれ、その活動が「即ち闇より光への運動に外ならぬ(9)」ものであったことを指摘している。

「パンを貫く聖愛」

しかし、これらの事実以上に、『光は闇より』や、その姉妹編である『母・妹・妻　女性に与ふ』が、世間に印象づけた影響は大きい。特に、同志社での、「神の国運動」の講演記録である、闇の中に光を発見し、入信に至る体験記録「光は闇より」が与えた感動の大きさは、岩橋武夫にとっての初期の精神形成が世間に飛躍して受け止められる結果をもたらしているように思う。そのことを振り返る意味でも、小説『動き行く墓場』の検討が重視されなければならない。

『光は闇より』に収められた、同じく「神の国運動」の講演のもう一つである四国における講演記録「パンを貫く聖愛」には、次のような一節がある。

この私に起こった生命の戦いが、神の不思議な恩寵によって救いを得たのである。すなわち、更生の光とも名付くべき、新しい百八十度の方向転換が生命の核心に起こったのである。母の愛に励まされ、カーライルのいわゆる「永遠の否定」たる人生を突破して「永遠の肯定」たらしめ、イエスの十字架を通して天父の祝福を受くるに至らしめたのである。

私は「涙の中に力を求めた」と、拙著『動き行く墓場』の中に書き記したと思うが、実にこの悲痛な涙の中に求め得られた生命の力こそ私を更生せしめる力であり、かのパウロが、「イエスの愛、我を励ませり」と言った愛でもあったのである。それは、光の中に求められた光に非ずして、闇の中に求め得た光であったが故に、私にとっては恐らく不滅の光であることを信ずる。（中略）その後の私の生涯は、なお失敗と躓きと不徹底とに満ちてはいるが、感謝すべきは、この得たる芥子種の信仰がやがて実を結ぶに至ったことである。[10]

過去における私の信仰の歴史を通じて最も重大な事件は、何といっても、失明と欧州への旅立ちであったとして、この講演では、具体的にエディンバラ大学への留学へ話題が進展するのである。岩橋が、小説『動き行く墓場』に触れた著作は、ほとんど見当たらないが、その意味で、ここは貴重な例である。引き合いに出された文脈から考えて、岩橋武夫にとって小説『動き行く墓場』が、『母・妹・妻　女性に与ふ』へと展開していった彼の精神史の一連をなすものであることは、「パンを貫く聖愛」を読み進めれば了解できるであろう。このことを踏まえて、ここでは、小説『動き行く墓場』とそれ以後の岩橋武夫の発言を、彼の精神史の深化と捉え、その視点から整理、分析を試みようと思う。

2　失明からの蘇りと盲唖学校

『動き行く墓場』の「自序」で、岩橋武夫は、「丁度中学校を出た若い当時から、失明の懊悩や悲哀に耐へ通して、どうにか再び生きる力を恢復し、貧しい乍も己の内に人生観らしいものを作り得た――あの神戸に在る外人の学窓で、不自由な身を晴眼者の学生の間に交へて居た――頃迄の前後六、七年の生活体験を、有りのままに書いたのが此の拙い作であります[11]」と、記述していることからも明らかなように、これは小説ではあるが、自伝的な性格の色濃い作品である。特に、「有りのまま」の語が示すように、「失敗したりまごついたり怒つたり悲しんだりし乍も、主人公たる若者が、何を目当てに、どんな気持で生きて行ったか、いやそれよりもどんな切実の衝動にかられて生活の歩みを前へ前へと推し進めて行つたか、それを見て下さい。それを味わつて下さい。そしてお互人間は、罪の多い面も弱い者同志であることをしつかりと見極め、其処から真実の友愛や、同情を汲み来つて、人生礼賛の共同的仕事に、一人でも多く携ることの出来得る幽かな縁（よす）がともなれば、此れに過ぎる喜びは無いと私は思います[12]」という出版目的に照らしてみるときに、彼の精神生活が赤裸々に語られていることを、私たちは受け止めることができる。

失明からの蘇り

沈淪の淵にしずむ日々から、死の誘惑の手に陥る二三章では、「かくて後、ヨブ口を開きて、おのれの眼を呪えり。ヨブ、すなわち言葉を出していわく、わが生まれし日ふたたび失せよ。男の子、胎に宿れるといいし夜も、しかあれ。その日は暗くなれ。神、上よりこれを顧みたまわざれ。光、これを照らすなかれ」（ヨブ記三章三–四）というヨブの呪いが見える。

二四章で、大晦日、岩橋は、自殺を決行しようとした現場を母に見つけられる。「又しても彼は己が心の廃家へと駈け戻つた。其処にはもうとつくに消え果てて居る筈の命の火が、消えもやらず燃えて居た。彼は、涙ながらに、その火を抱いた。何と云ふ喜びだらう。感謝だらう。残りの命が燃え立つた、生き甲斐ある人生がもう一度遣つて来た。仮令それが云はん方なく悲哀や懊悩に満ちて居ようとも、生存する人それ自身に代え難い価値のある事が解つた。天来のいぶきにも譬えられるあの魂の新鮮な躍動が、切羽詰つた刹那に起つたのだ[13]」と記し、その翌朝、「仮令、癒し難い苦悶と悲哀が胸中を支配するとしても、彼には稍広い肯定の世界が開けた。ニヒリストとして己が堅い殻に閉ぢ籠つて居た彼は、其処から出てみる勇気を握つた。先づ観察の眼を家庭の上に投げ懸けた。さうして己が周囲の雰囲気が自分と同じ丈に荒廃して居るのを知つて、今更の如く愕然となつた[14]」と、新しい生の歩みを始めたのである。

家族への観察は、人間や世界への視野を取り戻し、欧州の戦雲にも、飛行機がパリへ襲来したとか、潜水艦が地中海で商船を撃沈したとか、非戦闘員の上に暴行が加えられたとかの事実は、岩橋の皮肉な傍観的態度を捨てさせた。国と国が、民族と民族が、何のためにかくも貴重な命を犠牲にして戦わねばならないのか、彼は考えた。歴史的関係がある。種族的差異がある。地理的不平等がある。また、これが人類進化の過程であるとも。しかし、こんなものからそんなにも必然に戦争が生まれねばならないのだろうか。そうすれば、人間はなんという哀しい動物だ。そこには幾多の偶像がある。それに対する捉われがある。彼は、そう観察した。岩橋には、人間の努力は、本源的に破壊にあるのか、建設にあるのかが分からなかった。彼の過去と現在にも、そういった不可解の溝が深く掘り下げられた。そして、彼は、生活の目的や意義を明確な哲学の答えとし得ないまでも、実際的の意味において体験しようと、己れ自身に生きるための一つの態度を促すのである。岩橋は、「良一（筆者注：主人公、岩橋本人をさす）には宗教的の閃きが感ぜられて来た。生を肯定して以来の彼には、観察の小世界と共に斯う云つた霊界に対する眼も、少しづつ開けて来たのだ[15]」と、この間の変化を総括している。

盲唖学校入学

二六章では、その年の春に季節が移り、どっちかといえば一本調子であった考え方が、いろいろと複雑になってきたのも、核心に集中的であった傾向が、反対の放射的に、言い換えれば黙思が行為に移ろうとしかけたのも、この春であった。「自分の為にも一家の為にも必要な一転機が仰望されてならなかつた。彼は自分自身を除いて外に、それを来らすべき何者も無いと思つた。幽ながら前途が見えて来た。愈々失明の国へ旅しなければ成らぬ時が到来したのだ[16]」として、盲唖学校への入学を決意する。そこへ行って初めて、彼は、点字を覚え、盲人の世界が分かりだしたのである。橋本喜四郎（筆者注：小説では「橋野」として出ている）から、盲人であるミルトンの『失楽園』のことを聞かされた。その後も、橋本とは親密な関係がつづくのである。

また、キリスト教信者の橋本から点字の英文聖書を借りて四福音書を読み始めた。すっかり絶縁だと思っていた文字の世界が、指頭から開けてきたのである。喜びとともに、その世界に没入した。いつしか岩橋は、誰彼から聞いたヘレン・ケラーやフォーセットやキャンベルの名が、頭に強く印象されていた。ホーマーやミルトンは、彼の魂に深く迫った。同級の生徒たちは、信頼を増すにつれて彼の周囲を取り巻いた。そうして、まるで異国からの新帰朝者を迎えるように、いろいろと、光（筆者注：この光は視覚がとらえる物理的な光をさす）の世界について、また、あらゆる知識の疑問を連発した。つまり、盲唖学校の生徒たちにとっては、岩橋はつい最近、晴眼者の世界から盲人の世界へ戻って来た存在なのであった。

この後、熊谷鉄太郎（筆者注：小説では、「谷牧師」）との出会いが見える。熊谷が盲唖学校へ来て、講話をしたのもその頃で、「『やあ。君が武田さんですか。僕は是非とも、君をお訪ねしようと思って居たのです。残念でせうが元気を出してやつて下さい。なあに、さう失望しなくともよいですよ』。校門で出逢つた時、谷牧師は彼の手を握りながらさう云つた。『有難う御座居ます。此れで未だ少しはアンビションもあるので』。『そうだとも君。人間はアンビシャスでなければいかんよ』」[17]と、会話を交わしている。熊谷の妻から賛美歌の写しをもらったりもしている。熊谷に橋本、それに教師や生徒の有志などで、バイブルクラスが一週に一度もたれるようになった。

そのクラスは「救世軍」の講義所が使われることもあった。盲唖学校へ通うようになって、岩橋は、盲唖学校の実体が分かってきた。盲人界の事情が判明してくるにつれて、貧弱なその状態も知れてきた。わずか鍼按に関するもの以外に、何ら書籍らしきもののないことも。そもそも、盲人を、一種の固定せる因習、観念によって教育し、教育させようとしている当局の態度も一目瞭然となった。学校へ入れることは入れてみても、彼の両親には、やはり前途に対する不安や、よしんば失明を余儀ないものと諦めるにしても、そんな職業をやらずと他に何か手段のありそうなものだという思いなどが手伝って、折にふれては嘆じあった。しかし、「三月の間良一を歩かせて来た力は、更に新奇な道へと彼を強制した。元来が臆病で狐疑逡巡を重ねた揚句でなければ、物事に手の下せない彼も、一度やり始むれば、徹頭徹尾やってのけなければ気が治まらなかつた[18]」と、盲唖学校の生活がつづいた。

3　関西学院での学びの日々

「不具者としての生活を一歩踏み出た上、更に新奇な方面へ歩き出したのが彼であつた[19]」とあるように、短期間に盲唖学校を切り上げて、晴眼者の専門学校である関西学院の入学へと踏み出す。「失明によつて抑へられに抑へられて居た内的衝動が、激しく首を擡げ出した。今まで抑へらえて居ただけに、その衝動は、激しかつた。文学の方へ足を踏み出す様になつたのは、それからである。生は結局冒険だ。やれるだけやつてみよう[20]」と、岩橋は、自分で窄めていた心の眼を開いた。そうして、熊谷牧師の薦めもあり、両親の賛意もあって、関西学院に入学を決意する。

受　洗

「橋野とエスペラント語の講習会に出席した外は、一夏中、聖書に読み耽つた。指頭で読まれる点字のもどかしさは、少からず彼を悩ませた。肩が凝つた。然し此等の労苦は一層聖書の興味を誘ふ種となつた。ヨハネ伝第九章に此んな句がある。『イエス行くとき、生来なるめしひを見しが、その弟子彼に云ひけるは、ラビ此の人のめしひに生れしは誰の罪なるや。己に由るか、又、二親に由るか。イエス答へけるは、此の人の罪にあらず、又、その二親の罪にもあらず。彼に由りて神の作為の顕れん為なり』。此れは痛く彼を動かした[21]」。そして深く考えれば、不合理とみえる言葉が、力づけるような輝きを見せた。この、真に人間の意義や価値を教えているイエスの透徹した見方は、ややもすると、羞恥や呪訴に圧倒され勝ちであった岩橋の魂を力づけた。彼は、これに駆られて、自己の運命を果敢的に肯定した。自分でも、また、人にも、そうされていると思っていた虐げられた運命は、自分自身の卑屈な見解からであるということが明瞭になってきた。こうして、キリストの人格は、端的な率直さをもって彼に迫った。「石に下敷きされた一粒の種子は芽を萌いて、日光のある方へある方へと、重い圧迫に堪へつつ白い茎を延ばした[22]」、その結果が、彼の受洗となった。岩橋二二歳の時である。この当時、エスペラントの関係で、高尾亮雄（筆者注：小説では、「高木」の名で出ている）とも知り合っている。熊谷にタイプライターを習い、英国から、多くの文学関係の点字書を取り寄せている。

母とともに受けた洗礼は、二八章に書かれている。「我に帰つた様に彼は考へ出した。正しい道を歩いて行かう。悪い事はすまい。悔い改めよう。それ丈でよいのだ[23]」と、潔い。

エロシェンコの訪問

入寮して、関西学院での学びの生活が始まり、岩橋の精神生活も様々な内面の深まりを見せてくる。『動き行く墓場』の題名ともなったサムソンの嘆き[24]の翻訳をこころみたりもしている。「『生きて居るなら、生きて居るらしく生きよ。どうせは死ぬんだ』、此れを口の中で云つてみると妙に元気が出た[25]」とか、「よく彼は室を歩きながら、心の光景が暗まつて行くのを覚えた。もう彼からは、目明きの学生と一緒に勉強して居ると云ふ様な、淡い誇りの影が消え失せて居た。さうして唯、自分を人間を考へ抜かねば止まない様な、殆ど狂的に近い心の衝動を覚えるに過ぎなかつた[26]」といった日常の中に、「『夢ならば覚めよ。さうして痛ましくとも現実が遣つて来い』。彼は此れをもう一度自分に云つてみた。実に深い彼の疑惑は、現実そのものの上に懸つて居た。然し彼を此処まで連れて来た力は、更に総ての疑惑を抱きながら、忍従してみる勇気を指し示した。あまり確かな自信はないが、兎に角行く者を行かせ来るものを来らせながら、其等を静観し様とした。真実自分を離れて、人の為に生き得る生活が、如何に貴くあるかを味ひ得たのも、此んな暗い疑惑の中からであつた[27]」と、言わせている。

そんな時、エスペラントで知り合ったエロシェンコ（筆者注：小説では「E」として出ている）の、突然の訪問を受ける。三六章で、橋本と熊谷牧師、それに琴の師匠の三人が訪ねてきて、岩橋たちとエロシェンコとの交流の一夜がある。

盲人許りが寄ると、自然話の範囲が小さくなる。Eの横に坐つた琴の師匠はEを、Eは師匠の頭を触つてみた。二人は異口同音に、「やあ犬の様だ」。「やあ坊主」。触り合ふと云ふ事は、眺め合ふと云ふ事以上に、親しい感じを喚び起すものである。昼間の憂鬱は何時の間にか、Eから消えて居た。さうして議論好きな橋野と、愛と恋との物語を盛に論じ出した。議論は段々難しくなつて、宗教問題へ転じて行つた。「盲人が寄ると何故斯う議論の花が咲くのでせう。一体盲人は議論好きですね」。良一は話題を変へる積りでさう云つた。然し此の事は今更の事ではなかつた。元来失明の国を旅する様になつた彼は、此の国を抒情的なものだとして考へて居たのであつたが、来て見ると行き逢ふ人の悉くが、皆理屈を戦はして居る様に思はれ、自分一人ぼつちにされた失望を味はつたのであつた。「武田さんは私が逢つた盲人の中で、一番盲人らしくありませんね」。Eは火鉢の上にある彼の手を、大きな手で握つた。彼はその指先が楽器を弾く為に堅くなつて居るのを触感する事が出来た。「私もさう思ふ」。橋野も相槌を打つた。「それは大方、私が未だ盲人として一人前で無いからでせう」。「どうしてそんなに落ち着いて居るんですかね。武田さん」。Eは不思議さうに聞いた。谷牧師は英語を研究した苦労話を、橋野は橋野で近頃学校を止め、自分で発行を始め出した点字雑誌(28)の事を、話題は回つて日本盲人界の事、その振るはない現状に対する憤慨公憤に落ちて行つた(29)。

ここに描れたこの一夜の会話が、それぞれの盲人を浮き彫りにして印象的である。

岩橋は、エロシェンコのことを漠然と考えてみた。あの漂泊者の足を休ませている東京の或る篤志家のことにも考えが及んだ。そして、また一方では、自分の失明した運命をエロシェンコのそれと結び合わせ、まるで他人事のように遠くから考え出した。久し振りで静かな自分自身の意識も戻ってきた。彼の心中を掠めていた物影も暗い思想の形相も、みな夕べの空に点る星影のように現れた。不確実のようで、しかも何より確実な精神意識が、人間の雑多な生活様式と、不思議な運命とを、彼の前に広げ出した。「暗い世界、それは決して普通の見方からでは、入り得ない性質のものであつた。不可解の手が頻と彼の過去の経験から、暗い頁許りを繰り広げて見せた。橋野の友達である、肺を病んだ盲人の一生が出て来る。その誰からも捨てられ、親戚、知己、友人でさへもどうする事も出来ぬ様な、恐しい絶望と孤独に落ち入つて、遂には無一物となり、四国行脚の旅に空しく行き倒れたと云ふ様な、人間の滅多に嘗め得ない痛ましい経験の記録が出て来る。淫らな男の獣欲の犠牲にされた女按摩の弱い然も悲しい生活の断片が――。さうなると未だに独身生活を続けて居る橋野や、苦労の多い谷牧師の歩いて来た過去なども、何か彼の見方に証明を与へて居るかの様に出て来る」[30]といった世界を彷徨い始めるのであった。

学窓生活

岩橋は、人間力ではどうすることもできない運命の力といったものの方へ観察の眼を投じては、われとわが眼に映ったものから脅かされた。さらに言えば、不思議な人間の苦みの前に涙を流したいのであったが、あまりに残酷な現実の光景は、その眼を晦《くら》ませてしまう。「暗い暗黒の中を探索するには、彼の視力は余りに弱い。未だどれ程痛ましい人間の運命が、未知の暗い暗い闇に存在して居るかが解らなかつた。『運命の太い区画線』斯う云つた一線を、彼は何時の間にか引いて居た。それが明瞭に見えれば見える程、彼の今までの神は、その一部に幽かな光を投げて居るに過ぎなかつた。その光は区画線を越えて、決して一方には通つて来なかつた。『此れはどうしたと云ふんだらう。恐ろしい懐疑だ』。良一の鈍い頭は、長く此の問題に堪へなかつた。『何かがある。俺が斯うして生きて行かねばならぬ所に何かがある。両親の事か。妹達の事か。それとも俺のしなければならぬ仕事か。それとも何等目的の見当らぬ、数限り無い衝動それ自身か[31]』」と、その苦悶が繰り返される。キリスト教信者としての生活も一年余りつづいてきた。

しかし岩橋の信仰は、洗礼当時から比べると、非常に変わったものになってしまった。教会で唱える神、牧師が二言めには口にする神、そんな神は、彼の生活に手が届かなかった。神があるとすれば、彼は、勇敢に自分自身それを認識し、体験しようと努力しているのであった。彼は、一面を否定した肯定には満足できなかった。暗い方には眼を閉じよ。そうして、光ばかりを追っていけ。この論法は、彼を満足させなかった。暗い方でも、突き進んでいけば、結局、同じであるように岩橋は考えた。流行性感冒に罹ったその後で、学友に宛てた手紙に、近所で起こった人間のあさましい所業を、観察したままに書いて、「私は此の老婆を、養父を亡くした娘を、それに豆腐屋の夫婦を、写るが侭に観察したのです。さうしてそんな中から、人間のありの侭なリアルを掴まうとして居るのです。少くとも此んな者から出発して行きたいのです。一見別天地の様に見える此等の浅ましい生活の一面は、よく吟味すると私自身の中にも何等変つた所なく、可能性を有して居るのに驚きます(32)」と、書き添えている。

またある時、岩橋は急に聖書が読みたくなった。岩橋は、書棚から英語の福音書を下ろして、開いた。それは、初めに橋本から借りて読んだ、あのヨハネ伝であった。読んでいくうちに、イエスの行なった幾多の奇跡が、伝説となり、記述されているのには、そぐわない憾を覚えさせられたが、何と言っても、八章から九章にかけた辺は、彼を惹きつけずにはおかなかった。この辺は、あの、香油を足に塗り、それを黒髪に拭わせた時や、ゲッセマネで血の汗を流しながら祈った時のイエスと一緒に、生き生きと迫るのであった。「『矢張り耶蘇は偉い。あの中には不思議な幻が動いて居る。然し俺はどうしても人間としか思はれないが、此の考へ方は違つて居るんだらうか』。彼には耶蘇が人間であつたとする方が、神であつたとするより一層親しみと力強さとが感じられた。その人生観その率直な生活を、彼は己が理想の極地に置いて(33)」受け入れようとした。いつだってそうだが、外へ出た岩橋の耳につくものは、盲人の引く杖の金輪が鳴る音である。夜などは、淋しい笛の音に、激しく胸を刺されるのが常である。「男か、女か」。いつも痛々しそうな顔をして、側にいる誰かに尋ねた。そうして彼は、自分の責任か何かであるように怯えるのであった。町からはかなり隔たっている寄宿舎の窓へも、折節、按摩笛が悲しく伝わってきた。「その笛から彼は非常に神経的な圧迫を受けて、持論である暗い思想の渦巻の中に引き込まれた。もう痛々しい運命を持つた人達の存在する理由を突き詰めて行く気が無くなつた。どうする事も出来ない程、運命そのものが彼には不平等に見えるのである。機会均等と云ふが如き言葉は極めて外観的なものであり、人間として疑問を起し得る事が不可能である位に痛々し過ぎる現実の存在、彼はそんなものの存在の為に誰が何と云つても全能なる神に関し、疑惑を覚えずには済ませなかつた。白痴者はどうだ。不具者はどうだ。精神病者はどうだ。彼は生命と云ふものの人間と云ふものが見せ付ける不思議な影に、もう捨鉢な対抗的勢力を造り上げて居た[34]」のである。

『動き行く墓場』

五二章には、時々、どうしているかと気がかりだったエロシェンコが、日々の新聞を賑わすようになり、彼に、政府から国外への退去命令が出されたことを知った記事が出ている。一体、追放の原因が奈辺にあるかは分からなかったが、噂によると、かなり急激な社会主義運動の団体へいくばくかの金を与えたのが、怖気づいている当局には、きっとロシアの過激派が黒い手を伸ばしたものと思ったらしく、何とか因縁をつけて、胡散臭い外人と見れば放逐しようと待ち構えていた矢先だったのでそうした結果となった。こんな問題に深く立ち入って話したことはなかったが、岩橋には、エロシェンコの思想は大方想像できた。トルストイやツルゲーネフのものが盛んに読まれている時代において、エロシェンコの思想が、追放しなければならないほどに過激な、恐ろしいものとはどうしても思えなかった。成る程、彼は、農民や労働者を食い物にしているような教会や社会の一部を、あくまでも呪っているのは確かであったが、これを社会改造というような流行語に当て嵌めて考えてみたらどうだろう。

改造と破壊とは、一見誤られやすい傾向がある。彼はそんなに急進的な男だったろうか。岩橋は、いろんなことを考えるのであったが、とにかく、エロシェンコは、理不尽にも逮捕され、ウラジオストックへ秘密裡に護送されることとなっていた。その出来事を契機に、岩橋には、苦悶と悲哀を伴う思索がつづくのである。

彼はEの大きな手を思ひ出した。古びたギタに心の中を歌はした手がそれである。或る神秘主義の雑誌を外国から取り寄せて読んで居た手がそれである。折には運命の過酷さを嘆き、欧州文明の偽善を罵つた時に堅く握り締めた手がそれである。何処へでも果から果へ模索しながら歩いて行つた時の唯一つの路導であつた、あの長い籐杖を器用に使つた手がそれである。彼は此れを社会に対する憤懣や失望が、Eとは別様な形式で自分を動かして居る事実と一緒に思ひ出した。縁の遠い政治に関する考もまんざら皆無でも無かつた。彼は何等根本的な人生観や哲理に立脚しない、唯破壊の為の破壊を以て快哉を叫ばうとするが如き一部社会主義者の態度を苦々しく思つたが、それと共に仮面の上に仮面を附けて国民を馬鹿にした様な政治者流の立場を、或いは己が利益をのみ擁護せんとする階級や経済的団体にも厭はしくならざるを得なかつた。口ではデモクラシーと叫ぶ内心にはマキヤベリの住んで居る様な現代の政治界に、侮蔑の眼を投げて遣りたい様な気がした。彼には右から左へと直ぐ運転する事の出来る様な事実をのみ捕へて居る人間の生活程、真に不安定なものは無いと思はれた。それ程粗雑で外的なものがあらうか。彼は現実そのものの本質を、見えず現れざる処の核心に於て見出ださうとした。その核心は幾多の偶像の前に平伏して居る様な者の眼には、決して写る性質のものでは無い。然も此の核心を基調として始められなければ、総てが偽である様に思はれた。トルストイの口を借れば皮相的な仮面の文明、彼は人間がもつと単純に正直にならなければ駄目だとつくづく思つた。(35)

このように岩橋は、社会の実態に率直な眼を向けるのである。そうして、トルストイの鋭い文明批判のメスに従いつつも、自問自答の思索の中に陥ちていく。「斯うして麺麭を食はねばならぬ人間と、考へたり読んだり書いたりしなければならぬ人間との間に、統一した一つの結び合せを発見する事に人知れず苦い経験を嘗めさされる。彼は此等を理論的に解決するのさへ甚だ容易で無いと解つて居る以上、実際問題、況して前途の生活を考へる時には、不安と動揺を覚えない訳には行かない。彼は此等を凝つと精細に観察しようとした。『食ふ為に生れたのでは無い』。さう云ふ風に考へてみた。所が何処かで誰かが云つた。『食ふ事の容易で無い事は解り切つてるぢやないか』。『俺は貧しくともよい。芸術の為に生るのだ』。もう一度さう云つた。他の声が『馬鹿。偽つけ』と激しく遣り返した。『それなら神の道を歩む為か』。他の声は一層激しく罵り返した。疑惑、苦悶、暗黒、此等の不安を通して心中の人が他の或る新しい人を訪ね当てる為に、言葉を変へればその存在の意味を徹底させる為に、力づくで瞬間から瞬間へ進んで行く。其処に自分の人生がある。存在がある。此んな所で差詰の解決を付けねば、生きて居る事が漠然と夢の様なものに見えてならなかつた(36)」と、心中を披瀝している。

4 「孤独のエルサレム」

小説『動き行く墓場』以後に見られる岩橋武夫資料として、注目すべきものは、一九二八年一二月一日発行の一灯園機関誌『光』に掲載された「孤独のエルサレム」という一文である。この論文は(一)で、孤独のエルサレムへの出発を宣言した後で、具体的な経緯に触れた叙述を見ることができる。

(二)「一粒の麦、地に落ちて死なずば、多くの実を結ぶ能はず」とは、キリストの喝破した宗教の極地であつた。今から十年前、一介の学生として早稲田に席を有し、多くの学生と共に、所謂東都の学生生活を享楽しつつあつた平凡な私は、突如として運命の大試練に直面しなければならなかつたのである。さりながら其の苦い運命の果実を受け取るべく私の手は余りに不用意であり又軟弱であつた。併し運命は夫れを私に強いた。そして私は傷ましい茨の道を歩まねばならなかつたのであつた。ふとした風邪が原で不治の眼病が私を待ち構へ、二週間で全くの闇黒に虜となつてしまつた。青春の多感な胸は、悲痛と懊悩の為に憔悴していつた。思ひなしや、行春の哀愁は果敢なくも短かかりし若かりき日を弔ふにも似て、痛ましきものの限りであつた。かうして闇黒が外界にあつた斗りでなく、又私の内界にも巣食ふに至つたのである。暗い悶への日が続いた。そして一切に対する懐疑と絶望が、あの旧約のヨブに於けるが如く、運命に対する激しい呪詛となり抗争となつて行つた。かくてカーライルの所謂「永遠の否定」が完全に私を闇の涅槃へと誘つたのであつた。此の時この行き詰りのドン底にあつて、肉体に加へ様とした最後の手段から、私の生命と魂を救つて呉れたのは、あの呪はしきものの象徴と思はれてゐた見えない第三者の手であつた。

実に私は無我夢中で古き己れの殻を脱ぎ捨て、地に墜ちて死ねる一粒の麦の教訓を体験させられたのである。涙に徹する時、悶へのどん底を行く時、救ひの手が静かな微笑みを投げ掛ける。今や闇を貫いて、久遠の光が私に戻つて来た。斯くの如くにして、最大矛盾と見えた闇が、再生の歓喜を約束する方便であらうとは、魂の飛躍なくては想像も附かぬ事実である。

　貧しいながら、私の宗教生活と名づくべき日が来た。終に魂が其の故里へ巡礼する門出が来た。依然として永遠の夜が私を取り巻いてゐるが、再生の光明に内なる人は勇み立つてゐた。即ち私は果敢的に人生を肯定し、一切の問題の解決を今までに執り来つた世につける方法とは全く反対に、神に於て夫れを為さうとしたのである。動転と惑乱の彼処に見えない生活の中心が判然と見えて来た。天国と地獄の握手、闇と光の抱擁、ペスミズムとオポチミズムとの合体——其処に私の神が、私の人間が真実の姿を顕現したのであつた。絶対に不可能と見えた学問の世界も亦私に戻つて来た。然も夫れが、指頭から開け様なんて、異様な衝動が全身全霊に満ちわたる。そして神戸の関西学院にて普通晴眼者の学生と共に、もう一度研学の人と成り、その所を出てから、大阪にて二年間教鞭を執つた後、英国エヂンバラ大学へ長い遊学の旅に出たのも、皆んなかう云つた心の転機が産んだ。いや古き己れに資せる小さな併し真剣な戦ひの賜物であつたのである(37)

小説『動き行く墓場』で、主人公「武田良一」(岩橋)が、苦悶のうちに、「エルサレム。エルサレム。——ああそれは遠い遠い夢の国であらうか。それは耶蘇の心鏡に写つた空想の幻であつたらうか。それを請ひ願はない者が何処にあらう。それで居て皆争ひ妬み怒り合つて居るのだ。彼は真実正しい捌きを己が上にも藤子(筆者注：良一の恋人)の上にも念じて居た。ああエルサレム。——それを欲しながら得られなかつたらどうだ。さうすると俺は矢張り牢獄に監禁されて居るんだ。『地に泰平を出さん為に我来れりと意ふなかれ。泰平を出さんとに非ず刃を出さん為に来れり』。耶蘇だつて此んな悲痛な声を揚げて居るではないか。生きる為には此んな戦が必要なのであらうか。ああエルサレム。――然し此れを望まねばならぬのが人間の運命であつた[38]」として表出されている。「孤独のエルサレム」は、具体的に、岩橋の精神史の一端として先に引用した『光』に掲載された文章へと引き継がれているのである。

岩橋武夫の、盲人社会事業への道を振り返ってみる時、彼が、青年時代に重ねた苦悶と悲痛の日々における思索を見過ごしては、真の愛盲の根底にあった力を誤解して、表面的な理解に終わってしまうのではないだろうか。小説『動き行く墓場』から汲み取れる岩橋の心底には、後の盲人社会事業へと繋がる生きた心的体験が深化をつづけている。彼が孤独のエルサレムを求め始めたその地点こそ、後の盲人社会事業につながる精神史の出発点といっていいであろう。

なお、この後のこととして、西田天香の「六万行願」（礼拝：おがませてもらう、清浄：不浄の掃除、弁事：何なりと弁ずる、慰撫：撫でさせてもらう、懺悔：あやまらせてもらう、行乞：頂かせてもらう）や、クエーカー教徒の「内なる光」が、岩橋の精神史にどのような影響を及ぼしたのかに論点を進める必要がある。そして、賀川豊彦を通しての「神の国」運動に加わった経緯なども、検討されなければならない問題として残されていることを、付け加えておきたい。

注

(1) 全盲。「日本点字図書館」の創設者。関西学院専門部英文科に在籍し、岩橋武夫から直接教えを受けた。

(2) 本間一夫「本書の刊行にあたって」関宏之『盲先覚者伝記シリーズ№1　岩橋武夫――義務ゆえの道行き』日本盲人福祉研究会、一九八三年。

(3) 『我が国の障害者福祉とヘレン・ケラー――自立と社会参加を目指した歩みと展望』日本ライトハウス二一世紀研究会、二〇〇二年の第一章「我が国の障害者福祉と岩橋武夫の先駆的活動」第二節「岩橋武夫の足跡」で記されている。

（4）室田保夫「岩橋武夫研究覚え書――その歩みと業績を中心に」『関西学院大学人権研究』第一三号、関西学院大学人権教育研究室、二〇〇九年。
（5）関、前掲『岩橋武夫』、一九八三年、六頁。
（6）日本ライトハウス四十年史編集委員会編『日本ライトハウス四十年史』日本ライトハウス、一九六二年、四～五頁。
（7）『光』九四号、一九二九年一〇月二二日に掲載された、岩橋武夫の「闇に光の輝く日――黎明期を迎えた日本盲界」にその記事が見える。
（8）『社会事業研究』第二二巻第五号（大阪社会事業協会、一九三四年）に掲載された「愛盲事業としてのライト・ハウス」と題する論文に詳しい。
（9）関、前掲『岩橋武夫』、一九八三年、三一頁。
（10）岩橋武夫『光は闇より』日曜世界社、一九三一年、五九～六〇頁。引用には、一九九八年に出版された大空社版を使用した。
（11）岩橋武夫『動き行く墓場』警醒社、一九二六年、一頁。
（12）同右、二頁。
（13）同右、二〇九頁。
（14）同右、二一〇頁。
（15）同右、二一六頁。
（16）同右、二三〇頁。
（17）同右、二三五頁。
（18）同右、二三七～二三八頁。
（19）同右、二三八頁。
（20）同右、二三九頁。
（21）同右、二三九頁。
（22）同右、二四〇頁。
（23）同右、二四五頁。
（24）ジョン・ミルトン（John Milton、一六〇八～一六七四年）が書いた『闘士サムソン』（一六七一年刊）中の、鎖に繋がれ両眼をくり抜かれたサムソンが嘆く場面で、「動き行く墓場」の詩句が出てくる。この詩句は、一九三四年に出た中村為治訳の岩波文庫『闘技者サムソン』では、「動く墓場」となっている。岩橋武夫は、この詩句を、「ミルトンの己が闇を歌つた言葉」（岩橋、前掲『動き行く墓場』、一九二六年、四五五頁）と言っている。

(25) 同右、三〇一頁。
(26) 同右、三〇三頁。
(27) 同右、三〇四頁。
(28) 児童向け点字雑誌『ひかりのその』をさす。
(29) 岩橋、前掲『動き行く墓場』、一九二六年、三一〇～三一一頁。
(30) 同右、三一三～三一四頁。
(31) 同右、三一四頁。
(32) 同右、三四〇頁。
(33) 同右、四三九頁。
(34) 同右、四五四頁。
(35) 同右、五〇五～五〇六頁。
(36) 同右、五〇七～五〇八頁。
(37) 岩橋武夫「孤独のエルサレム」『光』八四号、一九二八年、二三～二四頁。
(38) 岩橋、前掲『動き行く墓場』、一九二六年、六〇〇頁。

参考文献

岩橋きを『菊と薊と灯台』日本ライトハウス、一九六九年。

岩橋武夫『動き行く墓場』警醒社、一九二六年。

岩橋武夫「孤独のエルサレム」『光』八四号、一九二八年一一月一日。

岩橋武夫「闇に光の輝く日——黎明期を迎えた日本盲界」『光』九四号、一九二九年一〇月二一日。

岩橋武夫「英国における盲人社会立法」『社会事業研究』第一七巻第二号・三号・四号・六号・七号・九号・一二号、大阪社会事業連盟、一九二九年。

岩橋武夫『光は闇より』日曜世界社、一九三一年。

岩橋武夫『私の指は何を見たか』日曜世界社、一九三一年。

岩橋武夫『暗室の王者』主婦の友社、一九三二年。

岩橋武夫『愛盲：盲人の科学ＡＢＣ』日曜世界社、一九三二年。

岩橋武夫『母・妹・妻　女性に与ふ』日曜世界社、一九三三年。

岩橋武夫『失楽園の詩的形而上学』基督教思想叢書刊行会、一九三三年。

岩橋武夫「愛盲事業としてのライトハウス」『社会事業研究』第二二巻第五号、大阪社会事業連盟、一九三四年。

寿岳しづ『朝』岩波書店、一九二七年。

室田保夫「岩橋武夫研究覚え書――その歩みと業績を中心に」『関西学院大学人権研究』第一三号、関西学院大学人権教育研究室、二〇〇九年。

日本ライトハウス四十年史編集委員会編『日本ライトハウス四十年史』日本ライトハウス、一九六二年。

日本ライトハウス二一世紀研究会『わが国の障害者福祉とヘレン・ケラー――自立と社会参加を目指した歩みと展望』教育出版、二〇〇二年。

大阪市立盲学校『大阪市立盲学校七〇年史』大阪市立盲学校七〇年史編集委員会、一九七〇年。

関宏之『盲先覚者伝記シリーズNo.1　岩橋武夫――義務ゆえの道行き』日本盲人福祉研究会、一九八三年。

＊　本章は、戦前期を対象としたので、引用にとどまらず、文中に「盲人」の語を使用した。また、小説『動き行く墓場』においては、現代では不適切と思われる表現もあるが、原文のまま引用した。

第6章　村嶋歸之の生涯と思想
――寛容な社会活動家の足跡

小笠原慶彰

1　村嶋歸之との出会い

村嶋歸之を知るきっかけ

村嶋歸之(1)という人物を最初に知ったのは、『善き隣人』の著者としてであった。この著書は、一九二九（昭和四）年六月一日に「方面委員の足跡」というサブタイトルを付して、大阪府方面委員後援会から出版された(2)。内容は、大阪府方面委員制度の十年史であり活動事例集でもある。今日よく知られる「夕刊売り母子の挿話」を方面委員制度創設の経緯として紹介していて、それが広く知れ渡った一因でもある(3)。これには普及版があり、発行元は変わらず、出版元を創元社として同年七月二〇日に出版された。定価一円五十銭である。この経緯については、著者の村嶋自身が、以下のように説明している。

昭和四年六月四日、聖上陛下大阪行幸の御砌、力石大阪府知事より本書を献上し奉ったところ、悉くも御嘉納の栄を賜ふた。発行者たる大阪府方面委員後援会は、この光栄を方面委員に頒たんがため、同月二十九日、大阪府方面委員十周年記念総会において来会の方面委員その他に本書を配布した。然るところ、その後、各地方の方面委員その他の人々より、実費頒布の要求頻々として至るので、こゝに本書原型を創元社矢部良策氏に託し、弘く江湖に頒布せしむることゝした。[4]

だが、自著が天覧に供され、嘉納されたことを村嶋が光栄とし、[5]自身の筆になる経緯を冒頭に掲載していることに対しては、後に村嶋の経歴を知るにつれて、違和感を持つようになった。なぜなら村嶋は大阪毎日新聞社の記者でありながら、当時の労働運動における有力な指導者でもあったからだ。今日の感覚では、労働運動指導者の著作が天皇への嘉納という形式で評価されたからといって、そのことを著者が光栄に感じるというイメージは持ちにくいのではないか。

とにかく村嶋とは、当初は方面委員に関して事実上の初めての年史を書いた新聞記者として出会った。その後、徐々に村嶋の多彩な活動と経歴を知るにつれて、大正期から昭和戦前期の大阪を中心とした労働運動や社会事業の展開に大きな足跡を残した人物だと理解することになった。それとともに前述のような疑問が生じてきた。彼は、どういう思想に立脚して労働運動の指導や社会事業の実践をしたのだろうか。

先行研究および自伝等の資料について

村嶋歸之については、木村和世による一連の研究が先鞭をつけている。[6]木村は、これらをベースにして著書を上梓しており、[7]村嶋研究について唯一のまとまった著作である。この本は、村嶋が生涯に為した活動を網羅しているが、記者時代や労働運動に関してやや厚く、社会事業に関しては、若干手薄である。また村嶋の著作全般については、すでに青木章之介によって整理されているし、[8]土屋礼子が、大阪毎日新聞記者時代のルポルタージュについて検討している。[9]さらに内田満は、村嶋が早稲田在学中に浮田和民から受けた影響について論じている。[10]

村嶋の著作そのものも、津金澤聰廣と土屋礼子の編集で二〇〇四（平成一六）年から翌年にかけて、全五巻の著作選集となって出版されている。[11]

また村嶋は、第二次世界大戦後、賀川豊彦とともに神奈川県茅ケ崎市に平和学園を創設した。[12]その平和学園の二

○周年を記念して村嶋の生涯が『ますらおのごとく――村島帰之先生の生涯』[13]としてまとめられている。この本の三頁から四四頁に収載された「小伝」は、村嶋本人の備忘録『門外不出』大馬鹿三太郎の生涯』に依拠しつつ、村嶋の長男・健一によって整理されたものである。また、この備忘録は後に健一の妻・智惠子によって編集され『門外不出』大馬鹿三太郎の生涯――大正時代の新聞記者』[14]にまとめられているが、こちらは手を加えない翻刻として私家版で出版された。

その他にも村嶋健一が父としての歸之の思い出を書いた「父・村島帰之の思い出」[15]や村嶋と妻・しずゑの往復書簡集である『愛と死の別れ――野の花にかよう夫婦の手紙』[16]、さらに健一と歸之がそれぞれ父親としての思いを綴った『親馬鹿おやじ二代記――父から子へ　その子からまた子へ』[17]もある。

本章では、これらによって村嶋の生涯を辿る。[18]その際、生い立ちから大学卒業まで、大阪毎日新聞記者時代、大阪毎日新聞慈善団時代以降（含、白十字会から平和学園時代）に区切って見ていく。

2　村嶋歸之の生い立ちから大学卒業まで

父の維新と小学校時代

村嶋歸之は、一八九一（明治二四）年十月二〇日に奈良県磯城郡桜井町（現、桜井市）で、父の瀧口歸一が四四歳、母のシカ（志賀）が三五歳の時、三男として出生した。瀧口姓から村嶋姓になったのは、大学時代に、名家とされる母の実家、[19]村嶋家の名跡を相続したからである。瀧口家の長男・眞文、長女・須賀は早世していたが、すでに次女・香苗十一歳、次男・巖七歳がおり、歸之の六年後に四男・歸美が生まれた。歸一は、福岡杵築藩（能見松平家三万二千石・譜代）の藩士で剣術指南役であったようで、剣術修行のため大阪に来た頃に明治維新となった。その頃の歸一については、村嶋健一が詳細に書いているが、[20]要するに幕末の世情に疎い武士ということらしい。しかし後には奈良で郡長の職に就き、国会制度が始まってからは、自由党の代議士となった。歸一が国会議員時代に一九〇〇（明治三三）年制定の旧・下水道法の名称に関して行った質問が、「下水」から「下水道」となるきっかけになったというエピソードが残されている(21)。

このような代議士時代を送った歸一は、奈良の選挙区で当選したこともあり、東京と奈良を往復する生活であった。そのために小学生だった村嶋は、五年間で五回の転校を余儀なくされ、一番短いところでは半年しか在学しなかった。つまり父親が政治家だったために引越しばかりで、小学校も出たり入ったりして、落ち着いて勉強ができなかったのだ。そういう小学校時代だったので、勉強する気が失せて、図書館に行っては本を借りて読書に没頭していったという。その後、東京で旧制中学校に進学する。進学に際しては、第一志望の東京府立第一中学校（現、日比谷高等学校）の受験日を間違えるなどのトラブルで受験できず、父の知人である江原素六が校長をしていた麻布中学（現、麻布高等学校）に入学しようとした。ここも既に時期が遅く、江原に紹介状を書いてもらって、正則中学（現、正則高等学校）(22)に入学した。一九〇五（明治三八）年四月のことである。

ユニテリアンの影響

さて、村嶋はここで教員の木山熊次郎と出会う。木山は、倉敷の素封家の息子であり、一九一一（明治四四）年に三二歳で早世するが、『内外教育評論』という雑誌を発行していた(23)。この雑誌で、狩野亮吉への会見記という形で安東昌益が紹介されたが「安東昌益に関して近代の日本で初めて公表された記事は、明治四一年一月の『内外教育評論』第三号に『大思想家あり』と題して載せられたものである」とされている(24)。木山のこうした思想的先進性も村嶋に何等かの影響を与えただろう。

その木山が村嶋に対して「記者たらんとする者は官学を志さず、私学の雄、早大に進学するが可ならん」と勧めた。というのも、当時は国会制度ができて日が浅く、国会に影響を及ぼすためには、政治家となって直接政治活動をしてもよいが、これから発達するマスコミの一員となって力を発揮するのもよいとの考えからしい。実際に村嶋は、その助言にしたがって一九一〇（明治四三）年に早稲田の高等予科、そして翌年には政治経済学科に進学したのであるから、木山からの影響を過小評価すべきではない。

土屋によれば、当時の早稲田は、以下のようであったとされる。[25]その頃、早稲田は東京専門学校から改称して十年足らずであったが、現在までよく知られるユニテリアンたちが教鞭を執っていた。たとえば、社会政策担当の永井柳太郎がいた。永井は、彼の留学当時は独立したユニテリアン・カレッジであったマンチェスター・カレッジ（現・オックスフォード大学）出身のユニテリアンであった。彼は、早大生十名を連れて下谷万年町、玉姫町の公設住宅、御徒町の救世軍病院等、東京のスラム街を見学に行くというようなフィールド・ワークを行った。また、都市問題の講義を担当する安部磯雄も早稲田の教員だったが、ユニテリアン教会（統一基督教弘道会）の会長を務めていた。

つまり永井も安部も、クリスチャンだが、ユニテリアンの立場だった。ユニテリアンとは、教派にこだわらず、三位一体というキリスト教の考え方にやや否定的な、ラディカルな立場だとされる。[26]この時期の早稲田には、こうしたユニテリアンの人たちが、多く関わっていたのであるから、村嶋も何等かの影響を受けたと考えるのが自然である。

見学船、そして肺結核発病

ところで村嶋は、大学時代にユニークな体験をしている。それは、大阪毎日新聞が、学生を対象に企画した「九州一周の見学船」への参加である。村嶋は、早稲田の大学部政治経済科に進学した一九一一（明治四四）年の八月五日から一三日にかけて、学生見学船に搭乗した。見学船以前から投稿した文章が新聞に掲載されたこともあったようだが、この搭乗時にも紀行文が『大阪毎日新聞』に掲載された。この時には、炭鉱の坑内労働の実状を知ることなった。[27]

ところが、卒業直前になって村嶋が一生付き合っていくことになる肺結核が発病した。そのために村嶋は、卒業試験が受けられず、卒業が半年延期になった。この時の話として触れておかなければならないのは、横関愛造との関係である。村嶋が倒れたところに駆けつけて、彼を戸板に乗せて病院に運んだのが、横関愛造夫妻であった。横関は、後にまたキーパーソンとして登場するが、彼は村嶋にとって早稲田の先輩である。横関は、学生時代に政治活動、といっても雑誌を出して、それに政治評論を書いていたようだが、村嶋もそれに投稿していたという。それで横関は先輩として村嶋をかわいがっていた。ところが、卒業試験の時に、どうも村嶋の様子がおかしいと横関が尋ねて行ってみたら、村嶋が下宿で血を吐いて倒れていたのだ。後に村嶋は、あの時の横関夫妻の思いやりには一生頭が上がらないと書いている。

3 大阪毎日新聞社記者時代

『ドン底生活』出版

こうして一九一四（大正三）年九月、早稲田大学を卒業した村嶋は、九鬼隆一男爵の推薦状を持って、当時の社長・本山彦一のところへ行き、[28] 一九一五（大正四）年六月に大阪毎日新聞に入社した。[29] 経済部を希望していたが、社長の本山には「経済部より、社会部か学芸部向きだ」と言われていた。そのためかどうか一年ほど経済部に勤めた後に、一九一六（大正五）年に社会部に異動した。[30]

当時『大阪毎日新聞』のライバル誌、『大阪朝日新聞』には、河上肇が「貧乏物語」を執筆していた。河上肇は経済学者であるとともに、社会運動家でもあった。この時の記事をまとめた著書が『貧乏物語』である。当時、朝日新聞と毎日新聞は、どちらが商業新聞として売上を伸ばすか競争していた。そのため朝日の「貧乏物語」に、毎日は村嶋の「ドン底生活」というルポルタージュで対抗させた。「ドン底生活」は、当時のスラムの生活を中心にした話で、一九一七（大正六）年二月二三日から三月二〇日まで連載された。河上肇とは異なる切り口で、取材記事だけではなく、当時の統計資料を用いている点が画期的であった。政府高官が大阪の貧民街を視察に来た際も、毎日新聞の切り抜きを持って、視察に出かけたという。これをまとめて一九一八（大正七）年に文雅堂から出版した『ドン底生活』がベストセラーになり、村嶋は一躍有名になる。

河上肇『貧乏物語』は、岩波文庫になっていて、現在でも読まれているが、『ドン底生活』は、それほど知られてない。だが、当時は、評判が高かったようであるし、現在も「大正期を代表する下層社会報告の傑作の名が冠されてもおかしくはない(31)」とする評価もある。こうして村嶋は、一九一七（大正六）年から翌年にかけて、新聞記者としての地位を固めていった。後年、記者・村嶋は、毎日新聞社史に「初代労農記者『ドンちゃん』」としてコラムで紹介され(32)、その社史の編集者から「大正から昭和にかけて『労農記者』として名を馳せており、日本の拡大期マスコミの代表的記者(33)」と評されることになるのだが、この時の村嶋は、まだ駆け出し記者であった。この後に社会部記者として労働運動の支援をしたり、社会事業と関わりを持ったりしていく。そしてその背後には、留岡幸助に「慈善病に罹って(34)」いると言われた社長の本山彦一の存在があった。

社会事業との関わりと労働運動の支援

村嶋の社会事業との最初の接点は、大阪毎日新聞慈善団（現、毎日新聞大阪社会事業団）であった。村嶋が大阪毎日新聞に入社する前の一九一一（明治四四）年、社長・本山彦一は、大阪毎日新聞慈善団を設立した。大毎慈善団のユニークな事業は、貧困で病院に行けない人のために、船による巡回診療を無償で行うことであった。ところで村嶋は、入社直前の療養中に、現在の宝塚歌劇のはしりを観劇していた。その頃はまだ、客寄せのための無料公演であった。しかし、これをきっかけとして宝塚歌劇団の創始者であり、箕面有馬電気軌道（現、阪急電鉄）の実質的創業者小林一三と出会う。その後、この二人のつながりから、慈善団が少女歌劇の慈善公演を大阪や神戸で開催する。その結果、慈善団は収益を得、歌劇は興行に自信を得たという。この時、本山と小林の仲介役が村嶋であるらしい(35)。しかし当時の村嶋は、後になって、これらの社会事業に自分がより一層深く関わることになろうとは思ってもみなかったはずだ。

この頃村嶋は、小河滋次郎が主宰する大阪の社会事業研究会の席上で賀川豊彦と知り合い、その後さまざまな活動を一緒にやっていくことになる。その最も重要なものが「友愛会」をめぐっての労働運動の支援であった。この当時、阪神間で展開された友愛会の活動には、戦後、副総理になった西尾末広等の有力者が関わっているが、村嶋も賀川も彼らと対等に労働運動を率先して支援していく(36)。友愛会の創設者である鈴木文治がユニテリアンであり、安部磯雄が関わっていたことも村嶋に支援を促した要因であったと思える。しかし、労働組合活動が活発化するとともに友愛会の色彩も変化していく。そして一九二一(大正十)年には日本労働総同盟となった。村嶋は、労働運動が活発だった大正十年代初期、新聞社に勤めながら、ストライキの支援や藤永田造船所(大阪)や三菱造船所(神戸)の争議に関わっていた。また大阪労働学校の役員等を務め(37)、さまざまな場面で活躍し、労働組合の幹部にもなった。しかし、その過程でサンジカリズム等の急進的な考え方の人も現れ、穏健派の賀川や村嶋は、最終的には袂を分かつ。つまり村嶋や賀川は、日本労働総同盟の運動からは引いていった。

転機

ところが、その過程で村嶋にとって、大きな事件が生じた。それは、当時の関西労働総同盟の幹部・久留弘三の妻が百貨店で万引きをし、タイミングの良いことに、それを保安員が捕まえたという事件である(38)。これは、フレームアップとまで言わなくとも、疑念もあったようだが、証拠はなく、結果的に久留は追い詰められていく。久留の仲間であった村嶋や賀川も同様である。村嶋は新聞記者として、賀川は賀川の立場で、久留は純粋な労働運動家として、労働運動を展開し、三人は志を同じくしていた。しかし、久留がこの事件で窮地に陥ったところを新聞が総攻撃したため、久留は、労働運動の仲間をとるか、妻をとるかという二者択一を迫られる。

村嶋は、自身のキリスト教への入信に関係して、この事件のことに触れている(39)。そこには名前は伏せてあるが、久留らしき人物が出てくる。これによれば、久留が二者択一で妻を選ぶ、まさにその修羅場のときに、賀川が万引きした夫人のために「一しょに祈りましょう」と村嶋に言った。そして村嶋は次のように祈った。

私はどぎまぎしました。でも断ることはできません。ともかく、『天のお父様――』と呼びかけました。しかし、あとがつづかないのです。ところがふしぎなことに、ちょうど、あぶり出しが火にあぶられて文字の現れ出るように、わたしの頭に、自然と祈りの言葉が浮かんで来るではありませんか。……「神様、あなたはいんざいを喜び給わず、あなたの喜び給うものは、砕けたるたましいです。今、あやまちを悔いて、あなたの前に泣き伏すこの姉妹のくだけたるたましいを、どうか嘉納し給え。夫人をゆるし給え。そして……(40)」。

この出来事の翌年、賀川から洗礼を受けてクリスチャンになったのである。

村嶋は、久留の修羅場に対面した際、初めて自分がそういう複雑な立場にいたことに気づいたのではないか。このため、賀川に言われて祈ったときも「自分の生き方がこれでよかったのか」と内省したのだろう。それ以降の村嶋は、クリスチャンであることをはっきり主張するようになる。

結核再発と洋行

ここには、労働運動との関わりにおいて、村嶋の気持ちが変化したことが表われているのではないか。村嶋は、自身で自分のことを「無産階級の喇叭手《らっぱしゅ》」と呼び、労働者を鼓舞していた(41)。しかし、この時期の村嶋は、結核が再発して入院せざるを得なくなり、労働運動の最前線から一歩退いていった。戦前最大といわれた神戸のストライキでは、現場に行くことはできなかった。病床で組合幹部が会合をしている姿を目の当たりにしながら、ペンで応援するしかなかったのだ。そのうち、労働運動は、労働者の敗北という形で一旦終焉を迎える。つまり止むを得ぬとは言え、自分自身は安全地帯にいたと感じたようだ。この入院に纏わる興味深いエピソードがある。たとえば、西尾末広は村嶋が入院するときに布団を担いで行ったようだし、賀川は、費用は自分が出すといったらしい。この時、賀川は『死線を越えて』の印税があったのだ。(42) こうしたことからは、村島と労働運動指導者たちとの信頼関係が感じられ、村嶋の立場や思いが理解できる。

さて、退院した後、再び記者生活に復帰する。今度は学芸部であった。谷崎潤一郎が『蓼食う虫』を執筆していた頃で、その担当になった。ところで、この頃のことについて、村嶋と谷崎は親しくなかったとする見解がある。「さほど親しくした様子がないのは当然で、キリスト教徒のジャーナリストとして活躍していた村嶋が、妻の不貞や妾の出てくる作品を書く谷崎と気が合ったはずはない(43)」というものである。だが村嶋は、そんな堅物ではなく、結婚前の放蕩に関して反省が必要なほどだった。(44) したがって、谷崎の書くものをよく理解できたのではないか。(45) 決して「キリスト教徒のジャーナリスト」だから清廉潔白の正義漢だろうという評価には当て嵌まらない。村嶋が谷崎作品にどう対峙したかは、村嶋が底辺の人たちに向ける眼差しとも関わる問題であり、等閑にできないことである。(46)

この時期の注目すべき事柄として、洋行がある。一九三一（昭和六）年の七月から一二月まで、賀川とともにカナダで開催されるＹＭＣＡ万国大会に出席することを主目的として、カナダと米国へ海外出張したのである。この時にニューヨーク等の社会事業施設を見学している。これは新聞社から辞令を受けた正式の出張であり、費用は大阪毎日新聞社、大阪毎日新聞慈善団等が負担した。

こうした学芸部記者生活を送るが、出張中の同年一一月に編集局付のままで大阪毎日新聞慈善団職員を兼務することになった。実質的には慈善団への左遷的な異動であったようだ。洋行に際しての扱いと言い、洋行中の異動と言い、新聞社本体における「労農記者」村嶋の処遇が次第に変化していく状況の一端を垣間見る気がする。

4　大阪毎日新聞慈善団時代以降

大毎保育学園の開設

こうして村嶋歸之は、大阪毎日新聞社から慈善団に異動した。恐らく社長の本山彦一がいろいろな事情を配慮した結果であっただろう。当時の慈善団主事は、警察官出身で釜ヶ崎を拠点にした社会事業に携わった経験のある中村三徳であった[47]。村嶋は、この中村のもとで仕事することになったが、直後に本山が逝去する。本山が亡くなった後、慈善団が記念事業を計画する。村嶋は、慈善団が大阪市から払い下げられた土地（当時の大阪市東成区猪飼野中）[48]に、本山の寄付で設立された富民協会（新聞社の外郭団体）が所有していた建物を譲り受けて移築し、セツルメント活動を始める[49]。まず、一九三一（昭和六）年に共栄会という組織を立ち上げた。翌年には、大毎善隣館という名称にして、本格的なセツルメント活動を開始する。さらに翌年一九三三（昭和八）年に単親等で働く女性や子どものために保育施設の開設を計画し、大毎保育学園を開設するのである。後述するような理由で大毎善隣館は閉館するが、その後ランバス女学院関係者の尽力で鶴橋学園として存続し、戦後の一九五〇（昭和二五）年には、聖和社会館となっていくのである[50]。

もちろん村嶋は、保育に関するノウハウを持っていなかった。そこで元新聞記者のコネクションではなく、クリスチャンとしてのネットワークを活かした。すなわち上本町（東高津、現在の大阪市立社会福祉センターの場所）にあったランバス女学院（後に聖和大学を経て現・関西学院大学教育学部）に協力を求めた。この学校は、関西学院を創設したメソジスト派宣教師ランバス（Lambuth, W. R.）の母であるI・M・ランバス（Lambuth, I. M.）が創立したランバス記念伝道女学校から発展し、保育者養成学校でもあったからだ[51]。こうした村嶋の努力の結果、大毎保育学園の主任保母として着任したのが、山川道子であった[52]。村嶋は、山川と二人三脚で保育学園を運営していく。

ここで触れておかなければならないことは、大毎保育学園の開設にあたって、ランバス女学院の協力を得ることには、大毎慈善団内部で反対があったということである。というのは、ランバス女学院は、キリスト教主義の学校で、当時は数少ないキリスト教保育を行っていた。しかし、大毎善隣館や大毎保育学園の事業は、宗教色のない新聞社が手掛けているのであり、それがキリスト教の宣伝と誤解されると不都合が生じるというのである。それに対して村嶋は、経営は新聞社が担い、実際の保育活動はランバス女学院が行うという形で受け入れさせたという経緯があった。(53)

村嶋退職後の慈善団

ところが村嶋は、また宿痾の病気である結核に悩まされ、慈善団でも健康を損なって退職することになる。退職後は、結核患者の診療や療養のための活動を行っている社会事業団体・白十字会に職を得て、関東に行ってしまう。白十字会は、体の弱い子どもたちのための寄宿制の学校である林間学校を開いていた。戦時中、村嶋もこの学校で働くことになる。この後、「健康を回復して一九三七（昭和一二）年に白十字会の総主事に就任し、一九四一（昭和一六）年には白十字会林間学校の校長を兼務するようになる。村島は高学年の綴り方の授業を担当し、また児童活動を指導するなど直接児童に接して教育活動を行う校長であった」という。(54) この学校は、「白十字会林間学校」という当時と同じ名称で児童養護施設として現在も続いている。戦後になって白十字会の林間学校をもう一つ引き継ぐような形で開校された女学校が、隣接する平和学園である。(55) ここでの教育は、村嶋にとって最後の仕事となる。戦後は一九六五（昭和四〇）年の召天に至るまで平和学園を発展させていくために尽力した。

一方、中村三徳の跡を継いで大毎慈善団の主事になったのが、西村真琴であった。(56) 西村は引き継いだ事業を大規模に整理した。当然のように病院船の慈愛丸を売却し、大毎保育学園も閉鎖してしまった。土地と建物は、大阪の借家王と言われていた大井伊助に売却された。この大井伊助は大井積善会を設立するなどして社会的な事業にも関心があったようだ。その積善会の趣意書には「畏友西村真琴博士に語り、博士が其の趣旨を代筆した[57]」となっている。したがって、この売却も西村と大井の関係があって行われたことであろう。村嶋は大きな怒りを持って、そのことについて以下のように書いている。

社会事業団は、世の仆れしあと、某理学博士が常務理事となり、永年勤続の中村主任幹事を解雇し、その女婿を主事に採用。子息の世話になっている某大学教授を顧問に招聘し、また革新的の意見に基き、従来の社会事業を片ッ端から破壊していった。（社会部の名を、社会事業団から厚生事業団に始まり、次でまた社会事業団に改称[58]）。

即ち、救護法の実施に伴い無料授産が自然解消となったのは当然としても、故本山社長が自ら発案し、また二十年に亘り力を注いでいられて水の都大阪の名物となっていた病院船も、鉄材が高く売れるとかで惜気もなく売却し、多年継続した巡回診療にピリオドを打ち、また、予が専ら社長の意を体し、地元の産業施設の跡を活用し東大阪に皇太子降誕として創設した猪飼野善隣館の、新設間もなき幼稚園や、富民協会より無償譲渡の二階建物その他をも、ほとんど二束三文にてたゝき売り、かくして、本山社長の偉業を全面的に抹殺したり[59]。

これは、逝去後三十年が経過して「門外不出」であった資料が私家版として出版されたために公になったものである。文中の某理学博士とは、西村のことである。しかし、他の資料をみても、村嶋が個人をこれほど非難している文章はほとんど見当たらない。戦争が厳しくなっていく時代に、西村は西村なりに努力していたのだろうが、村嶋から見れば、到底許すことのできない愚挙だったということだ。

保育学園のその後

こうして、大毎慈善団は村嶋が心血を注いだ保育学園の運営から手を引いてしまった。しかし、村嶋に保育学園のことを頼まれていた山川道子が、保育学園を途絶えさせまいと尽力し、大井に無償貸与という決断をさせていく[60]。その結果、山川を中心にランバス女学院の人たちが事業を続けていくことになる。つまり経営主体を在日本米国メソジスト宣教師社団に移し、経営を続けることとし、鶴橋学園となったのである。しかし、開戦から戦時体制下と進むにつれて、当然対米関係は悪化し、経営は鶴橋学園理事会へ移管、宣教師は次々に帰国、そして戦時保育所へと切り替わらざるを得ない時代になり、ついに一九四五（昭和二〇）年三月、休園を余儀なくされることとなった。さらに六月一五日の空襲で園舎は全焼した。しかし戦争状態にも関わらず米国メソジスト婦人ミッションは、毎月の送金を積み立てていたということである。一九四六（昭和二一）四月には、大井伊助の嗣子、正一より焼け残った土地・建物を借用し、保育を再開した。一九四九（昭和二四）年には、前述の米国メソジスト婦人ミッションよりの資金によって土地・建物を買い取って、聖和女子学院附属鶴橋学園となった。一九五〇（昭和二五）年七月には、聖和社会館と名称変更している。現在は社会福祉法人聖和共働福祉会となり、聖和社会館や大阪聖和保育園等の事業を経営している。

5　村嶋歸之への疑問と期待

村嶋に対する疑問として、著書の『善き隣人』が嘉納された時に喜んだことを意外に感じたということに最初に触れておいた。それに関連して最後に以下のことを述べておきたい。

村嶋には敗戦後六年になる一九五一（昭和二六）年に「貞明皇后と癩者」と題した文章がある。[61] ここでは貞明皇后がハンセン病患者に対して慈悲深かったことが縷々書かれ「光明皇后の再来」と評価している。ところで村嶋は一九〇九（明治四二）年四月から二五年余り大阪に存在したハンセン病療養所である外島保養院をたびたび訪問している。昭和初期のこととして、村嶋が保養院の行事の時に患者護送用の自動車で送迎され「妻子はいくらか閉口ぎみであった。帰之は喜んで乗っていった」と記録されている。[62] これは当時のハンセン病に対するものとしては、寛容な態度である。

村嶋と同時代のジャーナリストで中外日報社という仏教系新聞社に三浦大我《みうらたいが》（参玄洞《さんげんどう》）がいた。三浦も外島保養院を訪ねている。三浦は、国策に反して隔離不要論を主張し、ハンセン病医学界から疎んじられた小笠原《おがさわら》登《のぼる》が世に知られる契機を作った。小笠原は結果として沈黙させられてしまったので、三浦の支援をどう評価するかは難しい。しかし、三浦がハンセン病隔離政策への根本的疑問を持っていたことは確かだ。

それに対して村嶋は戦後になっても隔離政策を批判せず、ハンセン病に対する皇室の慈悲を賛美しているのである。このことは、村嶋の『善き隣人』の嘉納に対する態度とともに、クリスチャンとして天皇制慈恵に疑問を持っていない点が明確に感じられる。このような考え方は、ある意味では穏健な思想であり、社会改良的漸進主義とでも言えよう。しかし、三浦のような社会問題解決への徹底的な態度を保持し得ない曖昧さを残すことになるようにも思える。

このように村島の態度は、ある意味では両面性、つまり寛容さと曖昧さという二面を持つ。しかしそのような不徹底な姿勢が意識的であったとすれば、それは不寛容への寛容という結果の顕現であったのかもしれず、いつの時代にも求められることかもしれない。

注

（1）氏名の表記については、「村島」や「帰之」が使われている場合もあるが、本章では村嶋歸之で統一する。

（2）一九三二（昭和七）年には第二篇、一九三八（昭和十三）年には第三篇も出版されている。

（3）このエピソード自体は史実に忠実ではない。小笠原慶彰「第八章『夕刊売り母子の挿話』についての再検討」『林市藏の研究』関西学院大学出版会、二〇一三年、二四一～二六五頁を参照。

（4）村嶋歸之「普及版発行に当りて」『善き隣人――方面委員の足跡』（普及版）創元社、一九二九年。

（5）続編についても同様の措置に同様の感想を持ったことを冒頭に記している。

（6）木村和世「村島帰之の研究」『千里山文學論集』三三、一九八五年、四六～五九頁。同「村島帰之関係書簡」『史泉』六三、一

九八六年、二三〜三六頁。同「村島帰之の思想と行動――人生の報告者」『歴史と神戸』一四七、一九八八年、一〇〜一七頁。同「大正後半期における村島帰之の行動」津田秀夫先生古希記念会『封建社会と近代』同朋舎出版、一九八九年、八九八〜九一五頁。同「村嶋歸之について――賀川豊彦をめぐる人々」『雲の柱』一四、一九九七年、一四〜一七頁。同「大阪と村嶋歸之」『雲の柱』一五、一九九八年、二九〜三二頁。

(7) 木村和世『路地裏の社会史――大阪毎日新聞記者 村嶋歸之の軌跡』昭和堂、二〇〇七年。

(8) 青木章之介「村島帰之に関する書誌的研究」『日本労働研究機構研究紀要』一四、一九九七年、一〜二七頁。

(9) 土屋礼子「村島帰之のルポルタージュ」『日本近代文学』七二、二〇〇五年、二四八〜二五五頁。

(10) 内田満「草創期早稲田とジャーナリズム」『Intelligence』六、二〇〇五年、五〇〜五八頁。

(11) 津金澤聰廣・土屋礼子編『大正・昭和の風俗批評と社会探訪――村嶋歸之著作選集』全五巻、柏書房、二〇〇四〜二〇〇五年。

(12) 現在も学校法人平和学園として存続し、平和学園幼稚園、小学校、アレセイア湘南中学校、高等学校を経営している。

(13) 平和文庫編『ますらおのごとく――村島帰之先生の生涯』（平和学園創立二〇周年記念出版）平和文庫（非売品）、一九六六年。

(14) 村島歸之（村島智惠子編）『門外不出』大馬鹿三太郎の生涯――大正時代の新聞記者』私家版、一九九一年。

(15) 村島健一「父・村島帰之の思い出」南博編集代表『近代庶民生活誌第二巻 盛り場・裏街』三一書房、一九八四年、四四九〜四五四頁。

(16) 村島帰之・しずゑ『愛と死の別れ――野の花にかよう夫婦の手紙』光文社カッパブックス、一九六四年。

(17) 村島帰之・村島健一『親馬鹿おやじ二代記――父から子へ その子からまた子へ』文化服装学院出版局（ミセス編集部刊）、一九七〇年。

(18) 以下の村嶋の生涯に関しては、これらの先行研究や資料に基づいて記述している。煩雑を避けるため出所を明記していない場合もある。ここで示した以外の先行研究や資料による場合は明記している。

(19) この村嶋家は、雲浜・梅田源二郎が再婚した妻、千代の実家だという。

(20) 村島健一「ぷろろーぐ わが祖は晩酌一升の剣士」『幕末酒徒列伝』講談社、一九七九年、五〜一五頁。（後、旺文社文庫、一九八七年）

(21) この原因は、下水という言葉に対する一般の理解と法案起草者の間に認識のずれがあったこと、つまり「ドブ」と混同されていたことにあるとされているが、それはともかく、衆議院の委員会における「瀧口歸一委員長」の以下の発言が残されている。

下水法ハ全国ノ都市一般ニ現在スル溝渠ノ取締法ナリト信シテ疑ハサリキ故ニ其ノ辺ニ対スル意見ハ多少アリシカ政府委員ノ説明ニ依リテ見ルトキハ今迄ノ私ノ考トハ蕃壌ノ差アリト云フモ可ナリ大体本案ハ表面上斯ノ如キ完美ナル下水ヲ設クル趣旨ナリトハ誰モ思ハサリシナラム（『衆議院委員会議録第十一冊』明治三三年七月。三三四）。

引退後は『日露戦役忠勇列伝』の編纂に従事し、伊賀上野市の伊賀一宮・国幣中社敢國神社宮司として鬼籍に入った。

(22)　この正則中学は、一八八九年（明治二二年）に外山正一（帝国大学総長）・元良勇次郎（最初期同志社出身の心理学者、帝国大学教授）・神田乃武（英文学者、東京高等商業学校教授）によって創立された。名称の由来は、当時の官立上級学校への入試のための知識の伝授のみをすべてとする、予備校化した中等教育を「変則」と批判し、近代日本を背負って立つ青年たちのために、もっと人間としてひろがりのある「正則」な教育をしなければならないとする主張からであるという。遙か後の事であるが、この学校は、戦後のユニテリアンの復興者たる今岡信一良が一九二六（大正一五）年以来、一九七三（昭和四八）年まで校長をしていた。創設者の一人、元良もクリスチャンであるが、宗教的に寛容な雰囲気であったと思える。これらのことは村嶋が後にクリスチャンになることに無関係ではなかろう。

(23)　岩波書店創業者・岩波茂雄は、この雑誌の編集を一時手伝ったとされ、彼に影響を受けたという（飯田泰三監修・岩波書店編集部編『岩波茂雄への手紙』岩波書店、二〇〇三年、二八二頁）。

(24)　エドガートン・ハーバート・ノーマン、大窪愿二訳『忘れられた思想家――安東昌益のこと』上巻、岩波新書、一九五〇年、一二一～一二三頁。

(25)　土屋博政「講演　日本のユニテリアンの盛衰の歴史を語る」『慶應義塾大学日吉紀要英語英米文学』四七、二〇〇五年、一二三～一九〇頁。

(26)　土屋博政『ユニテリアンと福澤諭吉』慶応義塾大学出版会、二〇〇四年、四六～四七頁。松岡秀隆『佐治實然の生涯』友月書房、二〇〇六年、六四～六九頁。

(27)　明治時代の新聞は、大新聞、小新聞に大別される。今で言えば、それぞれ政治面、経済面、国際面だけで構成された新聞と、社会面や娯楽面だけで構成された新聞である。これが現在のような総合的な新聞の形態へと変化していくのがこの時期である。明治末から大正にかけては、ちょうど新聞社が、発行部数を増やし、商業新聞として成り立とうとしていた時期であった（小野秀雄『日本新聞史』良書普及会、一九四八年。御手洗辰雄『新聞太平記』鱒書房、一九五二年。岡満男『改訂近代日本新聞小史――その誕生から企業化まで』ミネルヴァ書房、一九七三年。岡満男『大阪のジャーナリズム』大阪書籍、一九八七年。春原昭彦『三訂版日本新聞通史――1861-1986年』新泉社、一九八七年。等）。そこで面白い記事が書ける記者を発掘する必要があった。そのために大学生対象のクルーズを企画して、参加者の中から、いわゆる青田買いをしようと目論んだのであろう。国内旅行さえそれほど簡単にはできない時代であったので、参加希望の学生は多数集まったらしい。将来、新聞記者になりたい村嶋も、新聞記者や新聞社とのつながりを持ちたいと思い、この企画に参加したのだろう。

(28) 村嶋の父と九鬼男爵がどういう関係であったのかは不明。ただ父の歸一は、村嶋が大学卒業する直前に胃がんで逝去していて、そのため九鬼が就職を世話すると言ったようだが、村嶋の母が、大学卒業まであと半年、ここで世話になって、一生頭が上がらないようなことはやめろと諭したらしい。それについて村嶋は、母は偉かったと書いている。とはいえ就職に際しては九鬼男爵の推薦状を持参したのである。

(29) 入社後の健康診断で、まだ腎臓炎があると診断されて、半年間養生した後に正式に記者としての生活がスタートした。

(30) 経済部配属前の編集局員見習いの時、研修で森鴎外の「渋江抽斎」の原稿を校正したという話がある。森鴎外はルビばかりふるので、誰の原稿かわからないまま、ルビばっかりふるのは誰だと先輩記者に聞いたら、これは森鴎外先生の原稿だと言われたらしい。そこで原稿の冒頭を一枚か二枚、黙って持っていた。しばらくして先輩記者から鴎外先生が用済みの原稿を返却するように言われたが、最初の方は、もう処分したと言っておいたと告げられ、それからずっと持っていたようだ。ところが、何度も引越しているうちに、所在不明になった。これも鴎外先生に嘘ついたのが悪かったのだろうと、帰って気が落ち着いたらしい。こういうエピソードを、戦後になって平和学園の校長になってから書いている。恐らく心に引っかかるやましいことをしたら、ずっとそれを引きずるぞというようなことを教えたかったのであろう。これは入社したばかりの話である。

(31) 立花雄一『明治下層記録文学――《付》大正・昭和前期・現代の作品管見』ちくま学芸文庫、二〇〇二年、二七二頁。

(32) 毎日新聞社編「初代労農記者『ドンちゃん』」『「毎日」の3世紀――新聞が見つめた激流130年』上巻、毎日新聞社、二〇〇二年、四七九〜四八五頁。「ドンちゃん」は、著書の表題から。

(33) 滝沢岩雄「交友華やか、村嶋記者」著作選集『月報』二、二〇〇八年、一〜二頁。

(34) 一九三一（昭和六）年の東京日日新聞社会事業団創設披露の挨拶で留岡幸助が本山を評してこう呼んだという（中村三徳『大阪毎日新聞慈善團二十年史』大阪毎日新聞慈善団、三〇〇頁）。

(35) 津金澤聰廣『宝塚戦略――小林一三の生活文化論』講談社現代新書、一九九一年、四六〜四七頁。

(36) 吉田千代『評伝鈴木文治――日本的労使関係をめざして』日本経済評論社、一九八八年、一六九頁。鈴木文治『労働運動二十

年（現代語訳）』労働運動二十年刊行委員会、一九八五年、二五七頁（一九三一年版の復刻）。

(37) 法政大学大原社会問題研究所『大阪労働学校史――独立労働者教育の足跡』法政大学出版局、一九八二年。

(38) この事件に関しては、久留正義『黎明期労働運動と久留弘三』日本経済評論社、一九八九年、一五八～一六七頁、を参照。

(39) 村島歸之「わが入信ものがたり」『ニューエイジ』三（五）、一九五一年、六一～六六頁。

(40) 同右論文、六五頁。

(41) この背景に新聞社の戦略があったことも考えられる。新聞社としては、読者層を広げるために、それまでのいわゆる政治記事ではなく、労働記事を書ける人材を求めていたため、村嶋に大きな期待をしていた。新聞記者が社外の組織的な労働組合運動の当事者として深く関わることは、当時でもあまり例は無いだろう。しかし、読者を増やすことのできる村嶋だから、ある程度自由にさせようという考えがあったのではないか。社長の本山も、村嶋が労働運動に肩入れすることを許容していたようだ。村嶋は、労働運動を支援する中で「サボタージュ」を示唆し、それをスクープしたりした。つまり「同盟怠業」と訳して新聞報道し、それが世間で話題になって、それによって読者が増えるということもあったようだ。

(42) これについて松原一枝の言及を参考にして、多少触れておこう（松原一枝『改造社と山本実彦』南方新社、二〇〇〇年、一〇二～一〇六頁）。前述のように横関愛造は、村嶋にとって早稲田の先輩であった。その横関が、このころには、改造社の編集長になっていたのである。その横関が、神戸に賀川という面白い人物がいるらしいと聞いて、村嶋に仲介を頼んだ。村嶋は横関に頼まれて、賀川に何か書くように勧めた。それが『死線を越えて』になったのである。最初、雑誌『改造』に発表されたが不評であったらしい。ところが、山本実彦（改造社社長）が、製本を担当している少年が、次回を待ち切れずに製本しながら読んで面白いと言っているのを聞き、これは『改造』の読者が読むようものなのではなく、読者層が違うのだと判断して、単行本として出版した。改造社としても初の単行本であった。その結果、ヒットしてベストセラーになったという話である。しかしこれには、後日の作られた美談でもあるようで、実際には相当宣伝もしたらしいが、それによって『死線を越えて』を読んでなければ話にならないという雰囲気が生まれ、一年で八〇万部出たという。いずれにしても賀川は印税を手に入れたのである。現在の価値では数億円と言われている。もちろん賀川は、それを労働運動等の資金に使い、私的に使うことはしなかったが、村嶋には入院費を出してやろうと言ったのである。そうして村嶋が入院したのが、当時の神戸衛生院（現・神戸アドベンチスト病院）である。水治療というユニークな治療法を実施していたらしい。そしてこの入院が縁となって、村嶋はそこに手伝いに来ていた女性（しづゑ）と結婚することになる。この結婚の経緯は、村嶋自身が詳細に記述しているのでここでは割愛する（村島帰之・しず

る、前掲書、一九六四年、九四〜九六頁)。

(43) 小谷野敦『谷崎潤一郎伝——堂々たる人生』中央公論新社、二〇〇六年、二七九頁。

(44) 村嶋は、結婚後数年経った一九二五(大正一四)年に文化生活研究社から『歓楽の墓』を出版した。この本は、結婚するまでの自身の放蕩生活を告白、反省した本である。このこともクリスチャンとして生きていくことの証しだったのだろう。現在この本は、性風俗等の研究に関しては、貴重な資料になっているらしく、「売笑史、風俗史の研究者にも、一読をすすめたい。そうとう深い裏事情を、これは教えてくれる」と評価されている(井上章一「文献解題」津金澤聰廣・土屋礼子編、前掲著作選集第四巻、柏書房、二〇〇四年、四四一頁)。

(45) この見解には他にも根拠がある。村嶋は、谷崎が書いた『蓼食う虫』書き出しの原稿を貰い受け、それを「家宝」として持っていたという。その家宝は、長男・健一に継承された。健一は、それを自分の友人に見せたら、日本近代文学館に寄附するように言われたけれども、これは父が命の次に大事だと言って持っていたものだから、それはできないと書いている(村島健一「父・村島帰之の思い出」南博編集代表『近代庶民生活誌第二巻　盛り場・裏街』三一書房、一九八四年、四五〇頁)。親しくしたのでもなく、気も合わなかったのだとしたら、谷崎の原稿を村嶋がそれ程大事にしたはずはなかろう。単に投機的な思惑で家宝にしたとは到底思えない。

(46) 村島の著作集第一巻は『カフェー考現学』、第四巻は『売買春と女性』としてまとめられているが、それらに対して批判的態度で書かれたものではない。

(47) 警察官時代の明治末に釜ヶ崎で底辺労働者の共同宿泊所、無料職業紹介所として大阪自彊館を創設し、その後も運営に携わっていた。

(48) 現在の生野区桃谷で社会福祉法人聖和共働福祉会の所在地。

(49) 以下のセツルメントに関する記述は、次の文献による。聖和八十年史編集委員会編『聖和八十年史』聖和女子短期大学、一九六一年、一七一〜一七七頁。聖和保育史刊行委員会編『聖和保育史』聖和大学、一九八五年、四三六〜四八四頁。松尾純雄『毎日新聞大阪社会事業団五十年史』毎日新聞大阪社会事業団、一九六一年、九七頁。田中實『福祉を拓く——毎日新聞大阪社会事業団の82年』毎日新聞大阪社会事業団、一九九三年、四〇〜四四頁。なお、毎日新聞側の資料には、「山川道子」が「松林道子」として登場する。これは「道子先生は熊本にある母方の松林家に入籍されたことがありますが、その後、実家の山川姓に戻られたので、事情を知らない人のなかには、一度結婚されたことがあるのでは……と勘繰る人もいたようです」という理由によるものである（黒田実郎『山川道子先生のご生涯』私家版、一九九八年、一〇頁）。

(50)　この変遷については、以下の文献に詳しい。『蒔かれし種より――聖和80』聖和共働福祉会、二〇一一年。

(51)　なお、アジア・太平洋戦争期に、この学校の土地・建物は愛国婦人会に無償譲渡され、ランバス女学院は、神戸女子神学校と合同して、現在地の西宮市岡田山に移転した。「譲渡は、無償譲渡とし、金一封五十万円が愛国婦人会より、在日本米国南メソジスト監督教会宣教師社団への謝礼として渡され、その謝礼金がそのままランバス女学院に寄付された」（聖和史刊行委員会『Thy Will Be Done――聖和の一二八年』関西学院、二〇一五年、二三七頁）のである。大阪市にある聖和社会館が西宮なる聖和大学（現、関西学院大学教育学部）と長く協働関係にあった理由は、後述の山川道子を初めとする人的交流ばかりではなく、もともとはすぐ近隣にあったというところにも求められる。

(52)　山川は後年、ランバス女学院の後身である聖和大学の学長になった。

(53)　こうした判断には、村嶋が早稲田大学時代に教わった、ユニテリアンの教員たちによる影響があったのではないか。ユニテリアンの考え方は宗教的寛容である。村嶋は、永井柳太郎等教員と一緒になってスラム街見学をしたりするような実際的な行動や、教員との人格的接触を通して、宗教的寛容の精神も学んでいったのであろう。学生時代に影響を受けた寛容の精神は、村嶋の仕事においても発揮され、それが結果を残していったと言えるのではないか。

(54)　桐山直人『茅ヶ崎の小さな学校――旧白十字会林間学校の三二年』草土文化、一九九九年、二三二頁。また当時の様子は村嶋の著書『太陽学校』にも記されている。

(55)　平和学園は、平和学園幼稚園、同小学校、アレセイア湘南高等学校・中学校となり、現在に至っている。

(56)　この西村は、俳優の故西村晃の父親で、ユニークな経歴とともに日本初のロボット「学天則」を作ったことでも知られている。大毎慈善団での西村は、隣邦児童愛護会を結成して、中国大陸の戦争孤児を引き取って世話する事業などを実施した（荒俣宏「人造人間は微笑する――万能科学者・西村真琴」『大東亜科學綺譚』筑摩書房、一九九一年、一六～三八頁。畑中圭一『地球は人間だけのものではない――エコロジスト西村真琴の生涯』KTC中央出版、二〇〇八年）。

(57)　米井節次郎『立志傳　大井伊助翁』大阪府立泉尾高等女学校白百合会、一九四〇年、五一～五二頁。

(58)　大毎慈善団は、一九三三（昭和八）年に社会事業部と改称し、翌々年には、社会事業団となったが、一九四三（昭和一八）年、厚生事業団となり、戦後の一九四六（昭和二一）年に社会事業団に復している。

(59) 村島歸之、前掲書、一九九一年、九九頁。
(60) 『蒔かれし種より——聖和80』聖和共働福祉会、二〇一一年、一一頁。
(61) 村島歸之「貞明皇后と癩者」『ニューエイジ』三(八)、一九五一年、一二〜一五頁。
(62) 平和文庫編、前掲『ますらおのごとく』、一九六六年、二七頁。

＊ 本章は、大阪社会福祉史研究会編『大阪における社会福祉の歴史Ⅲ』大阪市社会福祉研修・情報センター、二〇一二年に初出の「大阪毎日新聞慈善団と聖和社会館の接点について——村嶋歸之の思想についての小考察」を加筆修正し、再録したものである。再録に当たっては、同センターの承諾を得ている。

第7章　奥むめおと社会事業
――社会運動としての福祉実践

今井小の実

1　社会運動としての社会福祉の位置づけ

遠い記憶

二〇一四年七月に採択された「ソーシャルワークのグローバル定義」は、社会福祉の専門職とも学問領域とも認識されているソーシャルワークを、以下のように定義した。「ソーシャルワークは、社会変革と社会開発、社会的結束、および人々のエンパワメントと解放を促進する、実践に基づいた専門職であり学問である。社会正義、人権、集団的責任、および多様性尊重の諸原理は、ソーシャルワークの中核をなす。(後略)[1]」としたのである。けれども現在のわが国の社会福祉士養成のカリキュラムを忠実に実践している教育者、あるいはソーシャルワークの研究者にとっては、この定義は少なからず違和感のあるものではないか。なぜなら、その教育のメニューや研究がミクロ的な援助技術に偏り気味で、狭義の意味での人びとの「エンパワメント」や「社会的結束」を目標にあげ、「人権」や「多様性尊重」がそれを支える重要な原理として位置づけられているとしても、このグローバル定義が重視している「社会変革」という目的、そしてそれを支える「社会正義」の原理については手薄、あるいは射程外であった印象を否めないからである。

このことは、しかし、わが国の社会福祉学界において、「社会変革」や「社会正義」という価値が軽視されてきたことを示すものではない。少なくとも一九八〇年代までは、いわゆる「（制度）政策」派が「技術（機能）」派と社会福祉の本質をめぐり対等に議論をたたかわせ、その重要な課題として認識されてきた。[2]だが資格制度の導入（一九八七年〜）以降、しだいにその存在は影を薄め、現在では社会政策の分野に吸収されてしまったかのような感がある。期せずして、今回の「グローバル定義」は、わが国の歪んだ社会福祉教育・研究に反省を促すものとなった。すなわち社会福祉実践のもっとも大切な目標の一つに「社会変革」「社会開発」をおき、それを支える原理に「社会正義」「人権」をおいたからである。そうであるなら、社会福祉、そしてその専門職であるソーシャルワークは「対人援助」だけに収斂されるものではなく、広く社会構造をも視野にいれた極めてマクロ的な側面も含んでいることになる。そして本章では、この「グローバル定義」が決して日本の文化や歴史からかけ離れた、欧米中心で創られた定義ではなく、実は日本でも育まれてきた社会福祉実践の価値の反映なのだということを、戦前の歴史研究から明らかにしていきたい。

社会運動と社会事業

社会運動という用語を『広辞苑（第六版）』（岩波書店、二〇〇八年）で調べると広義には「社会問題を解決するために組織された集団的行動」と定義されている。にもかかわらず、この定義にとまどいをおぼえる人たちは多い。社会運動は戦前における記憶から特に社会主義運動を示す言葉として私たち日本人のなかで受けとめられてきたからであり、それは『広辞苑（第六版）』では狭義の定義「現存社会制度を変革するための運動」として説明されている。社会福祉の定義も一様ではないが、人々が幸福な生活をおくるため障壁となる社会問題を解決する諸活動も含まれているとするならば、広義の定義としての社会運動の範疇に入る存在ではないだろうか。今回の「ソーシャルワークのグローバル定義」に、その目標として真先に「社会変革」があげられていることは、そのことを裏づけている。

しかし社会福祉にもまた戦前の記憶とからんで、現存の社会体制を維持するための緩和装置であり反動的と非難されてきたイメージがまとわりついている。本章の目的は、社会運動と社会福祉、両者にはりついた戦前の記憶を断ち切り、社会福祉を社会運動として位置づけ、グローバル定義で示されたソーシャルワーク、すなわち社会福祉実践の目標、価値が決して欧米の受け売りではないことを明らかにすることである。そのことによって、現在の日本の社会福祉教育・研究の偏りや歪みに警鐘をならしたい。

ところで戦前における社会福祉は社会事業という名称で表現され、戦後の社会福祉の前段階的存在として評価されている。しかし資本主義の発展にともなって深刻化してきた国民の生活問題を社会問題としてとらえ社会的対応を試みる方向性は、現在の社会福祉の姿勢と基本的には同じである。したがって戦前の社会事業を検討対象として、社会運動としての社会福祉の位置づけを明らかにすることは可能であると考える。その場合、戦前においてしばしば社会事業の対照的な存在として目された社会主義運動を分析の指標として用いたい。こんにちでも狭義の意味で社会運動と定義される社会主義運動を検証することによって、社会福祉の社会運動における位置がより明確になると考えるからである。なお、社会主義という用語も一筋縄ではいかない歴史をもっている。したがってここではそれを社会運動の狭義の意味、「現存社会制度を変革するための運動」と関連づけ、「生産手段の社会的所有を土台とする社会体制、およびその実現を目指す思想・運動」（『広辞苑（第六版）』）と定義する。すなわち本章は、社会運動イコール社会主義運動と刻印された戦前の検証を通して、社会運動としての社会福祉の位置づけを再確認するものである。

具体的な対象と方法

本章では具体的な対象として、当時、労働者問題に深く関心をよせ社会主義思想に共鳴、運動にもかかわったがのちに社会事業に活動の重心を移していった奥むめおをとりあげる。社会主義運動と社会事業の両者にふれた彼女の生き方から、両者の位置づけが明らかになると考えるからである。時期的には、奥が社会主義運動と距離をおきはじめ、社会事業へと問題意識を移行する政治研究会時代（一九二四〜一九二六年）を検討の対象にしたい。研究方法であるが、奥が編集発行人をつとめた職業婦人社の当時の機関誌を中心に政治研究会の機関紙や他の文献も補いながら彼女の思想の変遷を追っていく。そして、彼女が著した「自伝」にも注目したい。「自伝」を分析のツールに使うことには危険も伴うが、そこを敢えて挑戦するのは、この章の骨格となった研究が同志社大学人文科学研究所で行われた「近代日本の社会運動家　その書誌的研究」における共同研究の一成果であり、その研究の主たる書誌が「自伝」「評伝」を指していたからである。したがって本章では、社会主義運動や社会事業、そして奥の周辺を検討する素材にも、意識的に各人の「自伝」を用いる。

さて具体的な検証に入る前に、本章で考察の素材となる奥の「自伝」の紹介と、彼女に関する先行研究の整理を行っておこう。まず「自伝」であるが、奥自身が書いたものとしては、『あけくれ』（ダヴィッド社、一九五七年。一九九七年に日本図書センターより復刻）、『野火あかあかと——奥むめお自伝』（ドメス出版、一九八八年。一九九七年に日本図書センターより復刻）がある。前者は奥が六十二歳の時に出されたもので、前半は奥の半生記が綴られているが後半部分は随筆集となっており「自伝」としては不完全な印象をぬぐえない。後者は九十歳になってから出されたものだが、従来書いてきたもの、記録、資料をもとにまとめたもので、女性史研究家柘植恭子による聞き取りや資料収集などの協力が実った貴重な一冊となっている。また日本経済新聞は連載した著名人の「自伝」を『私の履歴書』としてのちに発刊しているが、奥の分は一九六三年発行のなかに掲載されている。これはのちに出される『野火あかあかと』の下地となったものであろう、エピソードなどかなり共通点が多いが、『野火あかあかと』に比べより率直に自らの人生を語っている印象を受ける。他に評伝として娘の中村紀伊が著した『奥むめお　シリーズ福祉に生きる』（大空社、一九九九年）があるが、先に紹介した奥自身の著書を種本にしたもので特に目新しい発見はない。

個別研究には主なものとして以下のものがあげられる。①佐治恵美子「奥むめおと無産家庭婦人」（『歴史評論』

№三五九、校倉書房、一九八〇年)、②伊東滋子「奥むめおにみる女性解放論の軌跡――母性と職業をめぐって」(民衆史研究会編『民衆運動と差別・女性』雄山閣、一九八五年)、③成田龍一(阿部恒久共著)「婦人運動の展開」(鹿野正直/由井正臣編『近代日本の統合と抵抗③』日本評論社、一九八二年)、④成田龍一「母の国の女たち――奥むめおの〈戦時〉と〈戦後〉」(山之内易靖/ヴィクター・コシュマン/成田龍一編『総力戦と現代化』柏書房、一九九五年)、⑤村上淳子「奥むめおの志――「後衛」の思想」(『年報日本史叢』筑波大学、二〇〇〇年)、⑥橋本紀子「一九二〇――三〇年代日本の成人教育としての産児調節運動――奥むめおの活動を中心に」(橋本紀子/逸見勝亮編『ジェンダーと教育の歴史』川島書店、二〇〇三年)、⑦安藤丈将「戦間期における婦人運動のコミューン化――奥むめおの組織化戦略の転換を中心にして」(『早稲田政治公法研究』第七四号、二〇〇三年)。学会や研究会で研究報告されたり、国立女性教育会館に奥むめおコレクションが展示されるなど、彼女に関心をもつ研究者、女性たちは今なお、決して少なくないが、研究論文として公表されているものはそう多くはない。

全体的にみて、奥の一九二〇年代の活動、思想に焦点をあてた研究が多いものの、社会主義運動との関係から彼女の思想変遷、それにともなう社会事業への移行に注目した先行研究はない。本章の課題設定にもっとも近いと思われるのは村上論文である。村上⑤は、奥の思想が生活の実体験に基づいており、マルキストから「反動運動」と非難されながらも自らの仕事を「前衛に対する後衛の仕事」と位置づけ、生活の改革を志向した活動家であったと評価しており本章の内容とも重なる部分がある。しかし村上論文では、奥を非難したマルキスト周辺の検討がなされていない。本章では、その間隙を埋め、より奥の思想の変遷の経緯を鮮やかにしたい。

2　奥むめおと女性運動

連帯

奥むめおは、女性運動、無産運動、セツルメント活動、消費者運動、産児調節運動、戦後は主婦連合の会長として、また国会議員として多彩な社会運動にかかわった。彼女の本格的な運動への出発点は、平塚らいてうに請われて参加した新婦人協会の運動であった。彼女を媒介として社会運動を検討するためには、彼女が最初に社会運動と接点をもった経緯と、そこでの挫折を確認しておく必要があろう。まずは彼女の生い立ちを「自伝」(3)をもとに概観しておきたい。

奥むめおは、一八九五（明治二八）年一〇月二四日、現在の福井市に父・和田甚三郎、母・はまの間に七人兄弟の長女として生まれた。戸籍名は梅尾、父親が「ムメオ」と書かせたことから女子大まで片仮名を用い、後年ペンネームで「むめお」を使うようになった。家は三代続いた鍛冶屋で豊かな方だったが、母親が病身であったため小学校のころから家事手伝いを日課として過ごした。しかし父親の方針により教育環境には恵まれていた。その父は妻に対しては決して良い夫ではなく、彼女の母親は「封建時代の不幸な女の典型的なひとりとして」三三歳の若さで亡くなっている。母の哀しい結婚生活と病弱な命を縮めた多産への疑問は、その後も彼女の頭から離れることはなかった。

一九一二年、日本女子大学校家政科に入学、卒業後はいったん帰郷するものの、再び上京、労働問題に関する講演会、研究会に参加、大杉栄ら社会運動家たちとも交流を深めるようになった。その後、雑誌『労働世界』の記者となり、労働者の会合にも参加、第一回国際労働会議の婦人労働者の代表の話が持ち上がったのもこの頃であった。労働者でもないのに世間から注目されることに嫌悪を感じた彼女はこの誘いを固辞し、労働者の集会にも出席しなくなった。ある日、真理は実践のなかにある、本を読みすぎたのだと気づき書を捨て、偽名をつかって女工として紡績工場に入る。しかし劣悪な労働条件下で働いている同僚たちの苦境を黙認できず直談判を試み、工場から追い出された。一九一九年二三歳の時の短い女工体験は、彼女の人生の記念塔となった。まもなく彼女は堺利彦の売文社の翻訳係をしていた売れない詩人、奥栄一と結婚する。奥むめおの社会運動への第一歩は、この新居に平塚らいてうが新しい運動への協力要請に訪れたことから始まった。

らいてうは一九一九年秋、母性保護思想を具現化するため新しい女性の組織を構想していた。その新組織に労働問題に関心をもつ奥を迎えたいと考えたのである。一九二〇年三月、新婦人協会として発足したその組織に奥は、らいてう、市川房枝と並び理事として名前を連ねた。新婦人協会の運動は、青鞜社を代表とした「女性運動の準備期」の次に来る「女性運動の成立期・発展期」の象徴的存在として位置づけられている[4]。協会は母性主義の立場にたち母性保護運動と婦人参政権運動を柱に順調に運動を開始したのであった。市民的運動と無産運動が未分化の時代にあり、協会はらいてうという女性解放運動のシンボル的存在もあり多様な層を引き寄せた。しかし労使協調的な友愛会が一九二一年には日本労働総同盟に発展、労働組合としての自覚を強め、翌年には堺利彦、山川均らにより非合法の日本共産党が結成されるなど、より明確な階級意識にもとづいた社会運動が展開されるようになると、協会の運動はブルジョア運動として社会主義運動家たちの非難の対象となる。

分断

たとえば、「日本で初めて社会主義的思想を標榜した婦人団体[5]」として誕生した赤瀾会の顧問格[6]であった山川菊栄は「新婦人協会と赤瀾会[7]」という論文を発表、「吾々は、資本主義の下に於ては、婦人労働者の悲惨は、絶対に緩和せられる方法がないと信じてゐる。（中略）実際、哀れな、無智な労働婦人を、自分等の手で指導し救助して遣はさうといふ、ブルジョア流の自惚れとお為ごかしの慈悲心以外、青鞜時代以上に進歩した思想の跡を、吾々は平塚氏について見ることは出来ないのである」と協会とその主唱者らいてうを批判した。

これに対して応戦したのが奥であった。彼女は「仮令社会主義が如何ほど完全な新社会を招来するための唯一の道であるとしても、何でも社会主義でなければならぬといふその排他的、狭量だけで、その弱点一つでも、次代を形成する力として根本的な或るものを欠いてゐると私は思ひます。（中略）私はそれらのイズムを尊重します。併しそれ以上に人間の根本的な要求を尊重したいと思ひます[8]」として、菊栄はじめ当時の社会主義者といわれる人たちの排他的な姿勢を批判している。そして「所謂男子専制から婦人を救ふためには、婦人自身のほんたうに目覚めたる力に俟たなければなりません。私共は今暫く隠忍して犠牲を惜しまず、将来の婦人の大団体的活動のためにその地ならしをしたいと思つてをります[9]」と新婦人協会の社会的な役割について説明した。

しかしこの菊栄の見解は、階級意識にめざめた女性労働者たちの代弁でもあった。そして内部のプロレタリア層、または彼女たちに親和性をもつ女性たちと、ブルジョア層、あるいはプチブル意識をもつ女性たちの分裂が顕著になっていく。やがて財政難や思想・性格の不一致などから協会内の人間関係が悪化、市川は渡米、らいてうは静養のため転地生活を始め、事実上協会から身を引くことになった。だが奥は、協会発足当時のただ一人の理事として懸命に運動を続けた。努力が実り治安警察法第五条の一部改正を勝ち取ったのは一九二二年。しかしこの勝利が子連れの陳情によって強硬な反対論者、藤村議員の態度を軟化させたことでもたらされたことも、奥の心に釈然としないものを残した。しかもこのころ、協会内部の動揺は一層激化し、すでに会員間の信頼関係は崩れていた。

同年五月に東京で開かれた祝賀記念演説会の席での山内みな降壇事件は、そのことを如実に物語っている。奥の依頼で演説をする予定だった山内が、坂本真琴から「奥さんは独断で頼んだので私たちのきめたことではない、この団体は婦人労働者とは立場が違う[10]」と演台に昇ることを拒まれたのである。このとき山内は「私をオミットすることは婦人労働者をオミットすることだ、規約や綱領はみんなうそじゃないか、だから小ブルジョア婦人運動だと批判されるのだ[11]」とさんざんに怒ってひきさがったと「自伝」に書き残している。この事件は協会での内部紛争も含め、女性労働者たちの階級意識が強まるなか、ブルジョア意識をもつ女性たちが徐々に彼女たちから離れ、無産運動と市民的運動が分化しはじめたことを示す象徴的な事件であったともいえよう。

ところで、彼女はその後まもなく産まれたばかりの第二子を亡くしている。家庭と多くの時間を犠牲にして手に入れた婦人の政談演説会への参画の自由、しかし蓋をあけてみれば女性の聴衆者はほんの一握りであった。その上に仲間同志のいさかい、彼女はしだいに婦人参政権運動への意欲を失っていった。「それにしてもわれわれの運動は全く淋しいな(12)」、当時、奥は協会の機関誌『女性同盟』にこう記した。

希　望

一九二二年末、新婦人協会が解散すると、奥は参政権運動とは距離を置くようになった。ほんの一部の知識層の女性たちがリードする運動にむなしさを感じたためであった。翌年には平凡社社長下中弥三郎の勧めに応じ、千葉ちえ子、吉永文子、村上秀子、矢部初子の四人の仲間たちと職業婦人社を結成する。当時、女性たちの労働界への進出はめざましく、質量ともに広がりを見せていた。電話交換手、事務職員、タイピストなど一定の専門性を要求される職業への道が開かれ、彼女たちは「職業婦人」と呼ばれる。しかし職業婦人社の対象は「所謂狭義の職業婦人でない人々も、等しく婦人」として含む女性全般にわたったものであった。機関誌『職業婦人』は創刊号で「発行に際して」という一文を掲載、「あらゆる方面にその改造を告げてゐる現在の社会で、私たちは長い間なほざりにされてゐた婦人の力を生かすために、互ひに手をつなぎ合つて真に社会の一員として進みたいと思ひます(13)」との姿勢を示した。新婦人協会での経験が、同じ問題意識をもった女性たちによる連帯の必要性を実感させたのである。職業婦人社は社会運動の昂揚期という追い風を受け、機関誌の売れ行きも好調、順調な滑り出しを見せる。しかし同年九月に起きた関東大震災の影響で一時中断、翌一九二四年四月に『婦人と労働』と改題し再刊する。この時点で編集発行兼印刷人は設立以来の担当者矢部初子から奥むめおに変わった。

その後、奥は戦時体制でその活動が困難になるまでこの職業婦人社を足場にセツルメント、産児調節運動、働く婦人の家の創設などさまざまな活動を展開する。それらの活動は、新婦人協会の運動での経験から一般の女性たちを運動に巻き込んでいく必要性を感じた彼女が選び取った方法であり、さらに当時の社会運動とのかかわりのなかで到達した地点でもあった。奥は二十代から終始、労働運動、社会主義運動に共感、協力を惜しまなかったが、しだいにこうした運動から距離を置くようになる。その背景には（男子）普通選挙の実現を前に無産系政党への期待が高まるなかで、表面化し激化する社会主義陣営の分裂、それに巻き込まれていく労働運動の姿があった。奥はその状況に失望し、やがて独自の立場から社会改造を行う使命感を醸成するにいたるのである。彼女の思想の変化を政治研究会とのかかわりのなかからみていく前に、次節では当時の無産陣営の諸相をみておきたい。

3 普通選挙法と無産運動——政治研究会を中心に

ここでは、奥むめおが社会主義運動から離れ社会事業へと接近していく過程で彼女に影響を与えた、普通選挙法実施前後の無産陣営の動向(14)について政治研究会を中心に概観する。

政治研究会

政治研究会は一九二四（大正一三）年六月、（男子）普通選挙制度の実現が間近に期待されるなか、無産階級の政党を組織する準備団体として結成された。以下、法政大学大原社会問題研究所編『日本社会運動史料〈原資料篇〉政治研究会・無産政党組織準備委員会』（法政大学出版局、一九七三年）を中心に、政治研究会機関紙『民衆政治』、当時の周辺雑誌、戦後に出された活動家の証言・自伝などを参考に、政治研究会について紹介しておこう。

政治研究会（以下、政研）の創立の背景を、その中心メンバーであった島中雄三は、政治が現実であるとの目覚めとそこから来る政治的不満が無産階級運動を従来の思想的潔癖より現実的利益へと向かわせ、一方で普通選挙実施の気運が民衆の政治的興味を刺激し無産階級政治運動の主張が高まる気運のなかから生まれたと説明した[15]。さらに彼は、この新しい組織を「無産階級政党組織の一階段であり、その一つの準備団体である。而もあらゆる無産階級要素を包括して、組織的且つ合法的に、組合運動乃至社会運動の進路を開拓すべき、一個の暫定的政治団体であり、また一個の研究的機関である[16]」と位置づけた。しかし実際は、政研は「組合運動」との連携が得られないままスタートを切っている。それには次のような当時の労働者あるいは農民運動の状況が影響を与えていた。

労働組合運動界で当時、最大の勢力を誇っていた日本労働総同盟（以下、総同盟）は、「サンジカリズム」の影響を受け普選運動には消極的姿勢を示していたが、その方向性を一九二三年一一月の山本内閣の普選実施声明直後より変更し、翌年には政治部を新設していた。また農民運動においても日本農民組合が「政治研究会」を設置するなど普選実現に向け、積極的な動きを見せはじめていた。政研の母体であった政治問題研究会は、このような「組合運動」の状況のなかで生まれたのである。しかし政治問題研究会が政治研究会へと改組する段階で「組合運動」のリーダーたちが無産政党組織の主導権を「知識階級」に握られることを警戒したために、彼らの協力を得ることが難しくなった。つまり政研は「主として知識階級の思想家たちを中心」にした組織として創立されたのである。しかも創立委員のメンバーでさえ、山川均が「多分みな第一次共産党の関係者」といった青野季吉、黒田寿男、鈴木茂三郎《もさぶろう》から、自由主義的知識人とされる島中雄三、高橋亀吉らを含んだ多様な顔ぶれが並んでおり、会員の思想的政治的立場には明らかに相違があった。したがって創立当初選ばれた本部委員の多くは右派で固められたが、将来内部で左右の対立が招来されることは十分、予測可能だったのである。

政研は一九二六年五月に大衆教育同盟に改組されるまで存続したとされるが、実際に活動したのは普通選挙法が制定された一九二五年一二月に農民労働党が創立されるまでの約一年半の期間であった。短命ではあったが政研はこの間に多方面にわたり活動を行っている。その主なものは「(1)大衆の政治的教育 (2)治安維持法反対などの政治運動(3)綱領・規約など無産政党に関する調査、研究(4)無産政党組織促進運動(5)労働組合、農民組合などの組織化[17]」の五つであった。そのうち(4)については、無産政党の母体となることを各方面より反対され調査、研究、政治的教育の機関として誕生したものの、全国的に支部を結成し大衆の政治的訓練を強調するなか、事実上は政党の組織母体を志向した活動をしていたという実態を示すものであった。また(5)については後述する「ビューロー」の方針や評議会の決定にそって行われたものである。

政研は、一九二五年四月一九日に開催された第二回全国大会を機に大きく組織形態を変更している。急激な支部、会員の増加、それも政治教育と団体訓練が必要な非組織方面の分野からの会員の増加が著しかったためである。この実状に即し規約改正を行い「全国大会を最高決議機関に、中央委員会、府県評議会（同一府県に二支部以上ある場合設置）、支部とつらなる統一的、集中的な組織形態を採用[18]」し、本部には中央委員会の統制下に六つの専門部委員会を設置、組織の強化をはかった。

しかし非組織者を中心とした会員の増加傾向は、第二回全国大会以降、政研が左翼化していく過程で、評議会をはじめ組織労働者の急激な増加へと転じている。先述したように、政研は思想的政治的に多様な立場の知識人たちを引き寄せ成り立っていた。すなわち左右両派の人々が無産政党結成準備という目的のために共存していたのである。だが両者の溝は運動の進展にともなって深まっていった。政研の前期は、無産政党の基調を「ソーシャル・デモクラシー」に置こうとした島中雄三や高橋亀吉、三輪《みわ》寿壮《じゅそう》ら右派優勢であったが、後期に入ると無産政党の階級的性格を強調する左派が主導権を握っていく。

しかも左派の内部は、当時の日本共産党の解党、再組織化という流れのなかで、複雑で流動的な状況にあった。共産党解党後もいわゆる「ビューロー」がつくられ、一九二五年には中央ビューローが再組織され、コミュニスト・グループとして組織的な運動を展開しはじめる。徳田《とくだ》球一《きゅういち》によれば、この「ビューロー」員であった青野季吉及び「ビューロー」と連絡のある鈴木茂三郎を通して「政治研究会ノ情勢ヲ聴取スルト共ニ、之ニ「ビューロー」ノ政策ヲ提唱[19]」させていたというのである。さらに旧共産党員及び新しい共産主義的「インテリゲンチア」を潜入させ、労働者、農民の参加を促進し左翼化せんとしたという。

徳田の証言を裏付けるような事件が起こっている。一九二五年四月の第二回全国大会終了後、島中が政研機関誌『政治研究』において「更に無産階級解放運動の過程として、今日必要なるは自由主義の運動である。（中略）不幸にして政治研究会の思想趣旨を誤解し、或は過つて左傾的団体でゞもあるかの如く解して入会せられた人があるならば我々はその人の為にも会の為にも、寧ろその脱会を希望するものであることを附言して置く[20]」とした発言が物議を醸したのである。政研東京評議会は「政治研究会を自由主義化せしめんとする運動に反対す」との決議を行い、中央委員会も「極めて不用意なる点ありて、誤解を招いてゐる」として取消しを求め、彼もついに機関紙『民衆政治』第四号（一九二五年七月一五日発行）においてその発言の抹殺を表明せざるを得なくなったのである。

この状況こそ、「ビューロー」による政研の「下からの左翼化」方針の進展を物語るものだった。やがて綱領・規約をめぐって左右の対立は決定的となり、左派内部でも鈴木・黒田らと市川正一、佐野文夫らとの間で溝が広がっていく。一九二五年一〇月の第三回臨時全国大会では左派が右派を圧倒し、中央委員に再任されなかった島中、高橋ら右派十人は政研を脱退、翌一九二六年二月独立労働協会を創立した。なお同協会が母体となって一二月には社会民衆党が生まれている。この左右の対立がその後の政研の発展を妨げたことは否めないが、それ以上に無産政党組織運動の進展が影響を及ぼしたといわれる[21]。

一九二五年六月日本農民組合により提唱された無産政党樹立準備機関は、八月に無産政党組織準備委員会の発足となり、一二月には農民労働党の結成をみた。この準備委員会へ加盟していた政研は、無産教育者団体として新しく生まれでる無産政党への団体加入をする方針をとったが、総同盟など右派の反対にあう。そこで中央委員会は結党後の解散にふみきることで単一政党実現の道を選んだのであるが、誕生した農民労働党は「評議会や政研など左翼による共産主義の実行計画の産物[22]」だとの理由で即日結社禁止処分にあったのである。この経験から第二次無産政党結成を推進した無産政党組織懇談会は政研を参加させず、また政研側も自発的に遠慮したとされる。こうして翌年一九二六年三月に結成された労働農民党に政研会員は参入できなかった。この事態が、無産政党樹立をめざしてきた会員へ与えた落胆の大きさは想像できよう。

このような状況のなか、一九二五年一〇月七日に開催された第三回臨時全国大会で無産政党の組織論をめぐりコミュニスト・グループとの対立を深めた鈴木、黒田、大山郁夫、市村今朝蔵が一九二六年四月政研の解散と教育機関の再組織を主張したが、受けいれられず中央委員を辞任している。「ビューロー」を中心とした左翼は、労働農民党へ参加し、政研の大衆教育同盟への改組を踏み切り、一九二六年五月の大衆教育同盟の設立となった。しかし無産政党樹立という第一義的目標が達成したあとの同盟は急速に求心力を失っていき、大衆教育同盟は自然消滅となったのである。

政治研究会と女性労働者

次に当時の女性労働者たちにおいて政治研究会（以下、政研）がどのような存在であったのか、簡単にみておこう。女性労働者に親和性を抱いてきた奥だから、女性側の視点で政研を捉えなおすことが、彼女と政研との関係を分析する際に有効な材料になると考えるからである。

当時の無産婦人運動に影響を与えたのは政研の婦人部の存在であった。震災後、一時兵庫に移っていた山川菊栄がこの神戸支部に参加、「婦人の特殊要求」を無産政党綱領のなかに提起した。すなわち一九二五年八月に成立した無産政党準備委員会の行動綱領の草案のなかに女性の具体的な要求が含まれていないことに失望した菊栄は「一　戸主制度の撤廃、一切の男女不平等法律の廃止／二　教育と職業の機会均等／三　公娼制度の廃止／四　標準生活賃金（最低賃金）制定の要求については性および民族（朝鮮人、台湾人）をとわず、一律の最低額を要求すること／五　同一労働に対する男女同一賃金率／六　母性保護（産前産後の保護、妊婦の解雇禁止その他）[23]」との六項目を付加した修正案を、政研の神戸支部を通して提議したのであった。しかし彼女が提案した「婦人の特殊要求」は、無産陣営の左翼からは小ブルジョア的要求として攻撃され、すぐには受け入れられなかった[24]。それは、社会主義革命が成功すれば女性問題も解決すると信じた当時の日本のマルクス主義者たちの理解の範囲を越えていたためである。菊栄は「ＩＬＯも、第二、第三インターも、みな認めている世界共通のものといってよく、この程度の常識的なことすら認めようとしない男子の指導者と、それに機械的に服従する婦人連のふがいなさに、私は絶望を感ぜずにはいられませんでした[25]」とのちに述懐している。しかしこの「婦人の特殊要求」は、その後結成された無産女性団体のなかでの重要な指針となっていった。

その後の無産婦人運動であるが、男性だけに認められた普通選挙法の存在がその行方を方向付けることになる。前述したように普通選挙法の成立によって一九二六年三月に左派の労働農民党（以下、労農党）が発足、一二月には右派の労農党脱退者により社会民衆党が結成され、続いて中間派の日本労農党が誕生した。政治結社への加入が認められていなかった女性たちは、これらの政党の傘下で同盟を結成せざるを得ない状況にあった。そして一九二七年七月には、労農党の下に関東婦人同盟が、続いて一〇月には日本労農党の下に全国婦人同盟が、一一月には社会民衆党の下に社会婦人同盟が誕生したのである。この社会婦人同盟は翌年、社会民衆婦人同盟に改称、一九三一年には労働婦人連盟（日本労働総同盟系）との合同を図っている。一方、左派系の関東婦人同盟は、結成後一年にも満たない一九二八年三月には解散声明を出している。実際は結成して半年後にはその解体が進んでいたことが同盟の書記長であった田島ひでの「自伝」から浮かび上がってくる[26]。

同じく関東婦人同盟の執行委員であった山内みなは三月一〇日発行の『無産者新聞』（主幹佐野学）に掲載された社説「婦人は如何に闘争すべきか」をみたときの衝撃を、「共産党は婦人同盟の解体の方向を考えている[27]」と感じ、男性幹部に振り回される女性運動家たちの怒りを代弁している。同盟の一部は中間派の全国婦人同盟と無産婦人研究会を結成し、やがて無産婦人連盟、そしてそれが全国婦人同盟と合同し一九二九年には無産婦人同盟を結成する。

一九三二年には、社会民衆党の分裂、国家社会主義を主唱する赤松克麿を中心に日本国家社会党が結成され、社会民衆婦人同盟の赤松明子は夫に従い同盟を去り、七月に日本国家社会主義婦人同盟を結成した。一方、残された社会民衆党員は全国労農大衆党と七月に社会大衆党を結成、翌月には社会民衆婦人同盟も無産婦人同盟と合同し、社会大衆婦人同盟が結成された。

このように無産系団体が分裂と内紛を続けているなか、そしてそれに引きずられ主体的な運動ができない女性たちの無産運動の渦中にあって、奥はしだいに社会主義運動から離れ、社会事業へ接近、その運動のスタイルを変えていったのである。

4　政治研究会とセツルメント

政治研究会と奥むめお

この節では、学生のころより社会主義思想に共鳴し、労働者問題にも深い関心を寄せ、無産運動に常に寄り添ってきた奥むめおが、なぜその活動の中心を社会主義運動から社会事業へと移したのか、その鍵を政治研究会とのかかわりから追究する。

奥は政治研究会（以下、政研）の創立時から中央委員として名を連ね、その内紛の渦中にまきこまれていった。職業婦人社の機関誌を追っていけば、しだいに政研から距離を置くようになっていく彼女の心境の変化を読み取ることができる。

政研誕生から三か月後、そして震災の一年後にあたる一九二四年九月号で奥は「出直さう」という一文を『婦人と労働』（第二巻第五号）に発表する。彼女は、新婦人協会の創立から五年、多くの婦人団体が生まれても婦人の地位はよくなっていない現状をなげき、「現在世に行はれる婦人問題、婦人論、婦人運動、それらのどれもこれもが、みなみな婦人の実際生活とは全でかけ離れたところで云為されてゐて現実の問題とは何の交渉をももつてゐない、（中略）婦人に関する議論も、運動も、全てが今や出直してかゝる必要がある。汎ゆる婦人運動が、婦人の実際の要求に根ざしたところから初められるために」という見解を示した。その彼女が期待したのが無産運動だったのであり、政研に希望を託したのである。[28]

翌年一九二五年七月婦人部の誕生を報告した記事[29]では、「とにかく大多数の婦人、即ち金子の上にも、時間の上にも余裕のない暮しにおはれてゐる所謂無産婦人の存在を無視して、直接その運動に携つてゐる当事者本位の政治的要求は、どうしても、大多数の婦人の実際生活とは遊離した、独善的の偏つたものになり勝ちであることは避けられないでせう」としたうえで、「婦人部」に「在来の婦人の政治運動からとかく忘れられがちであつた、而も社会的に最も重要な位置をしめてゐる無産婦人によつて、あくまで全無産婦人の生活をよりよくするために、あくまで私たち無産婦人の必要に終始する運動をしやうとしてゐる」と期待したのであった。

八月には巻頭で、「私たちの婦人運動は、経済問題に核心を置いて進んで行かねばなりません。職業婦人の運動を中心として、それをとり巻く家庭婦人の運動が起らなければならないのだと思ひます。この秋より、我が職業婦人社は、職業婦人の問題を中心にして、広く、一般婦人問題に就いて積極的に動き出してゆかうといふことになりました[30]」として、その対象を働く女性だけでなく家庭にとどまる女性たちにまで広げることを宣言している。このような問題意識と志向は、むろん、新婦人協会運動以来、奥の胸のなかで暖められてきたものであろうが、この時期、急速に「家庭婦人」にも触手を伸ばしていくモチベーションは、政研の支部発会式への参加や講演旅行により、地方の女性たちと実際に触れることによって、はっきりと彼女のなかに根付いていったものであった。たとえばこの年、四月下旬から五月中旬にかけて主婦の友社の講演音楽会に招かれ九州一円をまわったが、この旅によって高学歴に支えられた職業婦人とは異なる地方の女性たちと出会った奥は「娘も、母親も、妻も、姉も妹も、みんなの婦人が、その学校から、台所から、事務所から、工場から、教会からおのおの立場から、この婦人解放運動に参加しなくてはいけないのだ」[31]と、一般の女性や主婦たちを運動に巻き込んでいく必要性を実感している。

そして同年（一九二五年）九月には雑誌の名称を『婦人運動』と改題する。無記名の巻頭言ではその理由を「新たに「婦人運動」と改題して、婦人大衆の当面の運動を代表すると共に全日本に於ける無産婦人の結合に努力して、終局の目標に進み行かうとするものである。今までの運動が、単に所謂職業婦人と称せられるもの、範囲に止まつてゐたのに比して、確かに一大進歩である。婦人運動は知能的婦人労働者のみの問題ではなく、況んや、ブルジョア的社会改良的慈善団体的、婦人の暇ツブシ運動では、決してない。婦人大衆にとつて焦眉の急を要する問題はその奴隷的盲目的、人間以下の生活からの解放である」[32]とする。奥の一般女性たちへのまなざしは、決して無産運動に対する消極的な姿勢から生じたのではなく、彼女たちを「無産婦人」として包摂するために向けられたものだったのであり、むしろ運動の発展のためのものであったことがわかる。

実際、このころの奥は無産運動を積極的に支持し、その延長で政研ともつながっている。同月には政研もかかわった「朝鮮飢饉及水害救済委員会」[33]にも参加、水害により甚大な被害を受けた朝鮮に自ら赴いている[34]。しかし実は同じ時期、政研は左派主導へとシフトしつつあった。選任当初から申し出ていた奥の中央委員辞任が、ようやくこの時期に認められたのもその情勢あってのことである。政研の一九二五年七月一五日発行の機関紙には、鈴木茂三郎が「自由主義運動を警戒せよ」として、自由主義についての見解は一律ではないと断った上で、「けれども大体一致した見解としては、自由主義は資本主義の発達段階として、多くの場合に当然おこつてくるものではあるが、要するに資本主義の一部分をなし、無産階級とは到底越えることの出来ない溝をへだてたものであるとの、解釈であるやうに思ふ」[35]と右派への警告とも受けとれるような文面を載せている。それは前節で紹介した島中発言に対する左派の攻撃的な反応のひとつでもあった。奥の辞任を発表した政研の機関誌の紙面に、奥糾弾の記事が掲載されているのもその動向と無関係ではないであろう[36]。

一方、職業婦人社の転居を知らせた『婦人運動』の紙面[37]には、佐野袈裟夫による政研第三回臨時全国大会を報告した「政治研究会臨時大会を顧みて[38]」との一文が掲載される。そのなかで佐野は、新聞に掲載された分裂の噂を否定し、「そして小ブルジョア的な自由主義や改良主義に陥るべき危険を飛び越び□て、無産階級としての正しい立場をはつきりさせ、進むべき方針を確立し統一して行くことになつた。（中略）分裂など、といふことは断じてない」（□は不鮮明による判読不能文字）と主張した。しかしこのメディアの報道に対する佐野の過剰な反応がむしろ、その後の政研の行方を雄弁に語っているといえる。

そしてこの政研内部の抗争の火の粉は、奥の身に思わぬ形で降りかかってきた。政研で婦人部委員としてともに選ばれた為藤五郎[39]の雑誌に掲載された一文である。『婦人公論』では当時、「人物評論」の特集を組み、識者による人物評を紹介していたが、大正一四年の一二月号[40]は奥むめおを取り上げた。その評論者の一人、為藤の文が彼女を憤慨させたのである[41]。彼女のずぼらな性格が実際運動に不向きであると幾つかの具体例をあげて告発する為藤に、奥は『婦人運動』の誌面で反論するが、その一つに政研と彼女との関係にかかわるものがあった[42]。

中央委員に選ばれながらその役目を果たさなかったことを暗に責める為藤に対して、奥は「大会の席上で只一人婦人中央委員として揚げられたとき、すぐにその席上で固辞し、翌日又幹部あてに辞意をハガキで書送つた事は当時中央委員の一人であつた為藤氏が知られない筈がないと思ふ。その後、政研中央委員の連盟で懇篤な受諾勧告の手紙をうけ、再び事情を細かに書いた辞退書を出した事も知られない筈がないと思ふ[43]」とその非難がいかに理不尽であるか、訴えた。その上で、「その時附加へて言つたことには、どうしても私がやめさせて貰へないならば一会員としてならば喜んで出席して働いたかも知れないやうな場合にも、出席する事を差控えて、あく迄私の辞意を徹底させるより外はないでせう[44]」とした大会での発言を紹介し、役員会などへの欠席の理由を説明した。なおも奥は、辞意の理由に「曰く、いそがしすぎるから。家庭といふ重荷と、職業婦人社といふ大仕事と、今の私に、その上責任ある地位を与へられてもこれ以上に働く余裕がどこにあらうか[45]」と日々の多忙をあげ、逆にそれを彼が知らないはずはないと責める。さらに婦人部発足の際も、同様の理由から責任ある地位につくことを辞退したとこたえた。

実際、彼女は忙しかった。同号では発刊の遅延が謝罪されているが「このさゝやかな家庭生活が、殆んど不可抗力を以て、働かうとあせる私の職業婦人社の仕事への心使ひを、無残にも押し流し押し流してゐることを心苦しく思ひます(46)」とその心情を語った。同年（一九二五年）八月には京都の愛読者と名のる読者より「貴女はこの『婦人と労働』を専心おやりになつてゐるのですか」と主婦の友社主催の九州行きを、忙しい上に小さな子どもまでいるのに元気だと皮肉られ、「これは多忙を以て発行のおくれることを弁解遊ばされる御誌に対して、果しておためにな□ることでせうか。（中略）私たち愛読者を子供扱なさらぬやうに資金のための身売、それはあまりに卑劣でせう」（□は判読不能文字）と辛らつな批判を受けている(47)。彼女には政研どころか、足場としてきた職業婦人社の仕事さえ満足に遂行できる時間の余裕がなかったのである。一つには子どもの存在、そしてもう一つには安定した職をもたない夫の分まで引き受けなければならなかった経済的責任であったと思われる。

いずれにしても政研内部、あるいはメンバーからの糾弾や個人攻撃は、彼女の心を傷つけたであろう。為藤はその後、社会民衆党に参加する運命をたどるが、このころの政研内部の状況を考えると、そのような情勢にあってもなお静観する奥への不満が爆発したのかもしれない。その政研の左右両派の対立は、最終的には右派の退陣という形で終息していく。しかしその後も彼女は従来と変わらず雑誌に政研のメンバーの論文、エッセイを掲載することで無産運動に共感と理解を示し、協力を惜しまない姿勢を持ち続けた。その背景には奥の社会に対する怒りがあったのであり、常に無産者に寄り添う気持ちがあったのである。翌年二月には、無記名の記事だが〈巻頭言〉であることから奥本人、本人でないにせよ編集人として彼女が支持した一文が掲載されている。夫はいるが貧困ゆえに幼い子どもばかりを残して働きに出た母親が親心から赤ん坊にアンカをいれ寝かせておいたところ、火事になり赤ん坊は死亡。母親は過失致死罪を疑われ警察に連行されたというエピソードを紹介したあと、「彼女は生きるためには働かなければならない。而して働くためには、その愛児をみるわけにはゆかない。私はことばを重ねて云はう。これは果して何人の罪であらうか(48)」と読者に訴えた。この意識は彼女がのちに、セツルメント事業を開始し、保育所運営も行っていくモチベーションにつながっている。

しかし彼女は政研の役員辞退の理由をこうも語っている。「政治運動に就いて、あくまで実際的に、大衆と共にコツコツ進んでゆきたいと考へる私には、ともすれば主義主張に捉はれすぎる政治研究会の傾向に同じかねるといふ心もあった(49)」。その後の政研の内紛状況を思えば、納得のいく奥の現状認識であった。そしてまた彼女は、当時の機関誌にこうも記した。「私はいつのまにか、ポケットマネーに不自由をせぬいはゆる婦人運動家たちと、次第に離れて来た！　又、子を持たぬ、家庭を持たぬ自由な婦人たちと、自分の時間として一日中を使ひわけすることの出来る婦人たちとも、知らず知らずの内に遠ざかつて来た(50)」と。新婦人協会時代の経験と、家庭婦人としての日常性を無視した無産陣営からの非難が彼女にこうした感想をもたらしたに違いない。

セツルメント事業へ

奥は、一九二六年には新居格の誘いをうけ消費組合西郊共働社に参加、一九二八年には無産系の女性団体、社会民衆婦人同盟の赤松常子らとともに婦人消費組合協会を結成し委員長となった。だがこの組合も無産政党分裂の煽りをうけて一九三〇年末には解散に追いこまれている。一九二七年には高揚した女性独自の無産団体結成の構想は「激しい内輪もめが原因で」労働農民党系の関東婦人同盟、日本労農党系の全国婦人同盟、そして社会民衆党系の社会婦人同盟に分かれて結成されていた。奥は左派系の関東婦人同盟の執行委員に選ばれたが、名前を連ねただけで実質的な活動はしなかったと「自伝」に書いている。この関東婦人同盟も前節でも紹介したように、その後、指導者の方針の変更を受けて解散を余儀なくされた。

主義主張に固執し内紛を繰り返す無産陣営に失望した奥が選んだ道は、「前衛」としての社会主義運動を支持しながらも自らは「後衛」として「婦人たちの日常生活のなかに根をはり、社会革命への道を切り拓いてゆく(51)」ことを使命とする生き方であった。「地ならしの出来てゐない仕事は、一旦社会がその仕事の存在を必要とするやうな重大な時が来た肝心のときにがらがらつと来て、潰れてしまふかもしれません[52]」と考える奥は、その後の具体的な活動を一般家庭の女性たちの目を政治に開かせる努力と革命後の社会のための「地ならし」に力を注いでいくことになる。奥が理想とした運動は、経済的にも時間的にも余裕のない普通の主婦や女性たちを日々の生活への問題意識のなかから実際運動へとつないでいく地道な運動であった。

こうした意識はしだいに彼女を社会事業へと接近させていくことになる。一九三〇年八月、本所区林町に職業婦人社の事務所を移転、婦人セツルメント事業を開始したのである。奥はこの社会事業にどのような思いを託したのだろうか。実は奥はセツルメントを社会事業の一種と認めながらも、その範疇に入れることに抵抗を感じている[53]。それは彼女が古い体質をもつ社会事業家たちの恩情的で欺瞞的な姿勢を嫌っていたからであった[54]。彼女は、セツルメント運動者について、「社会事業家の対象となつて救済さるべき人をなくするやう、さういふ事態が発生しないやうな社会的経済的条件をこの社会にもたらすやうに事前の運動を進めなければ[55]」ならないという責任感と「社会運動における後衛的役割についてはつきりした考へを常に持つてゐたい[56]」と述べ、社会主義運動のパートナーとして位置づけた。ちなみにこのセツルメント運動が社会運動の後衛的役割を担っているとの見解は奥独特のものではなく、それ以前に牧賢一も同様の意見を『婦人運動』誌面で述べている[57]。

セツルメント活動は、保育園の開設を皮切りに、保健指導（一般健康相談、妊娠調節相談）、編物・和洋裁縫の教授、講座・講習会・子供会・母の会等、母の会消費組合、職業紹介、宿舎提供、夜間女学部、家庭生活指導部といった多彩な事業を展開していった。なかでも妊娠調節相談は、多産により貧困と過労に追いこまれ衰弱していく女性たちと早世した母親の姿が重なり、奥がもっとも情熱をもって取り組んだ活動の一つであった。彼女は農村女性の生活改善にも力を注いだが、農村部でも産児調節の援助を行いその実践の場を広げている。また、母子への経済的扶助の法律を要求する母性保護連盟の運動へも加わった。当時彼女はすでに夫と離婚、母子世帯の窮状は他人事ではなかった。戦時体制下の一九三七年、母子保護法が成立するが、奥は翌年、新たに母子ホームを併設し軍人遺家族の受け皿もつくっている。しかし激しくなる空襲のなか、疎開の緊急命令により母子ホームは閉鎖、他の事業も中止せざるを得ない状況になった。

5　戦前の歴史と「ソーシャルワークのグローバル定義」

以上、社会運動としての社会福祉の位置づけを検討するため、戦前の社会主義運動と社会事業の関係を、一九二〇年代の奥むめおの活動と思想をフィルターにみてきた。実は、社会事業には社会改良を志向した実践も含まれており、その代表的なものがセツルメントであった。たとえば社会主義運動家としてイメージの定着している片山潜は、社会福祉界ではキングスレー館という日本初のセツルメントの館長として記憶されている。同様に賀川豊彦も神戸の新川のスラムに入りセツルメント活動を行なった人物として評価される。新婦人協会を立ち上げた時の平塚らいてうのモチベーションの一つは、婦人労働者たちを覚醒し労働運動を主体的に展開できるような教育、交流をはかりたいというものであった。そしてその当初の事業のモデルもまたセツルメントであった。貧しい人たちとの人格交流を通し彼らのニーズを把握し生活を向上させていくというプログラムのなかに、「社会変革」の契機と具体的に運動を担っていく人たちへの教育が入りこんでいる。

奥がたどった道筋を逆にたどった女性もいる。大阪で無名の社会運動家として生涯を捧げた松本員枝《まつもとかずえ》である。[58]彼女は鉄道弘済会の職員として社会事業に邁進するが、その慈善的なあり方に疑問をもち、また川上貫一《かわかみかんいち》や岩崎盈子《いわさきえいこ》など社会主義運動に親和性をもつ社会事業家たちの影響を受け、しだいに社会主義思想に共鳴、生涯を社会運動に捧げる。彼女もまた戦後の共産党の分裂に党とは距離をとる。しかし奥と同じような大衆を巻き込んでいく地道な運動を展開しつつも、常に社会主義への理想を失うことはなかった。

大山郁夫は、職業婦人社の機関誌に「婦人の社会事業に欠けて居るもの[59]」と題した論文を発表、この時期の社会運動という用語は社会主義運動と考えていいと思うが、そこでは「婦人たちの社会運動、若しくは社会事業」という表現で社会運動と社会事業は常に同等に併記されている。それは「あらゆる社会運動若しくは社会事業の動機は、或る種の社会意識から来るものでなければならない。でなければ、それが充分の効果を挙げることが出来るものではないのである。また、事実上に於ても、あらゆる社会運動若しくは社会事業は反動的のものにもせよ、進歩的のものにものに（ママ）せよ、それぞれに、それに相応する社会意識の衝動から来るものである」という点で、両者に共通点を見出していたからであった。そして「婦人解放問題は、結局社会組織の変改の問題に関連するものである。それは、人類の歴史に於て、婦人の隷属的地位が、私有財産制度とその起源を一つにしてゐるといふ事実からも、推論し得られるものである。それ故に、婦人解放問題の解決に直接間接に関係のある社会運動若しくは社会事業に従事するものは、常にそれが直接また間接に、現存の社会組織に働き掛けてゐるものであることを、眼中に置かなければならないものであることは、無論である」という論理にも続いている。

この大山の認識でいけば、奥の生き方は、社会を射程において運動を展開していく点においてまったく矛盾のない一本の筋の通ったものだったということになる。と同時に、今回のグローバル定義が示した「社会変革」という目標、そして「社会正義」という価値が決して日本の歴史や文化に根付かない、極端で急進的なものではなく、戦前から育まれてきたものであることを示している。奥の〝あゆみ〟を振り返ってみれば、社会主義運動と社会事業の捉え方として、これまで一般に考えられてきたような「社会変革」をめざす運動と社会体制の維持をめざした穏健で保守的な運動というような二項対立的な見方は意味をもたないばかりか、両者は日々のくらしをつむぐ人々からみれば、その生活問題の根にある社会問題を解決する方法として、ともに広義の社会運動としての意義をもっていることがわかる。

奥の生き方は、そのことを示している。戦後の彼女は女性たちの生活に根ざした運動を展開、参議院議員となってもその姿勢は基本的に変わらなかった。主婦連合会での活動は、消費者の権利を主張した、まさに台所と政治を結びつけた女性たちの運動であり、奥は会長として主婦連の輝かしい功績に貢献した。それは奥自身が到達した社会運動の完成した〝形〟であった。

このように、本章によって「社会正義」の原理をベースに「社会変革」をめざすという「ソーシャルワークのグローバル定義」は日本の戦前の歴史からみても、適切で、本質的なものであることが明らかになった。問題は、なぜそのような記憶が風化し、「社会変革」の目標が矮小化されてしまったのか、ミクロの援助、支援に教育や研究が偏重していったのか、その背景にあるのではないだろうか。外圧に弱い国民性をもつ日本人として、社会福祉学界でも今後、再び社会構造や政策というマクロな視点にたった研究や主張が息を吹き返してくると予想される。けれども、戦前から実践として確かに存在し、そして一九八〇年代までは社会福祉の本質としても議論されてきた「制度・政策」派が急速に影をひそめていったような状況が繰り返し起こらないとは誰も断言できない。一過性のブームで終わらせないためにも、なぜそのような状況にいたったのか、という歴史的解明と、着実に社会福祉の教育、専門職の養成にその成果を反映させていく努力が求められる。

注

(1)「ソーシャルワークのグローバル定義」『日本社会福祉士会』No.一七一、二〇一四年。
(2) 真田是編『戦後日本社会福祉論争』法律文化社、一九七九年。今井小の実「解説　戦時厚生事業から社会福祉の時代へ」室田保夫編『人物でよむ社会福祉の思想と理論』ミネルヴァ書房、二〇一〇年。
(3) 主に奥むめお『野火あかあかと——奥むめお自伝』(ドメス出版、一九八八年)を参考にした。
(4) 成田龍一・阿部恒久「婦人運動の展開」(鹿野正直・由井正臣編『近代日本の統合と抵抗③』日本評論社、一九八二年)の評価による。
(5) 近藤真柄『わたしの回想(下)——赤瀾会とわたし』ドメス出版、一九八一年、一四頁。
(6) 同右、一八頁。

(7) 山川菊栄「新婦人協会と赤瀾会」『太陽』一九二一年七月号。
(8) 奥むめお「私どもの主張と立場——山川女史の新婦人協会と赤瀾会を読みて」『太陽』一九二一年八月号。
(9) 同右。
(10) 山内みな『山内みな自伝』新宿書房、一九七五年、九五頁。
(11) 同右。
(12) 「治警弟五条修正の通過を期し乍ら」『女性同盟』一三号、一九二二年四月号。
(13) 「発行に際して」『職業婦人』創刊号、一九二三年六月。
(14) 無産陣営の動向をまとめるにあたって、先行研究、史料については、田中真人「民主主義・平和主義・社会主義——日本共産主義運動史研究の最近の一〇年」(『史林』八九巻一号、二〇〇六年一月)を、当時の社会主義運動の概観については渡部徹「日本のマルクス主義運動論」(『講座 マルクス主義12』日本評論社、一九六九年)を参考にした。
(15) 島中雄三「『政治研究会』の生まる、まで」『政治運動』第一巻第三号、一九二四年、一〇頁。
(16) 同右、一二頁。
(17) 法政大学大原社会問題研究所編『日本社会運動史料〈原資料篇〉政治研究会・無産政党組織準備委員会』法政大学出版局、一九七三年、四七四頁。
(18) 同右、四七五頁。
(19) 「徳田球一・第二回訊問調書」『現代史資料 社会主義運動』みすず書房、一九六四年、九一頁。
(20) 島中雄三「大会の後に」『政治研究』一九二五年五月号(第三巻第四号)
(21) 前掲『日本社会運動史料〈原資料篇〉政治研究会・無産政党組織準備委員会』四七六頁。
(22) 同右、四七九頁。
(23) 山川菊栄『おんな二代の記』平凡社、一九七二年、二七二頁。
(24) 「資料解説 第一部政治研究会」法政大学大原社会問題研究所編『日本社会運動史料〈原資料篇〉政治研究会・無産政党組織準備委員会』法政大学出版局、一九七三年、四九八頁。
(25) 山川、前掲『おんな二代の記』、一九七二年、二七三頁。
(26) 田島ひで『ひとすじの道』青木書店、一九六八年、一六三〜一六四頁。

(27)　山内、前掲『山内みな自伝』一九七五年、一九七頁。
(28)　政治研究会誕生前後にはむめおは何度か、その宣伝、紹介を雑誌で行っている。たとえば、「ご存知でせうが」『婦人と労働』一九二四年六月：「婦人と時事」『婦人と労働』第三巻一号、一九二五年一月号：「婦人と時事」『婦人と労働』第三巻二号、一九二五年三月号：「北信―福井―関西への旅」『婦人と労働』第三巻三号：「編輯室にて」『婦人と労働』第三巻四号、一九二五年など。
(29)　「婦人と時事」『婦人と労働』第三巻六号、一九二五年。
(30)　「協力へ！組織へ」『婦人と労働』第三巻七号、一九二五年。
(31)　「旅の印象」『婦人と労働』第三巻五号、一九二五年。
(32)　「『婦人運動』と改題に就て」『婦人運動』第三巻第八号、一九二五年。
(33)　「朝鮮飢饉及水害救済委員会」については、黒川伊織「日本社会運動の植民地認識――一九二五年の朝鮮水害飢饉救済運動」神戸大学国際文化学会編『国際文化学』一四号、二〇〇六年三月が詳しい。
(34)　「朝鮮に来て」『婦人運動』第三巻八号、一九二五年。
(35)　鈴木茂三郎「自由主義運動を警戒せよ」（政治研究会機関紙『民衆政治』四号、一九二五年。
(36)　政治研究会の機関紙である『民衆政治』五号（一九二五年）では、奥糾弾の二つの記事が目をひく。ひとつは「下伊那支部」の決議案可決の報告の中に「奥むめを女史糾弾」があげられている記事、今一つは「本部報告」のなかの二三日中央委員会開催の報告中に大阪府評議提案として「2奥むめを□の件」でありこれまで辞任の意志を表明してきた奥の正式辞任を認めることとある。
(37)　「転居　東京府下蒲田二四七番地　職業婦人社」『婦人運動』第三巻八号、一九二五年一〇、一一月合併号。
(38)　『婦人運動』第三巻八号、一九二五年一〇、一一月合併号。
(39)　政治研究会機関紙『民衆政治』二号、一九二五年。
(40)　『婦人公論』一〇年十二月号、一九二五年。
(41)　「近況おたより」『婦人運動』第三巻一〇号、一九二五年。
(42)　「為藤五郎氏のために」『婦人運動』第三巻一〇号、一九二五年。
(43)　同右。

(44) 同右。
(45) 同右。
(46) 「編輯室にて」『婦人運動』第三巻第一〇号、一九二五年一二月号。「む」とサインがある。
(47) 「〈遠地近地〉近況おたより――奥氏に」『婦人と労働』第三巻七号、一九二五年八月号。
(48) 「果して何人の罪か?」『婦人運動』第四巻二号、一九二六年。
(49) 「近況おたより」『婦人運動』第三巻一〇号、一九二五年。
(50) 「埋草」『婦人運動』第四巻三号、一九二六年。
(51) 奥むめお、前掲『野火あかあかと』一〇一頁。
(52) 奥むめお「時評」『婦人運動』一九二六年五月号。
(53) 「セツルメント運動私見」『婦人運動』第九巻五号、一九三一年七月号。
(54) 同右。
(55) 同右。
(56) 同右。
(57) 牧賢一「社会運動に於ける後衛としてのセツルメント」『婦人運動』第九巻一号、一九三一年一月号。
(58) 松本員枝聞き書きの会編『自由と解放へのあゆみ――松本員枝聞き書き』ドメス出版、一九八〇年。
(59) 大山郁夫「婦人の社会事業に欠けてゐるもの」『婦人と労働』第三巻一号、一九二五年一月。

参考文献

安藤丈将「戦間期における婦人運動のコミューン化――奥むめおの組織化戦略の転換を中心にして」『早稲田政治公法研究』第七四号、二〇〇三年。

橋本紀子「一九二〇～三〇年代日本の成人教育としての産児調節運動――奥むめおの活動を中心に」橋本紀子・逸見勝亮編『ジェンダーと教育の歴史』川島書店、二〇〇三年。

今井小の実「奥むめお」室田保夫編『人物でよむ近代日本社会福祉のあゆみ』ミネルヴァ書房、二〇〇六年。

伊東滋子「奥むめおにみる女性解放論の軌跡――母性と職業をめぐって」民衆史研究会編『民衆運動と差別・女性』雄山閣、一九八五年。

村上淳子「奥むめおの志――「後衛」の思想」『年報日本史叢』筑波大学、二〇〇〇年。

中村紀伊『奥むめお　シリーズ福祉に生きる』大空社、一九九九年。

成田龍一・阿部恒久「婦人運動の展開」（鹿野正直・由井正臣編『近代日本の統合と抵抗③』日本評論社、一九八二年。

日本経済新聞社編『私の履歴書第6集』日本経済新聞社、一九五八年。

奥むめお『あけくれ』ダヴィッド社、一九五七年。一九九七年に日本図書センターより復刻。

奥むめお『野火あかあかと――奥むめお自伝』ドメス出版、一九八八年。

佐治恵美子「奥むめおと無産家庭婦人」『歴史評論』№三五九、校倉書房、一九八〇年。

＊　本章は、二〇〇六年発刊の『キリスト教社会問題研究』（五五号）に掲載された拙稿「社会運動としての社会福祉――奥むめおの活動を通して」に若干の修正を加えたものである。

第8章　久布白落実の性教育論とその変遷
――矯風会における純潔教育・家族計画

嶺山敦子

『廃娼ひとすじ』という自伝がある久布白落実《くぶしろおちみ》だが、「公娼全廃、性問題教育は、私の仕事の本流です(1)」と述べており、彼女の生涯において廃娼だけでなく、性教育も非常に重要な位置を占めるものであった。久布白は日本キリスト教婦人矯風会（以下、矯風会）で活動した女性運動家である。一八八二年に熊本で生まれ、牧師である父・大久保眞次郎の伝道先の関係で埼玉・群馬を転々とし、前橋共愛女学校を経て女子学院に入学した。卒業後、ハワイを経てアメリカに滞在中の一九〇六年に日本人の売春女性と出会い、「自分の好きでやっている」と言ったことに衝撃を受けた。また同年、矯風会世界大会で性教育の講演を聴き、その必要性に目覚めた。久布白は矯風会で活動を始める以前の一九〇〇年代半ばから、性教育に関心を持っていた。一九一六年に矯風会総幹事に就任してからは廃娼運動の対策として性教育の重要性を訴えていく。矯風会で性教育を担当したのは『家庭と性教育』という書物を遺したC・Bオールズ(2)であると言われているが、久布白も廃娼後の対策や性教育等を研究するために外遊を重ね、戦前・戦後を通して性の問題解決のために性教育・純潔教育の必要性を訴え続け、『婦人新報』に性教育をめぐる論考を数多く執筆するなど、矯風会の性教育の発展に貢献した。

本章の目的は、『婦人新報』を中心に久布白の性教育論が彼女の生涯を通してどのように発展していったのか、戦前と戦後の連続性、非連続性、また変化について分析していくことである。

矯風会の性教育を取り上げた先行研究にはどのようなものがあったのか。田代美江子(3)は十五年戦争期における矯風会の性教育を分析し、純潔教育の登場が性を多面的に捉えようとする性教育を後退させ、性知識教育の否定と性道徳の強調へと向かわせたと批判している。小田切明徳[4]は矯風会の性教育論を取り上げ、久布白とオールズの啓発活動の水準は高く、欧米の性教育の先駆者らと比較しても遜色はないこと、また、久布白らは戦後の性教育の方向性にも絶大な影響を与えており、偽動物的扱いの傾向という弱点はあったが、性教材の科学的扱いが学校教育に入ったのはその実践の功だと評価している。しかし、「生殖のみの性」しか認めない思想とその具体化、人権としてのセクシュアリティが抑圧され、純潔路線が日本の性教育の骨格となり今日に及んでいることは罪であると批判している。また、戦後の純潔教育に関連して久布白や矯風会に言及した研究には田代[5]、牧律[6]らによるものがある。田代は純潔教育施策への矯風会の関わりに触れ、矯風会のメンバーたちは売春女性を「醜業婦」や「闇の女」と呼ぶことに疑問を持たず、かつ批判していた点において彼女たちの人権を十分に認識していたとは言い難いと指摘している。また牧[7]は久布白ら矯風会の主張は男女両方に禁欲と結婚まで貞操を守ることを求める点での対等性はあるが、「家父長制社会が既存のものとして容認した、売春女性と妻に代表される社会機構における性の二重規範への批判」はなく、問題を孕んでいると指摘した。

いずれの研究も矯風会の性教育のマイナス面を多く論じているが、組織の中の一人である久布白の性教育の捉え方は如何なるものであったか、改めて考えてみたい。

1　性教育との出会い

タブー視されてきた性教育

日本の性教育は第二次世界大戦終了時まで常にタブーの中で語られ、捉えられており、性教育の重要性は一部の識者が指摘していたが、教育において積極的に生かされることはほとんどなかった。そのような状況下で、久布白が性教育の必要性をはじめて認識したのはアメリカに滞在していた一九〇六年である。一九〇六年一〇月、久布白は自身の大叔母であり、当時の矯風会会頭であった矢嶋楫子の通訳兼秘書としてボストンで開催された第七回矯風会世界大会に出席する機会を持った。そこで久布白は一人の婦人が一冊の本を手にして青年男女、少年少女に性教育の必要を説いているのを耳にし、その話を聴きに行くという貴重な経験をしている。[8] 後に「其時自分の若い心にも特に新しくひびいたのは、この性教育の問題であった」、また「初めて性教育の必要性に目覚めた」[9]と振り返っている。

一九一六年に久布白は矯風会総幹事に就任し、廃娼実現のために五銭袋運動や男女貞操問題の講演会などに取り組む中で早期からの性教育の必要性を主張した。少し物心のつき始める頃から子どもは人の生まれることなどについて聞きたがるが、父母や教師が純潔で学理的な考えをもって子どもの理解する範囲で丁寧に教えることが大切であること、「児童と貞潔の問題は、今や欧米諸国に於て、最も新しき研究の一つとなって居る場合、我国の識者間にも必ず考量せられて居ることと存じます。願わくは将来、此方面にも家庭、学校共に手を取って、更に研究の歩を進め第二の国民の将来に光明を与えたいものと思います」[10]と述べている。直接、「性教育」や「性の教育」という言葉は出てこないが、幼い頃から子どもに性教育を行う必要性の提言で、久布白が性教育の必要性について述べた最初の文章である。久布白は真実を隠すことの弊害を指摘し、当時として新しい視点を提示していた。

田代[11]によると、性についての教育的議論は性欲学の権威であった羽太鋭治、澤田順次郎らが一九一〇年代から先導し、「性欲教育」という形で開始している。一九一〇年代後半は「性欲教育」の時代であった。性の問題をより広い範疇で捉えようとする見解が出てくるのは一九二〇年代半ばで、性欲教育から性教育または性の教育へと進んでいく。

男子の性教育の必要性

久布白は男女両方に性教育が多く必要であると考えていた。特に女子に比べて男子に対する性教育はなされていないと考え、「男子の性の教育を云う事は今日単に道徳宗教倫理の立場を離れ、単に衛生、能率と云う処から出立しても、是非とも民族保健の上に改めて教育せらるべき価値ある事」、「中学高等学校は勿論、商店、工場の如き、軍隊の如きあらゆる男子の団体に於いて之の問題に関する健全なる知識を与えることは最も必要なこと」、「男子の性の教育と云う事は、今や世界の大問題の一つ[12]」と述べており、初めて久布白の文章に「性の教育」という語が登場する。男子の性教育の遅れは現代的な課題[13]でもあるが、当時の男女不平等な社会でこの発想は進歩的であった。さらに久布白は性の問題は「国民の身体に又、精神に至大の関係を有する」と考え、誰よりも母自身がこの問題について聡明でなければならない、少年男子の指導は父に是非ともしてもらわなければならないが、母や姉なる人も必ず心得ていなければならないと考えている。「自分の身体を尊ぶ心を養って置くと云う事はやがては他人の身体を尊ぶことになります、『汝等の身体は神の宮殿なり』という言葉を教えて心の底深く自重心を養う事は、成長の後多くの誘惑に勝つ力となりますまいか[14]」と述べている。久布白は、性の問題は身体と精神の両方に関係するものであると考え、母親だけではなく父親の責任にも言及しており、進歩的である。

また久布白は「性ほど力強く、清らかなものはない」と考えると同時にそれだけに「我々人間が之を支配する事は随分至難なことであります。それ故にあらゆる方面に濫用されているのでありましょう。若し我々人間が完全に性をコントロールすることが出来たら、それこそ理想の社界となるでありましょう[15]」と考えており、性をコントロールするために性教育の必要性を主張していたと捉えることもできる。

研究視察旅行と性教育研究

久布白は一九二二年、婦人参政権問題や廃娼後の対策を研究するため、初めてアメリカに研究視察へ行き、翌二三年の『婦人新報』で九回にわたって報告した。ニューヨークの性問題教育研究館を訪問しており、青年男女の性教育は非常に慎重な態度が必要であり、それぞれの専門分野を生かして多方面からの研究と協力が不可欠であると指摘した。

一九二八年に再び、廃娼後の各国を視察する目的で欧州諸国からソ連、北欧の視察を行った結果、「公娼廃止後、不良少年少女を出さぬ為には万全の設備を講ぜねばなりませぬ。自由治療の途も出来医者にも政府から補助を出して治療に遺憾なからしめ、又禁酒法を徹底させ最後に倫理道徳を中心としたる宗教を植付て純潔を確立せねばならぬと、これが諸外国廃娼の跡を視て来た私の最後に到達した結論であります(16)」と報告している。

久布白は一九三五年に内務省・文部省・拓務省の委託によってアメリカを訪問し、研究視察を行った。彼女の性教育論に最も影響を与えたのは一九三五年の渡米である。翌三六年の『婦人新報』で一年間、「純潔日本の建設――一九三五年度研究発表」と題して研究報告を行った。性教育に関しては、「ビゲロー博士による性教育」、米国における性教育の発達や現状、良い著者や教科書の出現、社会衛生協会（一九一四年創立）の活動、米国政府衛生局の活動など、アメリカの事業の紹介を行っている。

連載の中で性教育の書物に言及し、「我国でも、山本宣治の如き、同志社教授時代私費を投じて研究を重ね、二冊までも著書を出している篤志家もある(17)」と述べている。ここで初めて久布白は山本宣治に言及し、その存在を評価した。山本宣治（一八八九〜一九二九年）は性教育の第一人者である。一九二五年から二六年に『産児調節評論』（不二出版）『性と社会』（不二出版）という雑誌を出版している。一九二三年に『性教育』（内外出版）という本を出版し、『産児調節評論』『性と社会』に「性教育講話」を連載している。山本はその連載で幼児期から老年期までの性教育について書いており、「純潔」など道徳的なことは強調していない。山本が産児調節に取り組んでいた一方で、久布白は「研究が徹底するなれば、結婚後の或る期間産児の調節等も行い得ない事もあるまい、これも確かに一つの研究問題として真面目に考う可き一つである(18)」と記している。「産児調節」を課題として認識していたが、この時点では実際に取り組む方向には進まなかった。
十二回の連載の終わりに「第一に為さねばならぬ事は何を措いても廃娼の完成[19]」と述べ、「次に必要な事は教育である、性は人生の呪に非ずしてこれは祝福であること、又性に対して節制が要求せらるるのは、これは人類のみの特権であること、又性に対する節制は原則として決して健康に害なき事（中略）この原理を基礎とする健全なる性教育が国民一般、特に青少年に懇ろに与えらる可きこと」と述べている。

2 戦前における久布白落実の性教育論

「我が国に於ける性教育」

一九三七年一月から六月の『婦人新報』に「我が国に於ける性教育」を連載した。読者に向けた「自分流の性教育、よみもの的なもの[20]」であり、久布白の性教育論と言えるものである。性を題材とした物語を示し、知的教育・情操意志教育の観点から解説した。①幼年期は三〜六歳までの学齢前家庭、②少年期は七〜十二歳までの学齢児童、③青春初期は十三〜十六、七歳までの中学時代、④青春後期は十八、九〜二十五歳までの高等学校、大学時代、⑤結婚期は二十五歳から三十歳前後まで、⑥は四十歳前後を対象としている。以下、六段階に沿って、具体的な内容を見ていく。

まず幼年期、少年期の知的教育は動植物の話が中心となる。同時に情操意志教育も始められ、「時を定めて用を足す事、人中で平気で用を足さぬ事、おむつを余り堅くせぬ事、局部を弄ばさせぬ事[21]」、三、四歳前後には「下着を余り堅くせぬ事、片ことでも野卑な言葉を使わせぬ事、寝につく時手を外に出して置く事等[22]」を課題に挙げている。五、六歳になったら「よく納得のゆくように性についての質問に答え、これは大切な事だから濫りに口に出さぬよう言い含める事[23]」、また自慰の習慣がつかないよう気をつけるなどの注意を促している。あまり深い話をする必要はないが、必要に応じて子どもにどれだけ話してもいいと考えていた。書物や実物で少年期までに動植物のことは適当に教え、「知的教育面には全く基礎工事を終えねばならない[24]」と考えている。

青春初期の知的教育は「生理的、衛生的に女子と生殖機関」、「生理的、学理的に男子生殖機関」、「月経の原理」、「内分泌の原理等々」を、情操意志教育は「青年期に於ける生理的変化を明にして其衛生を教え其準備をさせる事」、「肉体的にも精神的にも動揺多きこの時代を父母共に注意し、悪習に染ませぬ事[25]」を挙げている。

青春後期の知的教育は「異性との交渉に関する予備知識」、「私生児問題」、「売笑婦問題」、「性病問題」、「処女童貞生活の研究」、「結婚に関する健全な知識と準備」、情操意志教育は「男女の交渉における常識の涵養」、「男女交際における行儀作法の養成」、「男女の交渉における倫理道徳の確立[26]」などを学習材料に挙げた。結婚前の男女双方の貞操を重視し、誰もが結婚することを前提として、結婚準備教育や倫理道徳を重視している。

結婚期の知的教育は「男女の交際」、「婚約」、「結婚」、情操意志教育は「以上に於ける理想とその実現[27]」を、四〇歳前後では知的用意として「男女共に生理的用意の必要」、「四十歳前後の生理衛生の研究」、「相互の仕事、習慣、趣味、性格等の了解」、情操意志鍛錬として「新夫婦道」、「相互の鍛錬[28]」等を課題に挙げている。

この連載は矯風会支部の学習会にも影響を与えた。また、その後、一九三九年、一九四〇年の矯風会全国大会で会として性教育の普及を決議している。

久布白の性教育論は発達段階をふまえ、子どもから大人までを対象とした生涯教育としての性教育であり、一九三〇年代半ばの時点で生物学的知識を重視する科学的な性教育と精神的・道徳的な概念である「純潔」の両方を重んじる教育であった。しかしながら、自慰を悪習慣として否定している点では従来の性欲教育に近い部分もある。その後、一九三七年七月から一二月の『婦人新報』で久布白は「国民の種々層と性問題」を連載し、あらゆる階層の性問題の解決のためには性教育が必要だという結論に達した。

久布白の「純潔」概念

久布白の性教育論において「純潔」はキーワードである。一九三五年の研究視察以前から彼女の文章に「純潔」という語が登場している。久布白は「男子と女子の交わりは、人類のもっとも純潔高貴なる生命の源となるべきもの（中略）……、今後の結婚は、純潔なる恋愛が中心となって、理性の導きの下に行われねばなりませぬ、結婚前の男女を解放して、自由に交際する機会を与えることは当然為す可きこと」と述べていた[29]。彼女の主張する「純潔」が必ずしも保守的な意味ではないことが窺える。当時、「家」本位の結婚が多く、久布白自身も親の勧めた相手と結婚していたことから「結婚前の男女を解放し、自由に交際する機会を与える」というのは積極的な視点である。

「純潔」概念を取り上げるにあたり、忘れてはならないのは矯風会の創立者で久布白の大叔母である矢嶋楫子の告白である。一九二三年春、徳富健次郎が『竹崎順子』伝を発表し、その中で矢嶋楫子について記した。矢嶋は林七郎と結婚し、一男二女をもうけたが、夫の酒乱のため、離婚した。その後、矢嶋が兄・直方の家庭で暮らしていた時、兄の書生で家庭を持つ男性と恋愛関係になり、妊娠、出産し、未婚の母となった。久布白はこの事実を知り、悩み苦しんだ結果、「基督教婦人矯風会は、順境に育ちし、小娘の寄合では有りませぬ、今日ますます荊棘を拓いて進まねばなりませぬ、先生の生涯のこの一頁を捨てて、どうしましょう」と考えた[30]。そして矢嶋に「叔母さんは五〇年前に今日の最も新しき女性が為しつつあることを、一身に於いて為し、躓き、かつ起きて今日まで歩み通されました、ここに真正の救いがあります、私は、矯風会の、少なくとも日本の矯風会の真髄と信ずる純潔を、振りかざして、立って来ました、然し矯風会の基礎は叔母さんです、若し今日叔母さんが、この過去を明かにして下さらなければ、私は叔母さんの死後、矯風会の根底に地崩れが来ると思います[31]」と伝えた。そして矢嶋は「云うのは苦しい、生命がけの仕事です、然しあなたがそれをして呉れるなら、有難い[32]」と答えた。このことを実際に発表するのは矢嶋が死去した後になる。「純潔」を当然守るべきものとして考えてきた久布白はこの事実を知った時、どんなに衝撃的であっただろうか。それゆえに発表することに躊躇もしたのであろう。久布白は「弱きが故に戦わねばならぬと、性の誘は、云い難く強きが故に、正しき行路を拓かねばならぬ」と考えるようになった。[33]

一九三五年の研究視察旅行以後、久布白の文章に度々「純潔」という語が登場する。同年、公娼廃止が目前に迫ったと考えた廃娼連盟は国民純潔同盟に改称し、矯風会風俗部も一九三七年に純潔部に改称した。[34] 久布白は人格の基礎工事に最も一つ不可欠であるものは純潔であるとした上で「童貞、処女を万一、一度傷つけたとしてもそれは其人の最後ではない、然し出来る事なれば、この与えられた貴い我を貴く守り終せ度いと云うことは、万人の願いである。我等が純潔と云う事を禁欲と解する時は其考えが窮屈である、消極的である。然し、純潔と云う事は、そんな狭苦しいものではない。我等の云う処、少なくとも基督の青年男女として考える時、それは満ち満ちた生活である」と述べている。[35] 「純潔」は『広辞苑（第六版）』（岩波書店、二〇〇八年）では、①けがれのないこと、②異性と接していないこと、とある。久布白はこういった一般的な捉え方のように「純潔」を消極的に捉えてはおらず、もっと積極的なものだと考えていた。キリスト教的視点から神の国の建設が最後の目的であると考えた上でその基盤となる個々の人格の建設において、「根本条件なる純潔なる生活、然かも豊富にして積極的なる純潔なる生活を築き上げ度いものである」と考えていた。[36]

黎明会

久布白は以前から若い男女のための健全な交際機関の必要性を感じていた。早稲田大学と専修大学の婦人問題研究会会員との話が実を結び、一九三六年六月一三日、矯風会風俗部と国民純潔同盟が協力して、青年男女の健全なる交際をはかる会として「黎明会」を発足させた。矯風会本部会館内に事務所を置き、座談会、講演会、見学、ピクニック、鑑賞会等、様々な方法で目的を達成したいと考えていた。久布白は会の活動に参加し、「黎明会は決して単なる青年男女の健全なる交際機関たるに止まらず、男女両性の協力による文化社会建設という大きな目標を目指して、相互の接触により互いの認識を正しく深めつつ共同に研究し、遊び、黎明会でなくては出来ぬ仕事をなし、明朗、純潔な新しい文化社会実現に盡したい、と云う対社会的な尊い使命をもつものでございます[38]」と述べている。

会が発足してから三年経ち、一人の男性が『婦人新報』誌上でコメントを掲載した。会に集まる人々が本当の意味の純潔を理解してきて、男子の生活や考え方に影響を与え、女子の間でも概念的な、消極的な「純潔」からもっと内容的なものにまで深くなってきたと述べている。さらに「男性が女性を単なる性的対象物として眺める事を止めることは、とりも直さず女性が自らの人格を自覚する時でもある。その時本当の「純潔」ということがあり得るのだと思う。そして人格的な自覚とは具体的に言えば民族的な、国民的な自覚にほかならないのである。それだから真実の純潔ということは男性と女性の民族的自覚によって本当に完成されるものだと思う[39]」と述べている。久布白らの積極的な「純潔」の考えは会のメンバーに着実に浸透していた。

また、「廃娼は全くふき出ものの治療であり、あとには全身に清純な血液が流れて、全身を健全にせねばならぬ、すなわち全国民の青年男女は、汚れを知らぬ、公明正大な交際が出来ねばならぬ[40]」、「純潔なる男女の、明朗な交際が、従来の不純な、又不潔な男女の交渉と代る時に、はじめて、社会の風紀問題は解決を見るのである[41]」と述べている。久布白は男女の積極的な交際を勧めるが、この「純潔」思想は戦争遂行時の人的資源作りに組み込まれていく。男女の積極的な交際を経て、良い家庭を作り、丈夫な良い子どもを産み育て、国家に貢献することにつながっていく危険を孕むものであった。

戦時下における久布白の活動と国策一致の過程

久布白が様々な研究や活動を行うことで到達したのは「純潔日本の建設」で、戦争とも矛盾しない思想、適合する思想として進んでいき、戦後にも受け継がれる。一九三六年に「純潔日本の建設」を発表したが、一九三八年にも「来らんとする五〇年に於ける純潔運動体系」を発表している。「純潔日本の建設」がより具体的になったものである。一九四〇年には「新体制下の純潔運動」を『婦人新報』に五回にわたり連載している。「性病と新体制」、「風紀と新体制（学生風紀、職工風紀）」、「身売防止と新体制」、「保護救済と新体制」、「人口増殖と新体制」が五回のテーマである。それらの中には「新体制下に於て物資の節約も必要には違いないが、人的資源特に次代の母の素質を下落させぬ為の努力は、国家として当然とるべきもの(42)」等の記述も見られる。

久布白は以前から「女性の性を国法に於いて認めて、そして保護して貰いたい(43)」と考え、国家による「性のコントロール、国法による性の保護」を望んでいた。それゆえに国家によるコントロールに違和感を持つことなく、一致していったのであろう。国家総動員体制に組み込まれ、戦時色が濃くなってきた頃、久布白はまず公娼廃止を行ってから一般の売笑問題や風紀問題に取り組まねばならないと考えた上で「最近の試みである学生宿舎相談所の如き、既に東京市内で百数十件の家が提供され、文部省は勿論市、区、警視庁等も賛意を表して之れの協力に当らる等、実に時は驚く程熟し来て居る。我等常に流れに遡って泳ぎ来たものには、不思議と思わるるまでに我等の目標は国策と合致して来て居るのだ(44)」と述べている。一九四二年には国策に対する積極的事業として興亜女子指導者講習会を開催している。性に関する問題解決策が戦争に利用され、矯風会全体が戦争に取り込まれていく。

性病対策について

一九四〇年代に入って『婦人新報』に性教育に関する記事は減少し、性病防止に関する記事が増加する。久布白(45)は「戦時中に於いて、性病は国内中のみならず、この東亜に於いては特に重大性を持つものである以上、我国としては従来の目標である純潔日本建設の途上常に率先してこの問題を研究調査し、又其の実際化に努力すべき」と考え、「優勢な民族を造る上に、又数的に之を増進する上に(46)」、性病対策に重点を置いていく。

一九四二年、厚生省による「健民運動」が登場し、久布白らが唱えてきた性教育、純潔教育、性病問題も取り上げられている。性病相談、無料診療、母の検診等も含まれており、喜んでいるが、戦争に備えて優秀な人材を確保するためであった。

このように久布白ら矯風会の活動も戦争体制の中に組み込まれていたのは否定できない。従来から性に関することに国家の介入を求めており、矯風会の活動は国策に矛盾することなく、利用されていった。但し、久布白はそのような中でも「性の研究はまだまだ深く進めねばならぬのだとしみじみ思う」と考え、「性病対策運動と共に科学的、衛生的研究を絶えずつづけて欲しい」、「性病撲滅運動に邁進するとともに、一方で性教育についてのはっきりとした科学的知識を持って出るならば性病は未然に防ぐことが出来る」[47]というように科学的知識に基づいた性教育を変わらず重視していた。小野沢[48]は久布白らの廃娼運動の担い手が様々な官制運動と接点があったのは確かであるが、戦時であっても根本的に方向性を異にしていたことを明らかにしている。戦時体制内においても久布白は[49]「我等の純潔運動の如き、廃娼の完成に措き、其性教育に措き、又最近特に性病予防・撲滅に於いては、妊産婦問題に関する方面又青少年方面に於いて、大に押し進む可き余地があるのではないか。(中略)婦人更生、淪落防止の方面では、従来の我等の婦人ホームなるものは、今後我等の独特の奉仕の部門として継続すべきではないか」と主張していた。婦人ホームについて「これが今後予防の方面に、むしろ保護事業としての方面に、更に多くの使命を有するかも知れない。勿論何時の時代でも、踏み違えた娘の世話と云う事は絶えない。従って母子の寮も必要となる。之等は今後考えられねばならぬ問題である。婦人保護の問題で我等がこれに任ずる外に、公私ともに責任問題の存在する限り、婦人救済更生機関としての婦人ホームの経営は決して之を中止することは出来ない」[50]と述べた。戦時体制の中でも久布白は婦人ホームなど独自の事業の継続を模索していた。

一九四二年に矯風会はＹＷＣＡとともに日本基督教団第三項所属団体に統合され、一九四四年四月、出版統制の影響で『婦人新報』も休刊した。

3　戦後における性教育——純潔教育から家族計画まで

戦後の矯風会と純潔教育

『婦人新報』は一九四五年一二月に再刊した。久布白は一九四五年から一九五〇年の間は選挙出馬のため矯風会の活動から離れていたが、その間も『婦人新報』に執筆を続けていた。一九四六年初めに再び「純潔日本建設の四大方針」[51]を示し、「性教育・純潔教育」も含まれていた。一一月に矯風会が関係当局に対し、「売淫取締」、「性道徳の確立とその普及徹底」、「防止と施設」の三つの視点から「風紀対策に関する意見書」を提出している。その中で「最近検挙されました『闇の女』についても性教育の不足と性道徳に対する確たる信念を持って居らぬが為」[52]と指摘、一二月には性教育書の発行を計画、官民有志の権威者を招待し、風紀問題懇話会を開催した。それらを受け、一九四七年度の矯風会の進路として久布白は第一に「闇の女問題」を挙げ、「其二と云うべきか、むしろ、一とせねばならぬ事に純潔教育がある。闇の女の落ちゆく道が、好奇心と云う点に大問題の有る限り、教育の必要は実に重大である。文部省はこれが為に、積極的に立ち上って居られる事は喜びに堪えない」[53]と述べている。また、久布白は「闇の女問題」と関連して、「これが国際的に混血を生ずる時は更に国民的問題」[54]と考えた。米軍占領により発生した「混血児問題」は一九五二年以降、独立後の日本のマスメディアに取り上げられ、社会問題となる。久布白は「混血児問題」に関する論考を執筆し、実態調査、日米間の連絡調整や世論の喚起等を行う。このようなこともふまえ、純潔教育によって「闇の女問題」を解決しようと考えていた。具体的にはオールズの『正しい性教育』の再刊、講演班を組織して全国的に思想の普及活動を計画し、この年の『婦人新報』にオールズの「家庭と性教育」を掲載している。一九四八年から一九五〇年代半ばにかけて各地のキリスト教関係の学校等で純潔問題に関する講演を頻繁に行っていた。

また、矯風会のメンバーである竹上も「時代の要求は，我会が六〇年叫び続けて来た此問題を国家として教育実施するの機運となった」と述べている[55]。国家でも矯風会内でも純潔教育を重要な課題としていたこの時期、六月の矯風会全国大会で青年男女の純潔教育運動を盛んにすること、性病予防のための映画、性教育書の発行、科学的知識をもって性教育に当るべきであると協議された。久布白らも国家と同様に私娼対策には純潔教育が有効だと考えていた。「純潔教育ということはある意味において国家の急務」[56]だと述べていたが、私娼の問題を社会や貧困に起因するというより、教育で解決すべき問題だと考えていたという点では現実を正しく認識していたとは言いがたい。問題を根本的に解決するには貧困対策が必要である。

一九五〇年の矯風会全国大会で性教育の普及徹底のために講習会を開催する必要性を取り上げ、九月に性教育の権威である安藤畫一を招き、「私の性教育観」というテーマで第一回性教育講習会を開催した。医学的・生物学的立場からの講演で、当面の課題として性教育に当る指導者の教育を挙げ、「特に性教育は社会性の大きいものであるから常に社会と結びついてゆかねばならない。映画、雑誌も純潔教育に関係が深い。学校と家庭と社会とが三位一体となってゆかねばならない[57]」と述べている。第二回目は「医学から観た結婚」というテーマで一九五一年二月に開催した。一九五二年の評議員会では性教育・純潔教育指導者養成について協議し、「性教育は我等として新時代に入らねばならぬ時期となった、即ち各支部が今や指導的立場に立ち、支部自体が指導の任に当たらなければならぬ[58]」とされた。

純潔教育委員会資料に見る久布白の性教育・純潔教育論

「大正五年以来、口と筆に数十年を廃娼にぬりつぶした私は、昭和二一年この方その建設面である純潔建設で、また殆ど一色にぬりつぶさんとしております[59]」と述べたように、久布白も純潔教育委員会の一員となったが、彼女が政界にある間は岸登や千本木が中心となり、『婦人新報』で純潔教育について執筆していた[60]。しかしながら、久布白も『純潔教育委員会委員に対する問合せ　回答綴』[61]や『純潔教育はなぜ必要か』[62]で考えを表した。これらの資料から一九四〇年代後半の久布白の性教育論を見ていきたい。

『純潔教育委員会委員に対する問合せ　回答綴』の中で久布白は「純潔の意義」について「純潔とは男女の性生活が精神的に又肉体的に自然に法って最も健全に明朗に行われしを指す」と述べ、「純潔教育」とは「こうした生活を実現するよう青年男女を精神的にもまた実生活上も指導することを指す」としている。また、「性教育」とは「性に関する生理衛生が主体となって、これを基礎として男女の性生活の根本の原理を打ち樹つること」であり、「性教育と純潔教育との関係」については「性教育は純潔教育の科学的基礎で、純潔教育はその基礎の上に立って、更に精神的道徳的意義を一層深く教育するもの」と考えていた。性教育と純潔教育の区別は戦前からのものと変化していない。そして「性教育は必要とお考えですか（その理由も）」という質問に対しては、「性教育は必要と確信します」とはっきりと述べ、その理由として①嬰児の生まれる母体を守るため、②嬰児時代の育て方を知る、③幼期の好奇心を基礎的な科学知識と呼ぶこと、④少年時代の好奇心に植物動物の生理と共に必要な脅威を与える、⑤青年期の指導をする、⑥成年老年期の注意する、という六つのことを挙げた。「性教育は何歳くらいから始めたらよいか」については「習慣のことは嬰児時代から、知識的には幼児の問いの始まる時からその知識の発達に応じて」と述べ、「誰が性教育をやればよいか」については「母、教師、医師と言うような順序が最も良い」とし、「どんな方法でやるのがよいか」については「絵画・映画など年に応じて用いる道は千差万別」としている。

ここに現れた久布白の考えは戦前と変化したものではない。回答綴の他の執筆者と比較し、早い時期から性教育を始めるべきだと考えており、「純潔」を幅広く捉えている。

久布白の戦後の性教育論

久布白の『純潔教育はなぜ必要か』は純潔教育シリーズの一つとして一九四九年に出版され、純潔教育の目標、方針（科学的・生理衛生的・道徳的）、対象、場所、方法、諸問題（①男女交際と共学、②恋愛と結婚、③娯楽と趣味、④飲酒と喫煙、⑤性病の問題）を取り上げている。純潔教育の目標は「民族優生と男女道徳の確立」[63]であると考え、「民族優生」のために性病の撲滅を訴えていく。これは戦時中の性病対策の流れを汲んだものである。また、「男女道徳の確立については、これ以下に落ちてはならぬという最低の限界――つまり法律――の上に、さらに高くうち立てられるべき」[64]と記している。

この本は一九三七年の『婦人新報』の連載「我が国に於ける性教育」を基盤としている。一九三七年の時点で性教育の対象は四十歳前後までであったが、さらに対象が広がり、乳幼児から老年までとなる。「純潔教育は人間生涯を通じて必要」[65]と記され、生涯教育としての性教育がより明確に打ち出されている。そして「純潔教育の場所として一番大せつなのはもちろん家庭」[66]と述べており、家庭を最も重要な教育の場だと考えているのは変化していない。また男女共学は「たがいの認識を深め、また男女たがいに学業の上での切磋琢磨をつむことができ、また従来あまりわけへだてをしたために、異性に対して極端なしげきを感じるのをやわらげ性的差別意識をよわめて人間としての相手と淡白に交際できるように導く上に効果的」であると評価しているが、「まだ思慮に欠け、社会的経験にとぼしく、意志も自律心もしっかりできあがっていない年代ですから、この点における指導は、父母はもちろん、学校でも慎重に熱意をもってあたらなければならない」[67]と注意も促している。青年時代は「各種各様の生物の性生活についてまなぶ機会をもつことから進めて人体の性生理学をもっとも科学的に了解させ、さらに実際的方面で、いわゆる青春期の衛生を指導する必要」[68]があり、男女それぞれの特徴を「青春期に乱用することなく、正しい日々の生活によって、本来の任務をまっとうすることができるよう、男子も女子もこの危険な時代を自覚して自重させることが大切」[69]と述べた。性病や売春問題と関連して「もっとも急を要するのは、結婚の前における、すなわち妊娠前における男女の教育」[70]と主張し、生殖の性を重要視している。性教育の方法として「講演会」、「小冊子による啓蒙宣伝」[71]を挙げており、矯風会がその後も継承していく。

また戦後の世相で最も問題になる「浮浪児」と「闇の女」を救うには「もちろん政策と経済的な裏づけが必要である」と述べた上で「必ずしもこれらの貧困だけが売春や家出の原因でなく、世の人びとは深く反省し、研究し、その上にたって教育にあたらなければならない[72]」と主張した。また「純潔の教育も、ありとあらゆる論議をつくしても、けっきょく、ただ一つ『不品行をするな』ということでつくされるのではありますまいか[73]」と述べている。これらから社会的政策も大切だが、教育による個人の意識改革を重視する姿勢が読み取れる。但し占領期の文献であることも考慮しなければならない。一九四五〜四九年までは検閲制度があり、個人の主張を自由に記すことが出来たわけではなく、のちに久布白もそのことを指摘している[74]。

ここまで見てきたように、一九四〇年代後半の性教育論は基本的には戦前のものを継承しながら、「闇の女」問題など戦後の社会問題も視野に入れている。しかしながら、戦後の久布白には大きく変化した部分が存在する。それは「家族計画」の導入である。

家族計画の導入

先行研究では「久布白が『婦人と日本』で産児調節の必要性を論ずるのは一九五四年五月からであり、産児調節運動が既に敗戦直後から再開されていたことを考えれば後追い的な観を否めない[75]」と記されているが、『婦人と日本』の第一号で「産児調節」という言葉が登場している。「四つの島に、今や九千萬近くの民がうごめき合っている。地軸の底まで掘り返してもといわれる通り我等の土地は八割五分の山で、山頂まで耕しても中々養い切れないのである。産児調節も止むを得ない[76]」と述べており、論ずるまでいかなくとも人口問題の解決のために「産児調節」の必要性に言及していた。本書の第二節で触れたように、一九三〇年代半ばに産児調節に関する記述があるが、実際に取り組む方向には進まず、一九五〇年代半ばにようやく具体的に言及し始めるが、それはなぜなのか。

久布白は個人誌『婦人と日本』三一号で「自分は産児調節反対論者であった、一度も今日までにこの問題で筆を執ったことはない。しかし今日どうしてもこれについて筆を執らざるを得なくなった。それはどういう訳か、それは余りにも問題が波打って来て、我が足の下まで迫って来て居るからである(77)」とはっきりと述べた。この時期に言及し始めたのは一九四八年の優生保護法成立、一九五二年の厚生省の「受胎調節普及実施要領」の発表とマーガレット・サンガー氏再来日、また彼女の指導による一九五四年の「日本家族計画連盟」発足や人口問題審議会による家族計画の推進、中絶の増加の影響等、家族計画を避けては性の問題を論じることができなくなった状況もあると思われる。また『婦人新報』で「この調節なる方法は、明治初年の間抜き、つぶしのように、既に全とうに生まれたものを処分するのでなく、又堕胎のように半分できかかったものを処置するのでもなく、受胎前に道を講ずるので、最も合理的でもあり又道徳的でもある(78)」と評価している。そして「官民力を協せて最も健全にして、徹底した性教育、純潔教育を普及さすべく文部省、厚生省協力の下に指導者の養成に当るべきだと思う。又適当の資材の供給に当るべきだと思う。これに関しては、計画家族の問題等は当然この内に取り上げらるべきものと思う(79)」と述べている。ここからも国家の積極的な関わりを求める姿勢が窺える。

研究調査旅行

一九五六年の売春防止法制定後、六月九日から七月三〇日に久布白は矯風会のメンバーらとともに法務・文部・厚生省の委託を受け、法的措置、婦人更生措置、性病対策、性教育・純潔教育の四項目に関する研究調査に行った。売春防止法が制定されたが、万全ではない状況があり、婦人保護など様々な対策を先進国から学んで、日本で生かしてもらおうという政府の意図があったと思われる。ドイツで開かれた第二二回矯風会世界大会に出席後、ヨーロッパを周り、スウェーデンを訪問した。海外を視察し、「国民全体を対象とする性病政策をがっちりと建てなければならない。それと同時に性道徳を男女に教えて、男性の人格と女性の人格を互いに傷つくることなく、互いに踏みにじることなく、ここにほんとうの性道徳を築き上げるよりほかに方法はないんだ(80)」と述べ、男女の関係性を問題にしている。報告を『五十年の歩みと五十日の旅』にまとめ、「性教育といっても今後我等が着手せねばならぬ事は、単なる性の衛生、性の道徳丈けの問題ではない」、「つまり性の主要目的である生殖に関し、国家として其国土と人口と云う深刻なる問題を含む、所謂現在全世界の大問題である、計画家族の問題をもこの際取上げねばならぬ[81]」と述べた。そして小中高と性教育が必須であるスウェーデンの公立学校等の例を紹介し、その内容にページの多くを割いている。また中絶は衛生上倫理上慎むべきで産児調節によることが出来れば幸いであると考え、「この点からいえばスエーデン式に、若い世代の人々に科学的に学校において生物学的に又倫理的に一般教育して、性教育、純潔教育の一部として性生活の健全なる有り方を身につけさせる事は重要なる一つの方法として考う可き事ではあるまいか[82]」と述べた。スウェーデンの視察から非常に大きな影響を受け、家族計画の重要性に確信を持っている。

第一回純潔教育指導者講習会の開催

研究調査旅行などを経て、矯風会の七十周年記念募金の中で純潔教育のための予算を計上し、「純潔教育、性教育、更に家族計画をも加えて一貫した性生活に対する指導方針[83]」を打ち立てるべく、五か年計画の純潔教育指導者養成プログラムを用意することになった。久布白は「法案通過後に教育とは遅きに過ぐる嫌がないとも云えないが、然し法は一時であり、教育は永久である、国民のあらん限り教育は進められねばならない[84]」と述べ、教育の重要性を再認識している。「従来自分らの講習会は、性の機関（ママ）、性の衛生、性の常識、性の道徳倫理から男女交際を始め男女間の純潔問題、結婚、結婚の有り方、等に止まって居たが、この度は更に一歩を進めて家族計画にまで進み現今我国を禍いして居る『中絶排止』問題にまで進んだものを実施しようとして居る。即ち売春防止法成立後の国民の性生活の有り方という処へいよいよ其啓蒙の一歩を進め得る時になりつつある……男女生活については全く時代は百八十度の転換をして居る[85]」と記している。一九五八年一一月に第一回純潔教育指導者講習会を開催、翌年に報告書を発行し、久布白はかつて家族計画に反対していた理由、また考えの変化の理由を述べた。久布白は産児制限を「ほんとうの途」ではないと考え、反対していたが、その後の日本や世界の動き方、人口・中絶の増加等、女性を取り巻く状況や時代の変化によって「これはどうしても捨て置かれないという気持ちになり、私どものいままでの性教育、純潔教育に、もう一桁加えるものがないならば、この現代の日本の要求に答えることはできない、ということを考えるに至った[86]」と述べている。さらに「今まで性は我等を押さえて、我等を指導するのが性」だと思っていたのが、「人間が性を指導することができる、指導は我等の手の中にあるということで、私どもは性生活を十分に楽しんでよい」し、受胎調節する力があるとはっきりしたので、徹底させ、中絶をやめて、厚生省にも受胎調節によって徹底させていくようにお願いしていくならば、「ほんとうの途」をつかむことができ、「それによってはじめていわゆる性教育、純潔教育、家族計画というこの三本が成り立ちまして、私は性生活に対しますところのほんとうの指導が出来るのではないかと思った次第でございます[87]」と述べている。久布白は戦前から「もし我々人間が性をコントロールすることが出来たらそれこそ理想の社界[88]」だと考えており、ようやくその方法を見出した。久布白の「ひとは性の奴隷となることなく、主人となって生きてほしい[89]」という言葉ともつながるが、「家族計画」を導入することで人間は「性の奴隷」から「主人」となって生きていくことができる、久布白はそのように確信したのではないだろうか。

また「性は本能である（中略）性は人間の永存のため、生きるという事にかかっている。矯風会が、八〇年の年月をかけても、解決しきれないのも無理ない事である。だが、自分はスバラシイ事を発見した。いや今頃になって気がついた[90]」と述べた。カール・G・ハートマンが一九六二年に出版した、*Science and the Safe Period* という書物に出会った久布白は数年がかりで翻訳し、「これを我が同志に提供することは、矯風会としての問題解決の道程に欠く可らざること[92]」と考え、『受胎安全期とは何か』を一九七〇年に出版する。「家族計画」を「性のあり方に関して根本的指導を与え得る方法[93]」と捉え、晩年に「生殖に支配されず、生殖を支配する力が人間には在るのだという真理を理解させて、之をリードすることが、今後の我等の仕事である[94]」と記しているように、久布白が性の問題の解決策として最終的に辿り着いたのは受胎安全期を利用した「家族計画」であった。しかしながら「個人によって安全周期なるものが必ずしも一様でなく、且つ安全でないために、この方法に頼ることは危険であり且つ不便である[95]」と戦後すぐに指摘されていたことから考えると、この本をこの時期に出版する意義については疑問が残る。久布白の到達した「家族計画」の限界を見る思いがする。

4　「性の主人になって生きてほしい」

本章では久布白の性教育論の戦前と戦後の連続性、非連続性及び変化について見てきた。久布白は性教育をはじめ、性の問題に国家の積極的な関わりを求めていたということ、また彼女の性教育論は戦前から基本的な部分は変化していないということから戦前と戦後の連続性を読み取ることが出来る。戦前の久布白の性教育論は科学的な知識教育（性教育）と性道徳などの精神的な教育（純潔教育）の二本柱で構成されていたが、戦後一九五〇年代半ば以降に家族計画が加わり、三本柱となった。ここからは戦前と戦後の非連続性や変化を読み取ることが出来る。久布白は、性教育は人々の意識改革の手段であり、廃娼実現以前にも以後にも必要なものであると考えた。久布白は早期からの性教育、男子の性教育、生涯教育としての性教育の必要性などを主張していた。それらの主張は現代の性教育の課題でもある。

久布白の性教育論の鍵となる「純潔」の概念を今一度検討しておきたい。久布白は戦後の座談会で「人間として自分にたいして、自分の性生活を守らなければならない。人格と性生活は一致しなければ、人間ではないという新しい意味の純潔標準が、これから産み出されなければいけないわけですね。でもいまのところ男に対しても、女に対しても、純潔という言葉が、日本語では説明できないと思う[96]」（神近編 一九五六：九五-九六）と発言し、「純潔」の定義の難しさを感じている。「新しい意味の純潔標準」と表現しているが、従来の純潔は「封建純潔」で「昔日本の女性は堅固であった、少くとも三百年武家時代には妻の貞操は生命にかけて守られて居た。だがこれは、家の娘、家の妻、家の母としてであった」[97]。しかし「民主時代の今日最早や家は婦人を守らない。女性も人間だ、一個の人間だ、人間たる以上、自ら養い、自ら立ち、自ら守るのは当然」であるため、これからの「純潔」は「民主純潔」であると記している[98]。「封建純潔」と「民主純潔」は久布白独自の表現で非常に興味深い。「民主純潔」は従来の家族制度の中で女性の純潔だけが守られるのではなく、これからは女性も一人の人間として自ら「純潔」を守る、男性もまた同様であるという考え方である。久布白の主張する「純潔」は「民主純潔」であり、「純潔」に新しい意味を吹き込もうと試みていたのであろう。「貞操」や「純潔」を重視していた久布白であったが[99]、高橋は「多分、文字としてはどこにも残っておらず、私が久布白先生のことばをきいたのだが、先生は『ことばはアップトゥデイトなものを使え、昔は貞操だったが今は人権だね』といわれた。……（中略）また、『純潔教育なんておかしいよ。英語ではセックスエジケーションだ』といわれたことも思い出した」と述べている。これは戦後に発せられた言葉であろう。かつて久布白は「貞操」を「男女貞操」とすることで男女の人権が守られると考えていたが、時代に合わせて変化していく姿勢があった。久布白には戦前から男女両方が「純潔」を守ることが大切だという視点は存在しており、男女関係なく、人間として自身の性を守り、大切にするという考えにもつながる。「座談会　現代の性風俗と矯風会」の中で、性の問題が時代と共に変化することをふまえて、「婚前性交もスペシャルのスペシャル（特例中の特例）として、線は崩さない方がよろしい」[100]と述べていた。「線は崩さない方がよろしい」と言いながらも「婚前性交」を全否定するのではなく、「スペシャルのスペシャル」と表現したのは矢嶋楫子の告白が影響している。「矢嶋楫子の事件が明るみに出た時、そりゃ五十年も立派な生活を送った後だけど、初めてわたしは悟ったんだ。矯風会って所が強い女がする所じゃない、弱きがゆえにと。男も女も皆あり得ることを皆で一緒に正しくやって行くのだとね。聖書がそうでしょ。ルツにしてもラハブにしても」[101]と述べている。

また久布白は「神より与えられた、この身体を汚さないように性、純潔、家族計画を教えなければならない、性は素晴らしいものである、幸福で楽しみに満ちたものである。教育によってそのことを教えなければならない[102]」と述べている。戦前にも「性は強く、清くあり得るものであって、決して呪うべきものではない[103]」、「純潔と云う事は、そんな狭苦しいものではない。我等の云う処、少なくとも基督の青年男女として考える時、それは満ち満ちた生活である[104]」という記述があったが、キリスト者として肯定的に性を捉えるということは戦前・戦後を通して一貫している。だが、多田恵子が「矯風会で話す『純潔』がキリストに対する真心と貞節を意味し、他人を差別するものでなくても、一般社会の共通語としての『純潔』には明らかに女性差別、女性間差別の歴史がつきまとう[105]」と述べたように、久布白の「純潔」概念に差別意識がなくても、売春女性たちが肯定的に受け止めることは困難だったのではないだろうか。

久布白は生涯を通して法律運動、実際運動、教育運動に取り組んだが、「いちばん大きいのが全体の教育運動[106]」と述べている。「法は道を示す。しかしこれに歩むには光が必要で、教育は光である[107]」と述べており、法律の獲得に力を入れたが、それだけでは不十分で、法律によって示された「道」を照らす「光」は教育であると考えていた。久布白が晩年まで力を入れて取り組んでいたのは教育による人々の意識改革である。様々な取り組みを積み重ねた結果、晩年に「ひとは性の奴隷となることなく、主人となって生きてほしい[108]」と述べた。「（性の）主人となって生きてほしい」という主張は、男性も女性も一人の人間として自らの性を大切にして生きてほしい、豊かな性を生きてほしいという思いを込めたものである。性を人権と捉え、人間としての性のあり方を示した言葉であり、今日の性教育においても非常に重要な視点を示している。

注

（1）久布白落実「拾年ぶりに故国を離れて（第八信）」『婦人新報』三一〇、一九二三年、三〇頁。

(2) C・B・オールズ（一八七四～一九三六年）は同志社創立者の一人であるデビスの次女である。アメリカで教育を受けた後、宣教師夫人として宮崎に一〇年、新潟に八年、岡山に一八年余り奉仕した。性教育を使命と感じ、岡山時代は特に力を用い、矯風会教育部長として、各地で性教育の講演を行っていた。

(3) 田代美江子「第三章　十五年戦争期における廃娼運動と教育――日本キリスト教婦人矯風会を中心に」松浦勉・渡辺かよ子編『差別と戦争――人間形成史の陥弄』明石書店、一九九九年、一一五～一四八頁。

(4) 小田切明徳「キリスト教婦人矯風会と性教育――久布白落実らの大正・昭和前期の活動を中心にして」『キリスト教社会問題研究』五四、二〇〇五年、一～二四頁。

(5) 田代美江子「敗戦後日本における『純潔教育』の展開と変遷」橋本紀子・逸見勝亮編『ジェンダーと教育の歴史』川島書店、二〇〇三年、二一三～二三九頁。

(6) 牧律「山室民子にみる自律意識と純潔教育」恵泉女学園大学平和文化研究所編『占領と性』インパクト出版会、二〇〇七年、一七九～二一一頁。

(7) 同右、一八七頁。

(8) 久布白落実「純潔日本の建設（二）一九三五年度研究発表」『婦人新報』四五五、一九三六年、七頁。

(9) 久布白落実『純潔教育シリーズ2　純潔教育はなぜ必要か』社会教育連合会、一九四九年、一五頁。

(10) 久布白落実「貞操問題に就て小学校職員に訴ふ」『婦人新報』二三七、一九一七年、五～六頁。

(11) 田代美江子「性差と教育――近代日本の性教育論にみられる男女の関係性」歴史学研究会編『歴史学の現在9　性と権力関係の歴史』青木書店、一九九九年、一三九～一六九頁。

(12) 久布白落実「婦人の権利と公娼制度」『婦人新報』二六八、一九一九年、一～四頁。

(13) 村瀬幸浩「重要!　男子への性教育」『婦人新報』一二〇〇、二〇〇〇年。ここでは、長い間、日本の性教育は主として女子を対象としており、男子の性に焦点を当てて学び考えさせる性の教育は未だに行われているとは言い難いと指摘。

(14) 久布白落実「生活の中に現るる神の像」『婦人新報』二九〇、一九二一年、六～七頁。

(15) 久布白落実「私は性をかう思っております」『優生運動』二（六）、一九二七年、四三頁。

(16) 久布白落実「廃娼後の欧州」『婦人新報』三六四、一九二八年、一三頁。

(17) 久布白落実「純潔日本の建設（九）廃娼後の施設研究」『婦人新報』四六二、一九三六年、八頁。

(18) 久布白落実「自由論壇　廃娼と経済問題」『婦人新報』四一八、一九三三年、三五頁。
(19) 久布白落実「純潔日本の建設（一二）廃娼後の施設研究」『婦人新報』四六五、一九三六年、九頁。
(20) 久布白落実『廃娼ひとすじ』中央公論社、一九七三年、二四四頁。
(21) 久布白落実「我が国に於ける性教育（一）」『婦人新報』四六六、一九三七年、一八頁。
(22) 同右、一九頁。
(23) 同右。
(24) 久布白落実「我が国に於ける性教育（二）」『婦人新報』四六七、一九三七年、二四頁。
(25) 久布白落実「我が国に於ける性教育（三）」『婦人新報』四六八、一九三七年、八頁。
(26) 久布白落実「我が国に於ける性教育（四）」『婦人新報』四六九、一九三七年、六頁。
(27) 久布白落実「我が国に於ける性教育（五）」『婦人新報』四七〇、一九三七年、二二頁。
(28) 久布白落実「我が国に於ける性教育（六）」『婦人新報』四七一、一九三七年、八頁。
(29) 久布白落実「偉大なる時代の進運」『婦人新報』二五九、一九一九年、五頁。
(30) 久布白落実「恩師愛師矢島楫先生」『婦人新報』三三一、一九二五年、四〇～四一頁。
(31) 同右、四一頁。
(32) 同右。
(33) 同右、四〇頁。
(34) 国民純潔同盟は一八九〇年五月に結成された廃娼連盟が一九三五年に改称。廃娼連盟は前三年、後五年の運動で公娼制度廃止は目前に迫ったと考えて、廃娼後の施策検討と純潔運動を始めることになった。
(35) 久布白落実「修養　神の国建設の礎石」『婦人新報』四七三、一九三七年、四頁。
(36) 同右、五頁。
(37) 同右。
(38) 女子部幹事「黎明会は単なる男女の交際機関たるに止まらず」『婦人新報』四七三、一九三七年、三六頁。
(39) 矢島直一「黎明会のこのごろ」『婦人新報』四九二、一九三九年、四〇頁。
(40) 久布白落実「純潔日本建設のプログラムと黎明会」『婦人新報』五二四、一九四一年、一八頁。

(41) 同右、一九頁。
(42) 久布白落実「新体制下の純潔運動（三）身売防止と新体制」『婦人新報』五三一、一九四一年、一五頁。
(43) 久布白、前掲「私は性をかう思っております」、一九二七年、四四頁。
(44) 久布白落実「皇紀二千六百年の大会を迎ふ」『婦人新報』五〇三、一九四〇年、八頁。
(45) 久布白落実「純潔日本建設途上における性病問題」『婦人新報』五三六、一九四二年、七頁。
(46) 久布白落実「人口国策と矯風会」『婦人新報』五三二、一九四二年、一〇頁。
(47) 久布白「二つの要点」『婦人新報』五三一、一九四二年、一〇頁。
(48) 小野沢あかね『近代日本社会と公娼制度――民衆史と国際関係史の視点から』吉川弘文館、二〇一〇年。
(49) 久布白落実「現下我等の行く可き道」『婦人新報』五三七、一九四二年、七頁。
(50) 同右。
(51) ここでいう彼女の四大方針とは「法律の完成」、「性病対策」、「性教育・純潔教育」、「淪落婦人の保護・身売防止・少年少女の善導」のことである。
(52) 日本キリスト教婦人矯風会「風紀対策に関する意見書」『婦人新報』五六三、一九四六年、五頁。
(53) 久布白落実「一九四七年度に於ける矯風会の進路」『婦人新報』五六五、一九四七年、二頁。
(54) 同右。
(55) 竹上正子「吾等の進むべき道」『婦人新報』五六六、一九四七年、五頁。
(56) 久布白落実「官郷夫人と甲州を巡りて」『婦人新報』五八三、一九四八年、二頁。
(57) 安藤画一「私の性教育観」『婦人新報』六〇五、一九五〇年、六頁。
(58) 日本キリスト教婦人矯風会「日本基督教婦人矯風会全国評議員会報告」『婦人新報』六二一、一九五二年、一一頁。
(59) 久布白落実「純潔運動と矯風会」『婦人新報』六〇二、一九五〇年、四頁。
(60) 二人の純潔教育に関する記述には次のようなものがある。「人倫の道を踏み外して、悲惨な境遇に落ちて行く娘達の多数は、性生活に対する無知からであります。世相のいまはしいのをなげく暇に我々は各家庭に於いて、学校に於いて、或程度の性生活に就ての科学的知識を与えることが、今日の急務」（岸登恒「純潔運動の今昔」『婦人新報』五六一、一九四六年）。性に関して無知であることが売春の道に入る原因であると考え、社会や貧困の視点が欠けているように思われる。また千本木道子（「性教育の主眼」『婦人新報』五六五、一九四七年）は性教育の主眼について「性生活の営まれる家庭生活を真実な祝福されたものとしてよりよい子孫を残す様に努めねばならない」と述べており、「よりよい子孫」という記述から優生学的思想が垣間見える。
(61)『性暴力問題資料集成第一巻』に収録されており、これまであまり研究対象とされておらず、手書きの貴重な史料。委員会のメンバーのうち、原文兵衛、高島米峰、花木チサオ、大山正、久布白落実、山室民子、久慈直太郎、植村益蔵、寺本慧達、伊藤秀吉、安藤画一、千本木道子、寺中作雄の一三名が回答。
(62)『純潔教育はなぜ必要か』は二〇〇八年に出版された『近代日本のセクシュアリティ　第二八巻　性教育の変遷』（ゆまに出版）に戦後の性教育の文献として収録されている。
(63) 久布白落実『純潔教育シリーズ2　純潔教育はなぜ必要か』社会教育連合会、一九四九年、八頁。
(64) 同右、二〇頁。
(65) 同右、一九頁。
(66) 同右、二三頁。
(67) 同右、四四頁。
(68) 同右、一九頁。
(69) 同右、二〇頁。
(70) 同右、二〇頁。
(71) 同右、三四頁。
(72) 同右、七三頁。
(73) 同右、七五頁。
(74)「占領中には、……日本女性の妊娠は、一切問題として取上げないと云う定めであったときく。然し講和発効後は苟か問題は変って来るのではあるまいか。勿論駐在兵に国家の安全を委ねる以上思うままの事を云う訳にも行くまいが、世界に対してわれらも多少正面から物を云う事を学んでもよいのではないか」（久布白落実「社説　独立の春に」『婦人と日本』十一、一九五二年）。
(75) 林葉子「『廃娼運動家』論・再考――久布白落実と『婦人と日本』（一九五〇～一九六五）」『大阪大学日本学報』二四、二〇〇五年、七五頁。
(76) 久布白落実「三度敗れて尚……」『婦人と日本』一、一九五〇年、一頁。

(77) 久布白落実「国家と家族　瑞典の女流思想家――アルバ・ミルダルを読む」『婦人と日本』三一、一九五四年、四頁。
(78) 久布白落実「矯風会と家族計画」『婦人新報』六六二、一九五五年、七頁。
(79) 同右、八頁。
(80) 久布白落実『欧米より帰りて（売春状態実地報告）』一九五六年、八頁（再録：『性暴力問題資料集成第11巻』不二出版、二〇〇五年）。
(81) 久布白落実『五十年の歩みと五十日の旅』日本基督教婦人矯風会本部、一九五六年、五六頁（再録：『性暴力問題資料集成第12巻』不二出版、二〇〇五年）。
(82) 同右、六七頁。
(83) 久布白落実ほか『第一回純潔教育指導者講習会』日本基督教婦人矯風会、一九五九年、一頁（再録：『性暴力問題資料集成第18巻』不二出版、二〇〇六年）。
(84) 久布白落実「十一月を迎う」『婦人新報』六八六、一九五七年、四頁。
(85) 久布白落実「収穫の秋」『婦人新報』六九八、一九五八年、五頁。
(86) 久布白落実ほか『第一回純潔教育指導者講習会』日本基督教婦人矯風会、一九五九年（再録：『性暴力問題資料集成第一八巻』不二出版、二〇〇六年）。
(87) 同右、五三頁。
(88) 久布白落実「私は性をかう思っております」『優生運動』二（六）、一九二七年、四三頁。
(89) 高橋喜久江『福祉に生きる　久布白落實』大空社、二〇〇一年一一五頁。
(90) 久布白落実、高橋喜久江ほか「座談会　現代の性風俗と矯風会」『婦人新報』八一五、一九六八年、一二頁。
(91) カール・G・ハートマン（一八八二―一九六九年）は米国イリノイ大学動物学、生物学の名誉教授であり、マーガレット・サンガー研究所顧問等を務めた人物。
(92) 久布白落実、高橋喜久江ほか「座談会　現代の性風俗と矯風会」『婦人新報』八一五、一九六八年、一二頁。
(93) 久布白落実「純潔部の一年の活動展望」『婦人新報』八四三、一九七一年、七頁。
(94) 同右。
(95) 加藤静枝『産児制限と婦人』読売新聞社、一九四六年、二七頁（再録：『性と生殖の人権問題資料集成第8巻』不二出版、二〇〇一年）。
(96) 神近初子編『サヨナラ人間売買』現代社、一九五六年。
(97) 久布白落実「日本の味」『婦人と日本』四二、一九五五年、二頁。
(98) 同右。
(99) 高橋喜久江「人権を主張した矯風会――活動史の視点から」『婦人新報』一一七〇、一九九八年、三頁。
(100) 久布白落実、高橋喜久江ほか「座談会　現代の性風俗と矯風会」『婦人新報』八一五、一九六八年、一五頁。
(101) 久布白落実、岩村信二ほか「座談会　性革命を考える――新世代の性思想（五月号）に答えて」『婦人新報』八二三、一九六九年、二六頁。
(102) 久布白落実「三大目標について　純潔部」『婦人新報』七七七、一九六五、一七頁。
(103) 久布白落実「私は性をかう思っております」『優生運動』二（六）、一九二七年、四四頁。
(104) 久布白落実「我が国に於ける性教育（二）」『婦人新報』四六七、一九三七年、五頁。
(105) 多田恵子「『純潔』を『人権』に――『婦人保護』から『シェルター』への流れの中で」『婦人新報』一一八二、一九九九年、一四頁。
(106) 久布白落実「わが信仰の生涯　売春禁止法を通すまで」『月刊キリスト』一三（三）、一九六一年、二二頁。
(107) 久布白落実「純潔運動の理念」『婦人新報』八〇五、一九六七年、一九頁。
(108) 高橋喜久江『福祉に生きる　久布白落實』大空社、二〇〇一年、一一五頁。

第9章　沖縄から大阪への移住者に見られた社会主義思想とその限界

——大阪における同郷集団の運動

加山　弾

二十世紀初頭の沖縄では、糖価暴落による経済低迷、主要産業の本土支配、過剰な税負担と人口の急激な増加という苦難が重なり、県民は経済的に困窮を極めていた。県民の間では、日々を生きるために毒性と知りながら「そてつ」を食べ、わが子を売りに出すことが広まり、さらには、新しい土地に活路を求めて官約移民や出稼ぎとして国内外に多数の移住者を沖縄から送出することとなった。

経済的な窮状の要因をもう少し詳しく見てみよう。第一に挙げた糖価暴落は、第一次世界大戦後の大不況を契機としてサトウキビの流通価格が暴落したものであるが(1)、蔗作を中心とする当時の「モノカルチュア」の農業政策によって県民の大多数を占めていた零細な農業従事者にとって甚大な被害をもたらした。第二の「主要産業」とは、陸上における糖業と海上の海運業という沖縄の二大産業のことだが、糖業は農商務省（当時）が直轄する沖縄県臨時糖業改良事務局が横浜にあった沖台拓殖製糖会社に払い下げられ、海運業は大阪商船に独占が許された。このため、沖縄の生産によって生まれた利潤の大半が民間企業に吸い上げられ、県外に流出する構図となっていたのである。

第三の点について、この時期の沖縄県の国税負担は、同規模の人口・面積を有する他県と比較すると著しく高く、沖縄県下への国庫金収支としても、国による回収が国庫金投入をはるかに上回る状況であった(2)。そうした中で、第四の沖縄における人口増加は他府県並みの多さ(3)であったにもかかわらず、県内の二毛作が他府県の一毛作を下回るほど低調な生産力であったこと、交通の発達によって物資移入が進み、食品や衣類、日用品などのレベルが向上したことなどから、人口増加と生産不振のバランスが不均衡となった。

これらの理由により、沖縄において県民は経済的に疲弊を極めたと言われているが、とりわけ本土による沖縄に対する差別的政策、並びにそれを隠蔽し不可視化する政策が展開したことが指摘されている。このような窮状を背景にして、「故郷にいて暗い生活を送らんとするよりは、進んでより良い幸福を求めんとして[4]」官約移民時代の十九世紀末頃から国内外への人口流出が活発化するのである。

移民社会の特徴として、出身地を同じくする者同士が同郷集団を結成し、コミュニティとしての機能（居住、就労のほか、生活の諸機能における互助の仕組み）を備えて不利益を克服しようとすることがあるが、沖縄からの移民や出稼ぎにおいても同様であった。

沖縄県下で、そして渡航先の移民社会において、本土と沖縄の二分された権力関係は常に見られるものであった。その構図は十七世紀の島津藩による侵攻、琉球処分（一八七九年）から今日の米軍基地負担に至るまで変わっていないと、沖縄の人びとは繰り返し訴える。

本章では、国内最大の沖縄人コミュニティが形成され、今日までその組織や活動が継承されている関西の沖縄出身者の集住地区を中心に、二十世紀初頭の同郷集団の組織化において大きな影響力をもった社会主義思想・運動を中心に概観し、やがて壁を迎えるに至った史実とその背景、そしてその後の展開を考察したい。

1　沖縄がおかれた状況

「そてつ地獄」「子弟身売り」と出移民

窮乏に追い詰められた沖縄県民の間では、やむなく野生の「そてつ」からでんぷんを精製する調理法が広がって

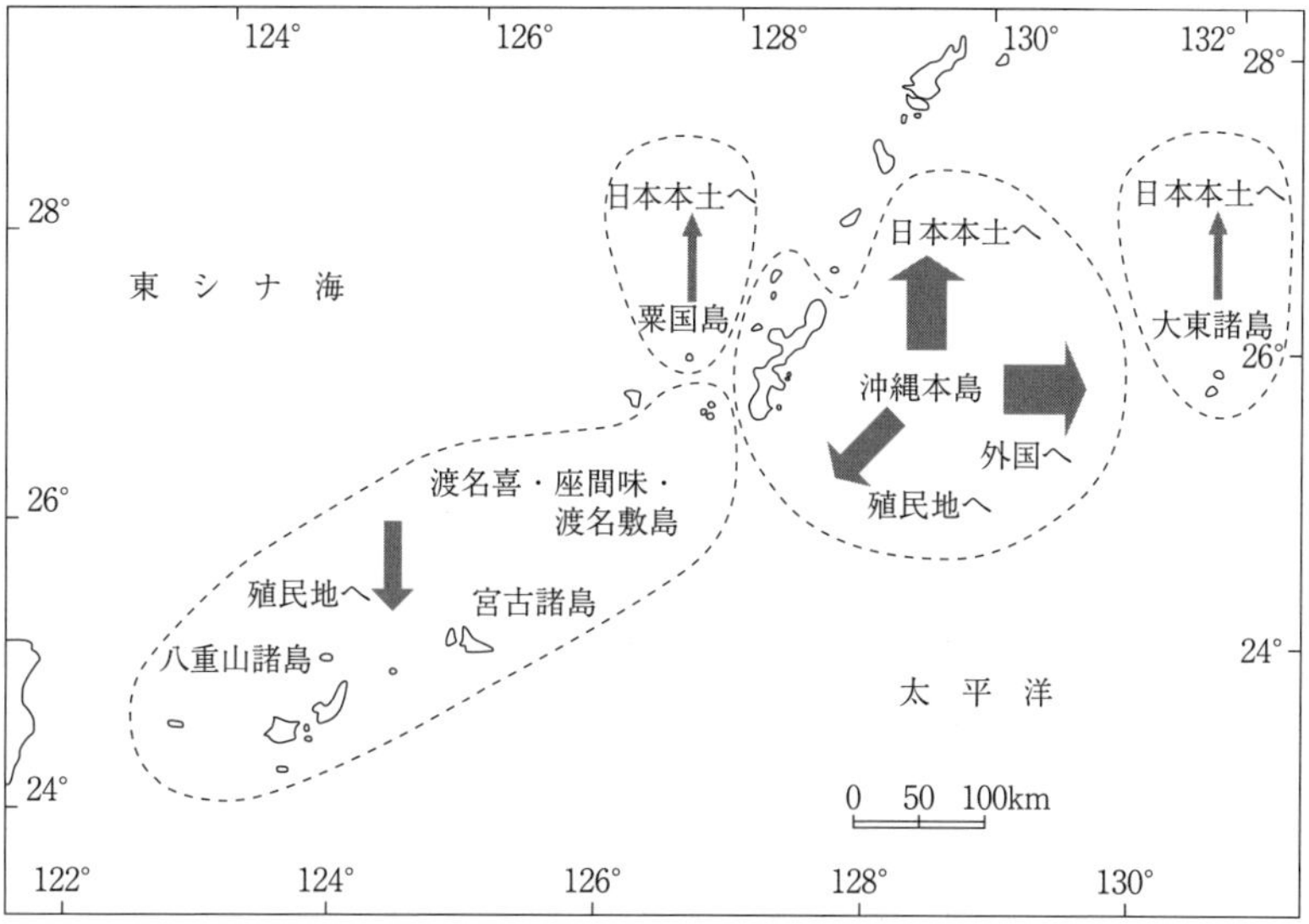

図9-1　沖縄県における外国・殖民地・日本本土在住者率型の模式図（1955年）

注：縮尺は原著のもの。

出所：石川友紀『日本移民の地理学的研究――沖縄・広島・山口』榕樹書林，1997年，317頁。

いく。「そてつ」は毒性を含んでいるため、製法を誤って中毒死する人もいたことから、その事態は「そてつ地獄」「飢餓地獄」などと呼ばれた。それにもかかわらず、三食に一回は「そてつ」を食べなければ凌げなかったという。

それにとどまらず、県下では実子を遊女や農家、漁夫などの労働力として売り飛ばす「子弟身売り」も拡大していた。地名に因んで「辻売り」「糸満売り」などと呼ばれたものであるが、極貧の農家だけでなく、中農層においても行われていた。

このような経済状況を push 要因（移民を送り出す要因）として、沖縄は国内でも有数の移民送出県となる。その流出労働力は、当時の日本の自由・契約移民の活発化[5]を背景にして、海外、国内双方において盛んに行われた（図9-1、表9-1）。

沖縄からの出移民の渡航先として、海外ではブラジル、ハワイ、ペルー、フィリピン、アルゼンチンは規模が大きかったが、他にも中国や南北アメリカ、中央・東南アジア、アフリカなど世界各国に渡っていた（表9-2）。国内の移住先としては、関東、中京、関西、

表9－1　日本における府県別出移民数及び住民10,000人に対する出移民数（1925年）

府県名	出移民数	住民10,000人に対する出移民数
沖　縄	2,453人	429人
和歌山	827	110
広　島	1,067	69
熊　本	725	59
山　口	530	51
滋　賀	298	46
鳥　取	203	45
福　岡	880	40

出所：図9－1と同じ，317頁。

表9－2　沖縄県における在留国別男女別海外在留者数（1940年）

	在留国（地域）	男	女	総数
1	ブラジル	8,802人	7,485人	16,287人
2	ハワイ	7,080	6,066	13,146
3	ペルー	6,214	4,503	10,717
4	フィリピン群島	6,389	3,510	9,899
5	アルゼンチン	1,813	790	2,603
6	英領馬来	990	105	1,095
7	中華民国	444	439	883
8	アメリカ合衆国本土	524	330	854
9	蘭領東印度	416	91	507
10	英領北ボルネオ／英国保護サラワク	223	117	340
11	豪州及び大洋州諸島	267	23	290
12	メキシコ	159	78	237
13	カナダ（英領）	138	73	211
14	キューバ	79	27	106
15	ボリビア	51	19	70
16	英領印度・ビルマ・錫蘭	9	—	9
17	タイ	7	—	7
18	コロンビア	4	2	6
19	チリ	4	2	6
20	アフリカ	2	—	2
21	ホンコン	1	—	1
22	その他	3	4	7
	合　　計	33,619	23,664	57,283

注：国・地域名表記については石川の用いた当時の表現をそのまま使用した。
出所：図9－1と同じ。

表9－3　沖縄出身者の分布

（人）

	在住者（1940）	帰還希望者（1946）
東　京	6,738	3,334
神奈川	6,127	8,770
愛　知	2,968	2,801
大　阪	42,252	29,808
兵　庫	11,426	21,339
和歌山	315	1,652
山　口	1,015	1,661
福　岡	4,371	6,720
熊　本	406	16,630
大　分	300	9,941
宮　崎	482	14,912
鹿児島	2,673	10,492
その他	9,251	13,317
計	88,324	141,377

注：帰還希望者のうち28,835人は奄美大島出身者。
出所：冨山一郎『近代日本と「沖縄人」――「日本人」になるということ』日本経済評論社，1990年，254頁。

九州と広範囲であったが、最大であったのが阪神工業地帯を擁する大阪と兵庫であった（表9-3）。

移住先での同郷性による結合

諸外国でも普遍的に見られる傾向として、移民は言語や生活様式・文化の差異から渡航先で不利な立場に立たされることが多く、とりわけ保守主義的な政策の下では、自国民の雇用や社会的諸権利を保持する目的などからも、移民に対して社会参加の道筋を制限するのが一般的である。さらに、国民の間では排外主義的な言説が構築され、少数派である移民の本質的な属性が劣等視された挙句、差別や排撃に耐えなければならないということも多い。

そのような逆境への対抗手段として、同郷性を結集軸としたコミュニティが形成されるのは一般的なことであり、沖縄からの移民・出稼ぎ者の場合でも同様であった。ステファン・カースルズとマーク・J・ミラー（Castles and Miller

1993＝1996: 26–27）が示す移民の定着モデルによれば[6]、①一時的な労働移民／母国への帰国志向→②新環境での互助の必要性／社会的ネットワークへの発展→③家族呼び寄せ／長期定住／エスニック・コミュニティ（協会、店、飲食店、代理店、専門職）の出現→④永住の段階（市民権の獲得または社会的排除、社会経済的に周辺に追いやられる）という道のりをたどる場合が多い。沖縄から国内外の移民においても同様のプロセスが見られた。

海を渡った沖縄出身者たちはボリビアなどでは開拓移民となり、原生林を切り開いて「コロニア・オキナワ」を作り上げた。しかし、過酷な環境のもとで生産は振るわず、疫病による死者が相次ぐなど、労働や生活は劣悪をきわめた。ブラジルやハワイでは被用者となり、ブラジルではコーヒー・プランテーション、ハワイでは製糖業を主要な産業として従事した。現地では、他県出身者からの侮蔑（日本の標準語を話せないなどを理由とした）、さらには日本の外務省による差別政策（沖縄出身者の業務の成績が不良であるなどとして、募集を中断することがあった）に苦しめられた。

そうした状況下、渡航先の各国での同郷人結合（県人会、村人会、年長者組織などが結成された）は、周囲から自分たちを守り、相互に支え合い、時には政府に権利要求を図る上で不可欠のものであった。

一方、国内への出稼ぎについては、紡績、製鉄、造船などの労働力需要を主たるpull要因（移民を呼び寄せる要因）として、全国の工業地区に拡大した。中でも、関西の港湾に全国で最大の移住先地区（本章ではA市B区と称することとする）があり、現在でも住民の約四分の一を沖縄出身者やその子孫が占めると言われている。

この地で結成された「関西沖縄県人会」は、沖縄の移住者同士をつなぎ、生活全般において互助機能を果たしたほか、沖縄県との連絡、権力機構との折衝なども行った。当時の「関西沖縄県人会規約」には、活動方針として次のように記されていた。「(イ)災害、疾病、不幸ナドノ慰問　(ロ)失業防止、就職紹介、関西在住県人ノ保護　(ハ)県人ノ社会的状況ヲ調査シソノ対策ヲ講ス　(ニ)後援会ヲ開キ知識ノ向上ヲ期ス　(ホ)定期的ニ会報ヲ発行ス　(ヘ)一身上ノ相談引受　(ト)沖縄ト連絡ヲ取ル[7]」

この時期、親戚や同郷の知り合いを頼って渡航することが多く、仕事の斡旋や居住場所の確保（いそうろうや共同宿泊所など）はこのツテによっていたのであるが、それでも県人会の庇護下にあれば、それがなかった人よりも高収入の工場での就職や工場住込みなどにつながりやすかったようである。(8)

2　関西の労働市場に埋め込まれた差別構造

関西における沖縄出身者

日本有数の工業地域をもつ関西港湾エリアは、沖縄や朝鮮出身の労働者を大量に吸い込み、あたかも強大な磁場のようであった。他の土地から流入した労働者にとって、就職先には高賃金部門の機械、金属や低賃金部門の繊維などがあったが、とりわけ沖縄出身者が高賃金の職に就くことは容易でなかった。

冨山一郎は、ある「形態的特質」がここにはあったと指摘(9)し、批判的に解題している。すなわち、関西の工業部門が沖縄出身者を差別的労務待遇をもって包摂することであり、低賃金・差別的労働による積極的雇用を進めるタイプと雇用を完全に拒否するタイプの二つを内在する「沖縄的労働市場」と彼は呼んでいる。さらには、前者の背景にあったのが、「沖縄出身者は安く使って構わない」とする差別的な集中的雇用と労務管理であると述べている。

したがって、たとえば一九二〇年代の企業・工場には、①沖縄出身者を低賃金労働者として積極的に募集するもの、②「琉球人お断り」といった貼り紙を出して雇用拒否するもの（他県出身者だと偽って入社した沖縄出身者もいたが、発覚すればただちに解雇する）という二種類の対応があった。この違いには、中央の政策とも結びついた業種ごとの事情があった。①は主に紡績会社で、増産・合理化の戦略の中で、安価な「調整弁」として沖縄出身者の集中雇用を図ったものである。賃金体系、雇用条件、宿舎の部屋・食事の質にいたるまで、沖縄出身者には徹底して劣悪な条件を課した。実はこれには、本土の労働者に対しても行われていた差別的雇用を隠蔽し、労働者の矛先をそらす目的も含められていた[10]。他方、②は高賃金部門の機械・雑工業などであった。当時の重工業の労務政策として、新規参入の抑制と本土労働者の定着を推し進めていたことの影響で、立場の弱い沖縄出身者がこのようにシャットアウトされたのであった。

ここに見られる雇用の階層性には、少なからず沖縄人（この語については後で説明する）がもつメンタリティが関係していた。大阪の労働市場に、沖縄と同じように大規模に流入したのが朝鮮人労働者であり、この二者はともに労働力として下層に組み入れられた点で一括りにとらえられることも多い。現に、上の②に関しては、「職工募集ただし朝鮮人、琉球人お断り」などとする求人ビラが、鉄工所の入口に貼り出されていたこともあったのである。

しかしながら、厳密には沖縄人が朝鮮人のさらに下層に（つまり、最下層に）位置づけられたとする指摘も見ることができる。冨山は、この両者の異同について、「朝鮮人労働者と沖縄出身労働者の同一性を主張する論拠は、ほとんどこうした差別的な労務管理によっている」としつつ、「こうした差別の存在を認めたうえでもなお、沖縄出身者が朝鮮人労働者と同じ構造で低賃金を刻印されたとは考えられない」と述べている[11]。

そして、雇用主が沖縄人労働者に「特別な枠」を設けた理由がそのメンタリティ、すなわち沖縄県民が集団心性としてもつ「従順性」にあったとされる。冨山はさらに指摘する。「差別に怒りをもって抵抗したのは朝鮮人労働者」であるのに対し、「差別的労務管理に対し、怒りではなく従順性でもって対応した沖縄出身者」が、雇用主にとっては好都合だったのである。

名護市史編さん委員会編においては[12]、次のような元工員の回顧録が収録されている。「昭和七年ころ、大阪における沖縄人の力は朝鮮人よりも下だった。朝鮮人は五百人くらいが集団で行動するから力があった。待遇も上で、製材の担ぎが沖縄人は一円、朝鮮人が一円二十銭だった。沖縄の人は団体を組んで経営者に交渉しない。朝鮮人のように団体を組めば大阪市にモノが言える」。

今日、この「従順性」に通底するものに、沖縄人をめぐる集団心性としてしばしば語られる「沖縄人気質」がある。これが、「問題」を外部者から見えにくくさせ、怒りの矛先を曇らせてしまっていることが、沖縄人自身から指摘されているのである。つまり、沖縄人が昔も今も変わらず背負い続けてきた被抑圧状況、不平等感、悔しさを、内輪（沖縄人同士）の場では激しく主張し合うのに、公式の場に出ると、途端に表明せず、鞘を納めてしまうところがあるというものだ。それを「内弁慶」だと自嘲する沖縄人もいる。

世代継承される差別

ともあれ、二十世紀初頭の関西の労働市場で公然と行われた雇用差別や雇用拒否・（今でいう）不当解雇などが、一世とのちに呼ばれる世代に重くのしかかり、高度経済成長期に青年時代を過ごした二世世代（一世の家庭に生まれた子や集団就職者など）にも継承される。沖縄人たちは就職のために本籍を変えたり、改姓、方言の修正などを余儀なくされた（鹿児島県出身などと偽る場合もあった）。過酷な労働に耐えかね、時に自殺、犯罪、逃亡などに追い込まれる労働者もいた。

無論、沖縄人たちの暮らしを圧迫したものは、労働条件だけではない。居住の面では、当時、いわゆる「沖縄スラム」に身を寄せ合って生活せざるを得なかったことに触れておかなければならない。そこは「ゼロメートル地帯」（運河沿いの海抜ゼロメートルにできた湿地帯）と呼ばれる一画で、住居は廃材を使ったバラックや長屋（不法建築を含む）であり、親戚や知人が移住してくればバラックの屋根に二階を継ぎ足し、梯子をかけて昇り降りできるようにすることもあった。大人の肩幅すれすれの路地だけを残してそのような住居がひしめき、火災が起きてもなすべがないと、消防署もお手上げであった。土地柄、満ち潮で側溝は増水するため、地面はつねにじめじめと湿り、大雨の時は住居が浸水した。台風がくれば補強し、避難を強いられることもあった。タクシーでその地を告げると、「車が汚れるから」と乗車拒否されることも珍しくなかった。

子どもの世界でも、沖縄の子は「一緒に遊んではいけない」と親から遠ざけられる存在であり、大人同士でもや

は り沖縄人は「地元のイメージを損ねる」と見られていた。そのネガティヴな言説は、移住当初からの文化非承認の文脈の上で生成されたものである。

一世世代は関西で生き抜くために沖縄文化を自ら否定し、体制の求める同化の道を選ぶ以外に選択肢をもち得なかった。標準語の徹底が推し進められる中、小学校では、沖縄の方言を使った児童に「方言札」や体罰などが横行した（これらの文化否定については後で説明する）。

移住が活発化する時期に入る少し前には、「学術人類館事件」と呼ばれる出来事が起きている。一九〇三年に大阪で開催された勧業博覧会では、民間パビリオンである「学術人類館」において生身の沖縄人女性が他の民族的マイノリティとともに見せ物小屋に「陳列、展示」されるという事件であった（女性たちは、事前に「琉球物産の案内役」、すなわちコンパニオンとして召集されていたのであったが、実際には、それを含む数々の約束を反故にされた労役を強制された）。この件は、沖縄人、アイヌ民族、朝鮮人、清国人、台湾・印度《インド》・爪哇《ジャワ》の先住民族などが「内地に最も近い異人種」（人類館設立趣意書）として、動物などと並べられて展示対象となったものであったが、要するに、富国強兵、殖産興業、近代化の到達点として、日本がすでに獲得した新領土とこれから獲得しようとする国々を意味していた。

このように生身の人間を民族の象徴として展示するスタイルは、当時の文化人類学の時流にのった手法としてヨーロッパの博覧会でもすでに行われていたことではあった。とはいえ、仮に学術的な重要性を差し引いたとしても、人間の尊厳に対する侮辱であり、到底容認されるものでないと、展示対象の各国から不満が表明された。諸外国との外交問題化を恐れた外務省により、いくつかの国の展示は博覧会開催前に中止となったが、沖縄に関しても開催後の新聞紙上での猛抗議の末に打ち切りとされた。この件は、直後に控えた大規模な移住時代に入る沖縄人が、本土からどのような視線に晒されていたかを雄弁に示す証左となっている。

キリスト教信仰と社会主義思想

自らの意に反して日本社会の階層構造に組み入れられた沖縄県民（沖縄県在住者、移住した労働者ともに）は、キリスト教信仰や社会主義に思想的基盤を求め、苦悩からの解放の道を見出そうとした。元来、沖縄にはメソジスト、バプティスト、組合教会など、多くの宗派の教会ができていた。人間を神との関係でとらえた時、神の子である人間はすべて均しくあらねばならない。日本社会と沖縄の間の不均衡な権力構造はそれに矛盾することであり、キリスト教的平等主義を、やがて社会主義思想へと導くには十分な契機となった。新里《あらさと》金福と大城立裕は、「人間存在の根源的な平等を説くキリスト教思想は、それが科学的な精神を経てさらに突き進む時、やがては社会主義思想にいきつくことは必然[13]」だったと分析している。

沖縄地方紙と全国紙の記者を経て首里市長となり、後年は沖縄復帰運動の父と呼ばれた仲吉良光《りょうこう》（一八八七〜一九七四年）は、少年の日にキリスト教信仰と出会い、貧困者を守ろうと訴えた。また、小学校教諭から県吏となり、沖縄返還運動にも貢献した比嘉春潮《しゅんちょう》（一八八三〜一九七七年）は、キリスト教を下地に、『中央公論』『太陽』『新思想』『東洋時論』などに学んだ社会主義者であった。比嘉は戦後の日本政府とGHQに対して県民救済を求め、沖縄人連盟の発足に尽力した人物である（連盟はその後、日本共産党との結びつきを強めていく）。

さらに、「沖縄学」の始祖であり、沖縄の社会主義思想の礎を築いた伊波普猷《いはふゆう》（一八七六〜一九四七年）は、執筆活動を通じて沖縄が抱える諸問題を詳らかにし、後進に実践的な動機を与えた。比嘉春潮、アイヌの民族復帰運動を指導した歌人・違星北斗《いぼしほくと》（一九〇一〜一九二九年）、「青踏派」の婦人運動家・真栄田忍冬《まえだにんとう》や新垣美登らは、皆、伊波の思想の上に社会主義運動を展開した。

ただ、伊波自身は社会主義者ではなく、政治的に中立的であったと言われる。伊波の主張は、帝国主義に対する現象的批判や沖縄に対する差別政策への人道的批判の立場を取り、階級的批判に向けられたものではなかった。新里・大城は、次のように評している。「伊波の思想の本質は、要するに近代日本の特殊性にかかわる封建遺制との闘いを主軸とするものではあっても、資本主義との闘いを主軸とするものではなかった。（中略）伊波は自由主義者ではあっても、社会主義者ではなかった[14]」のである。とはいえ、「彼の果たした沖縄における役割は、過小評価されてはならないであろう。なぜなら、沖縄問題という名でよばれる差別問題は、資本主義社会の産物であると同時に、他面、日本近代に特有な封建遺制に強く関わる問題でもあったからである」。

社会主義運動の展開とその衰退

先述した関西沖縄県人会は、同郷人結合の基盤であったが、県人会左派グループの革新的な主導により、プロレタリア運動集団としての色彩が強かった。県人会の母体は一九二三年に組織された赤琉会である。そのリーダーである井之口政男は、赤琉会結成の年に共産党に入党し、ボルシェビズム派に属する活動家であった。赤琉会は、マルクス・レーニン主義について研究会をもちつつ、沖縄県内のボル派と連動して沖縄の無産運動にもかかわっていく。その流れの中で一九二四年に結成されたのが関西沖縄県人会であった。

県人会は、本部と八つの支部（各支部は会員三十名以上）で構成された。役員層の大半は赤琉会メンバーであったが、同時に「エリート層」と呼ばれる人びと（沖縄出身の実業家、医師、弁護士、計理士、銀行員、教員、上級官吏、政治家など）も一派をなしていた。エリート層は、ボル派活動家とは一線を引いた存在であったが、会内部での対立を調整するためにも必要なのであった。

一九二六年、県人会ボル派にとって大きな転機が訪れる。「東洋紡三軒家争議」を発端とする一件がそれである。元々、沖縄からの国内への本格的な出稼ぎは、紡績を中心とする女工からはじまり、男子労働者は後年に発生した重工業の需要を主な pull 要因として活発化した。その紡績女工の雇用条件は概して低劣なもので、低賃金かつ長時間労働を強いられ、加えて衛生状態の悪い工場で肺を患う女工、仕事が深夜まで続き痩せ細った女工もいた。彼女たちには「タコ部屋」と呼ばれる不衛生な宿舎、「ションベン布団」（万年床）に寝泊まりさせられ、食事の質も落とされた。当然、周りの女工や職員からも「琉球」などとばかにされ、雑用は押し付けられた。

繊維部門の女工の不遇は、横山源之助による『日本之下層社会』（教文館、一八九九年）、細井和喜蔵による『女工哀史』（改造社、一九二五年）に克明に記録されている。また、農商務省も一九〇三年の報告書『職工事情』において、繊維業の職工の待遇を問題視している。年少労働者の多さ、長時間労働（深夜業を含む）とその隠蔽（経営者が時計を逆回しにし、終業時間を過ぎても働かせるなど）、未成年女工への虐待などが指摘されている。

東洋紡三軒家工場は、やはりそのような「沖縄的労働市場」に属する企業であり、沖縄出身者を集中配置して賃金切り下げをしていた。争議は、宇治山田市の新工場建設時、会社側が活動家をねらって転勤させたことを引き金として起きた。県人会ボル派はこれを機に、大阪紡織染物労働組合を結成し、二百名以上が参加する労働争議を起こしたほか、会社側に嘆願書を提出した。嘆願書で要求したのは、工場法の適用、外出の自由、賃金二割アップ、沖縄女工への差別的労務の修正、といったことであった。

しかし、会社側はこれを拒み、応酬に打って出る。組合員四十名を解雇した上、警察に出動要請して応援部隊を一斉検挙したのであった。女工約二百名はその場を逃げ出したが、警察によって会社に連れ戻され、職員から容赦なく暴力を浴びせられた。

一方、ボル派の運動が過激化するにしたがい、エリート層を中心として、県人会内部からも不満が出始めた。一九二八年、二九年には二つの共産党員検挙事件があり（三・一五事件、四・一六事件）、県人会ボル派は弾圧に屈することとなり、消滅した。これによって、県人会は活動が停止してしまうのであるが、一九三一年にエリート層を指導者として再建大会が大阪・中之島公会堂で開催され、再出発を果たす。この時には、沖縄人の集住地区に育っていた新たなリーダー層も合流することとなった。

3　生活改善運動と同化教育

同化志向の強まり

「沖縄的労働市場」による苦境の中、一世の沖縄人たちの間には、いつしか沖縄の文化や習俗を隠し、日本社会に同化しようとする傾向が強まった。「目立つな。不平を言うな。我慢しろ。沖縄を出すな」という態度によって、あるいは「ウチナーンチュ（沖縄人）」であることを意識されないように努めることによって、周囲に適応しようとする意図があった。沖縄の習慣や文化の一切に否定的な烙印を押し、子ら（二世）にも「差別の対象になるから」と、努めてそれらを伝えないようにし、また「結婚するならウチナーンチュと」などと制約した。

しかし大局的に見れば、このような同化志向は、経済的負担の大きかった沖縄県民が「本土なみ」「他府県なみ」をめざししていたのに反し、県当局が本土への同化政策へとすり替えたという性質のものであった。県が主導した「生活改善運動」がそれである。県民が求めたのは、無論、他府県民と同等の「生活水準」であり、沖縄としての固有性やアイデンティティを放棄することでは決してなかったはずである。しかし、生活改善運動は、標準語普及運動、同化教育、皇民化教育と結びつき、学校や一般家庭にまで行きわたるものであった。県下でのこの動きは、遠く関西の沖縄出身者たちの生活にまで拘束力をもった。

生活改善運動

生活改善運動とは、一九三〇年代後半から四〇年代にかけて、沖縄の文化や習俗を矯正しようとするものであり、沖縄県で展開した。その中身としては、沖縄語廃止・標準語励行のほか、琉装、姓名、ユタ（神から分化した巫（かんなぎ）とされる）、三線（三味線）、演劇、琉球舞踊のような文化の禁止、さらには不整頓、不衛生、飲酒など生活全般の習俗が否定された。当時の県知事・淵上房太郎が「沖縄文化抹殺論」を掲げて「国民的一致のためには、沖縄の地方的特色は一切抹殺されねばならぬ」と唱え、県学務部にこれを所轄させて官主導で進めていった。沖縄を近代化し、本土の水準に近づけようという県の思惑と、同化を推し進めようとする政府の思惑が統合され、このような形で進められたのである。

標準語普及運動もまた、方言撲滅運動へと発展して同時期に県当局によって徹底された。子どもから老人まで、一般家庭でも「一家そろって標準語」というビラを貼られていた。教育現場においてそれはさらに激しいものとなり、「方言札」という罰札が各学校に配布され、沖縄の方言が取り締まられた。方言札とは、小・中学校で生徒が方言を使うと、木製の札（「方言札」とか「私は方言を使いました」などが書かれていた）を首から吊り下げなければならず、訓戒を受けたり、操行点を減じられたりした。中には、教師からげんこつや竹刀で叩かれるなどといったものもあった。札は、次に別の生徒が方言を使うまで下げておかなければならなかった。

比嘉春潮らは、これを「朝鮮や台湾における皇民化運動とまったく同じ」[15]と批判している。冨山は比嘉らの主張を、生活改善運動が「上からの皇民化政策の具現物」と断じたものだとして支持している。生活改善運動を国民精神総動員運動の一つとしてとらえ、「沖縄を植民地のように扱い、沖縄民衆を異民族であるかのように抑圧した、戦前期の軍や政府・県当局の責任を告発するもの」だとしている。[16]

標準語の普及については、明らかに行き過ぎだとする見解もあった。とりわけ、日本民芸協会の柳宗悦（一八八九～一九六一年）がこれを批判し、知事・淵上との間で繰り広げた「標準語論争」は、中央の論壇にまで飛び火し、激しくやりとりされたことで知られている。淵上が「方言を廃止し、標準語に変えぬ限り、この県の発展はない」として譲らなかったのに対し、柳は「標準語も沖縄語もともに日本の国語であり、ともに尊重すべきだ。他府県でも地方語の廃止は行われてない」と主張するものであり、両者の言い分は交わらないままであった。

関西の沖縄人集住地区においては、新たなリーダーとして、県人会や各種同郷組織、実業家集団などを指導したエリート層たちが、沖縄での動向と足並みをそろえつつ、生活改善運動や標準語普及運動を推進する役割を果たした。エリート層の中には、同郷者に対して金銭的・物質的支援を惜しまない人もいて、その姿は多くの同郷者たちから「成功者、日本人的＝沖縄らしくない人」というイメージで捉えられていた。「払拭すべき沖縄、めざすべき日本」というプロパガンダを掲げて進歩しようとするエリート層たちの影響により、これらの運動が関西でも実効性を強められたのであった。

二世世代と同化志向

しかし、ひと世代が過ぎると、この同化志向は新たな葛藤の火種となっていった。親たちから沖縄文化を封印された二世世代が青年になると、アイデンティティを再構築したいと思うようになったのである。決して触れることの許されなかった沖縄の舞踊や音楽を若者たちだけで苦心して学び、一九七五年に初めて「エイサー祭り」（当時の名称は「沖縄青年の祭り」）の開催に漕ぎ着けた。また、この実行組織である青年たちの会も同時期に結成し、さらには数々のコミュニティ活動が二世たちの手で生み出された。

当然、世代間の隔絶は深刻なものとなる。一世の中には「恥さらし」と罵る者、「今まで静かに生活してきたのに」と苦言を呈する者がいた。祭り当日には石を投げつける一世もいた。にもかかわらず、二世の青年たちがこれをやめなかったのは、親たちの中に捨てきれぬ望郷の思いがあることを見抜いていたからであった。また、高度経済成長期に入り、沖縄返還に日本中が沸く時代になってもなお、周囲からの差別（沖縄出身であることを理由にする解雇、差別落書きなど）はなくならず、耐えかねて自殺する者、犯罪に手を出す者などが二世の中に現れたことも大きな契機となった。沖縄という根源に自分たちのアイデンティティを見出し、それと向きあうことで絆を取り戻そうという思いがあった。

沖縄の伝統文化であるエイサーは、祖先の霊を祀る念仏踊りであり、太鼓舞踊を行う旧盆祭りである。祭りは自分たちが楽しむためではなく、祖先の力を借りて、長年の抑圧から親たちを解放するため、そして傷つき孤立する仲間を救い出すためのものであった。エイサー祭りは翌年以降も欠かさず開かれ、現在まで四十余年の間、一度も途切れたことがない。

4　「沖縄人」と「日本人」

本章では、「沖縄出身者」「沖縄県民」「沖縄人」という語を併用してきた。「―出身者」とは、もちろん国内外に移住した移民や出稼ぎ者のことであり、「―県民」は沖縄に籍（住民票）を置く人びとのことを指している。それに対して「沖縄人」とは、県内にいるか県外（海外）にいるかを問わず、沖縄に民族的アイデンティティをもつ人びとのことを広く表してきた（二世世代になると渡航先で生まれた人の場合は「出身者」や「移民」という表現は必ずしもあてはまらず、反対に二世と同じ世代でも集団就職などで初めて移り住んだ人、すなわち「出身者」「移民」にあたる人もいる）。「沖縄人」は学術用語として一般的であり、当事者自身も用いている。この語に差別的なニュアンスを見出すという指摘もあるが、関西のB区の活動者（二世）によると、対等に認め合う関係が沖縄人とその周囲に構築されているかどうかこそが重要なのであって、この語自体が問題なのではない、と話す。

近年では、日本の「沖縄ブーム」の影響もあり、「沖縄への差別はなくなった」とする見方は大勢を占めるだろう。しかし、当の沖縄人はそのように思っていない。「沖縄が好きだ」と言う「沖縄贔屓」は日本に増えたが、「沖縄のことを思うならば、基地問題、貧困問題に力を貸してほしい。沖縄が歴史的に押し付けられてきた艱難辛苦を、一緒に考えてほしい」と呼びかけても、「沖縄贔屓」たちは決まって目をそらすという。権力にある者は「見て見ぬフリ」ができるが、弱者はそれをすることができない。沖縄県と日本（沖縄県民とそれ以外の日本国民）の間に横たわるそのような歪んだ権力構造は、B区においても正確な縮尺で再現されていると言ってよい。

「沖縄ブーム」は、その歪んだ構造を不可視的に、つまり見えにくくする作用がある。それどころか、中央の巨大資本によって沖縄の市場や自然環境が侵食、搾取されていても、曖昧な「癒しの島」のイメージによって輪郭をぼかしている面もあると、沖縄人側は警鐘を鳴らす。いずれ、市場や環境が枯渇して「癒しの島としての商品価値」が下がれば、本土側は撤退し、責任を負うことはないだろう、とも懸念を示している。

「沖縄贔屓」は、無自覚のうちに「見る側」と「見られる側」の間に境界線を引き、そこに埋設された不均衡な社会関係（権利、収益、政治、近隣関係など一切の構造を包含する）については「知らない、見えない、聞こえない」という、いわば関わらない立場を決め込んでいる。一方的に「見られる側」に押し込められている沖縄人はその視線に不快感をもちながら、「見る側」の相手を眺め返すのである。「学術人類館事件と、今の沖縄ブームは、基本的に同じ構図ではないか」と。

実際、現在のB区においても、沖縄人たちは周囲の人びとを「ヤマト」とか「日本人」と呼び、自分たちの呼称である「ウチナー」との間に境界線を引く。その言葉が発せられるたび、被抑圧感、屈辱感、そして「ヤマトは自分たちのことをわかろうとしない」という諦め感が滲む。つまり、「沖縄人」という概念には、より強大な権力をもった「日本人」が対置されるのである。

先述した思想家の伊波普猷は、琉球処分以降、本土からつねに翻弄され続けてきた沖縄を「自分の運命を自分で決定することのできない境遇」と表現しているのだが、その後、第二次世界大戦、日米安保から今日の基地問題、沖縄ブームにいたるまで、「ヤマト」と「ウチナー」の二分された関係は同じままであろう。

本章で取り上げた、一世世代の社会主義運動は、その組織化の手法によって権力に屈することとなった。その過激な手法自体の是非は、現代となっては問われるところであろうが、しかし、そこで要求された「本土人と同水準の雇用」がもし獲得できたならば、騒動は避けられたかもしれない。だが、もとより差別的な階層構造を前提として組み込んだ労働市場が、それを受け入れることはなかった。これを単に社会主義思想がたどった歴史的限界性と理解するべきか、背後にあった構造的矛盾に着目すべきかは、議論の分かれるところなのかもしれない。

注

(1) 一九二〇年の那覇市場で一〇〇斤当たり二四四円であった黒糖が、翌年には十二円にまで急落し、以後も下落を続けた。
(2) 類似規模の四県における一九二四（大正一三）年の国庫税負担額は、沖縄県四百八十四万円、大分県四百十九万円に対し宮崎県二百二十六万円、鳥取県百九十八万円であった。また、二十世紀初頭の沖縄県に対する国庫支出が百～三百万円台であったのに対し、国庫収入は六百～七百万円台、すなわち国としては毎年三百～五百万円の収入超過であった。
(3) 廃藩置県のあった一八七一年当時の沖縄の人口三十一万五四五人が、その後の約五十年間で倍増した。
(4) 石川友紀『日本移民の地理学的研究——沖縄・広島・山口』榕樹書林、一九九七年、三二一～三二二頁。
(5) 石川による分類では、日本からの出移民の時代区分は、①契約移民時代（一八八五～一八九八年）、②自由・契約移民時代（一八九九～一九四五年）、③自由移民時代（一九四六～一九七二年）となる。沖縄からの移民が本格化するのは②の前半からである。
(6) Castles, Stephan and Miller, Mark J.（1993）*The Age of Migration*, The MacMillan Press.（＝1996, 関根政美・関根薫訳『国際移民の時代』名古屋大学出版会）
(7) 冨山一郎『近代日本と「沖縄人」——「日本人」になるということ』日本経済評論社、一九九〇年、一四八～一四九頁。
(8) 同右、一四二頁。
(9) 同右、一三二頁。
(10) 同右、一三一～一三二頁。
(11) 同右、一一一～一一三頁。
(12) 名護市史編さん委員会編『出稼ぎと移民Ⅲ』名護市役所、二〇〇八年、七六頁。
(13) 新里《あらざと》金福・大城立裕、琉球新報社編『近代沖縄の歩み』太平出版社、一九七二年。
(14) 同右、二九二～二九五頁。
(15) 比嘉春潮・霜多正次・新里恵二『沖縄』岩波書店、一九六三年。
(16) 冨山、前掲『近代日本と「沖縄人」』、一九九〇年、一九六頁。

参考文献

知念ウシ「『琉装』さーに東京歩っちゅん」演劇「人類館」上演を実現させたい会編『人類館――封印された扉』アットワークス、二〇〇五年、三五三～三六〇頁。

原尻英樹『日本のなかの世界――つくられるイメージと対話する個性』新幹社、二〇〇三年。

比嘉太郎編『移民は生きる』日米時報社、一九七四年。

加山弾『地域におけるソーシャル・エクスクルージョン―沖縄からの移住者コミュニティをめぐる地域福祉の課題』有斐閣、二〇一四年。

金城馨「インタビュー　文化を理解するとはどういうことか」『まねき猫通信』第九号、障がい者がみんなと共に働く場・ぷくぷくの会、二〇〇三年、八～一〇頁。

金城達巳ほか編『ボリビア・コロニア沖縄入植25年誌』ボリビア・コロニア沖縄入植25周年祭典委員会、一九八〇年。

松島泰勝『琉球の「自治」』藤原書店、二〇〇六年。

宮城栄昌『沖縄の歴史』日本放送出版協会、一九六八年。

日本民芸協会編『柳宗悦選集　5　沖縄の人文』春秋社、一九七二年。

野村浩也『無意識の植民地主義――日本人の米軍基地と沖縄人』御茶の水書房、二〇〇五年。

野村浩也『植民者へ――ポストコロニアリズムという挑発』松籟社、二〇〇七年。

産経新聞大阪本社人権問題取材班編『しあわせの温度――続・人権考』解放出版社、一九九八年。

島袋純「沖縄ガバナンスのゆくえ――国際都市形成構想から新沖縄振興計画へ」山口二郎・山崎幹根・遠藤乾編『グローバル化時代の地方ガバナンス』岩波書店、二〇〇三年、一八七～二〇六頁。

新里《しんざと》恵二・田港朝昭・金城正篤『沖縄の歴史』山川出版社、一九七二年。

平良盛吉『関西沖縄開発史――第二郷土をひらく』日本民主同志会本部、一九七一年。

谷富夫『過剰都市化社会の移動世代――沖縄生活史研究』渓水社、一九八九年。

横山源之助『日本の下層社会（改版）』岩波書店、一九八五年。

第10章　常盤勝憲と日本最初の盲人専用老人ホーム

——慈母園の設立過程

本間律子

「妻は夫をいたわりつ、夫は妻にしたいつつ」という浪曲の一節が心に残る「壷阪霊験記」。その舞台となった壷阪寺に一九六一（昭和三六）年、日本最初の盲人専用老人ホームである「社会福祉法人盲人養老院慈母園」（以下慈母園と略記）が誕生した。老人福祉法が生まれる二年前のことであった。慈母園設立に中心となって働いたのは、当時壷阪寺の副住職だった常盤勝憲である。

盲老人ホームは、今日の老人福祉法のもとでは養護および特別養護老人ホーム、軽費老人ホームに位置づけられており、その源流は昭和初期に制定された救護法下の養老院に求めることができる。この養老院は戦後の生活保護法下の養老施設を経て、老人福祉法へと至るのであるが、その間、救護あるいは保護の対象は「老衰者」であり、その中には盲人も含まれるものの、盲人のみを一か所に集めるような特別の制度はなく、慈母園設立以前はそのような施設もなかった。

また、戦後今日までの国会会議録[1]を見ても、盲老人ホームが国会で議論された形跡はない。ところが、盲老人ホームは今日では全国に八十か所[2]を数え、ほぼ各県に一か所以上設置されるまでになっている。そしてわが国の今日の盲人福祉に大きな地位を占めているのである。

このように、政策上の明確な枠組みがないにもかかわらず、実態として大きな存在となっている盲老人ホームは興味深い事例であり、それがどのような背景のもと、どのようにして実現できたかを知ることは、新たな政策ニーズを実現しようとする際などに大きな手がかりとなる。本章では、わが国の盲老人ホームの先駆けとなった慈母園の設立過程を見ていき、慈母園とその設立を主導した常盤勝憲が盲人福祉の歴史に果たした役割を明らかにすることを目的とする。

先行研究であるが、慈母園の設立過程を扱った研究は、国立国会図書館および CiNii（国立情報学研究所）で検索した限り[3]、まだ着手されていないようである。慈母園が設立されたことが触れられている研究書としては、『老人福祉法の制定』[4]がある。同書は、老人福祉法の制定過程を検討することで、既存の制度のあり方を問い直すことを目的としたものである。また元厚生官僚である板山賢治による『すべては出会いからはじまった』[5]は、自らが手掛けた政策を「出会い」をキーワードとして振り返ったもので、慈母園設立の経緯が生々しく描かれている。しかしこれは、慈母園の設立過程についての詳細を研究したものではない。なお慈母園設立の立役者である常盤勝憲は、『仏教社会福祉辞典』[6]にも出てこず、これまであまり注目されてこなかった。

本章では、日本最初の盲老人ホームの設立過程を、設立に中心となってかかわった常盤勝憲と板山賢治の視点で見ていく。研究の方法としては、慈母園の後身である社会福祉法人壷阪寺聚徳会に残されている一次資料を中心に分析する。また資料の行間を埋めるために、関係者への聞き取りを行う。

用語の用い方であるが、本章では、視覚に障害のある高齢者に関する歴史的な事象を表現したり、それをもとに論証したりする際、視覚に障害のある高齢者を指す用語として「盲老人」を用いる。これは、引用文中や組織の名称に「盲老人」が多用されており、論文の統一感を保つには同用語がふさわしいと考えたためである。同様の理由で「盲人」も用いる。また「盲老人ホーム」を、盲人専用の養護老人ホーム、盲人専用の特別養護老人ホーム、盲人専用の軽費老人ホームを包括する用語として用いる。なお、「老人ホーム」という用語が一般化するのは一九六三（昭和三八）年に制定された老人福祉法以降のことであるが、本章の対象である慈母園の設立がそれよりわずか二年前と近いこともあり、老人福祉法以前の生活保護法下の「養老施設」の時代についてもこの用語を用いる。

1　壷阪寺の位置づけと常盤勝憲の生い立ち

壷阪寺について

壷阪寺は、奈良県中央部、飛鳥から吉野に抜ける街道の中ごろに位置する壷阪山にある。正式名称を壷阪山南法華寺といい、西国三十三所第六番札所である。寺の資料(7)によれば、創建は七〇三（大宝三）年で、弁基大徳により開かれその後、元正天皇の祈願寺となったとされる。平安期に入ると、長谷寺とともに観音霊場として栄え、枕草子にも「寺は、壺坂。笠置。法輪。霊山は、釈迦仏の御すみかなるが、あはれなるなり。石山。粉川。志賀」(8)と歌われている。また『日本感霊録』には九世紀初め、盲目の沙弥が壷阪観音の信仰で開眼治癒したという話があり、すでにこのころから本尊の十一面千手観音の霊験が広く信じられていたようである。しかし、平安末期以降、度重なる火災に見舞われ、また戦乱にも巻き込まれ、壷阪寺は荒廃と再建を繰り返していった。江戸末期、境内には文殊院、中ノ坊、松室院など十三院が残っていたが、明治初年の廃仏毀釈によって大門坊、宝珠院の二院を残して廃絶し、寺は荒れはてたという。

このとき寺の窮地を救ったのが、冒頭に触れた「壷阪霊験記」である。この演目は、壷阪寺に伝わる伝説をもとに明治初年に作られた作者不詳の浄瑠璃『観音霊場記』(9)を、盲目の三味線の名人二代目豊沢団平とその妻加古千賀が改作・作曲し、一八七九（明治一二）年に初演されたものとされている。この物語は、盲目の夫沢市とその貞淑な妻お里との夫婦愛を軸に、壷阪寺の観音の利益により沢市の目が開くまでを描いたもので、ストーリーの単純さと結末の明るさが受け広く親しまれた。そして、この演目が大衆に浸透するのに従い、壷阪寺は目の不自由な人たちの聖地となっていった。この「壷阪霊験記」の人気もあり、またその後の歴代の住職の努力もあって、壷阪寺は少しずつ復興していった。しかし、この寺は山寺だけに参道が険しく、気軽に参拝に訪れることのできる寺ではなかった。また寺には檀家もなく、そのために復興の足取りは鈍かった。この壷阪寺の再建を託されたのが常盤勝憲である。

常盤勝憲の生い立ち

常盤勝憲は、木村提蔵[10]の二男として一九三〇（昭和五）年二月九日、大阪に生まれた。幼い頃、父の仕事の関係で東京に移り、東京で育った。祖父は壷阪寺の住職常盤快雅だった。父は長男だったが、体が弱く寺を継ぐことはせずに商売をしていた。代わりに寺を継いだ快純は、インパール作戦で戦病死してしまい、寺を継ぐ者がいなくなった。

一九四五（昭和二〇）年の夏、都立第一中学校の四年生となっていた常盤は、東京の多聞院に入り小僧修行を始めた。これは「壺阪寺の復興のために、いわれるままに小僧にさせられた[11]」のであった。しかし、常盤はその後おとなしく修行の道を歩んだのかと思えば、そうではなかった。「発心して得度したのではないので、厳しい姿勢はありませんでした。だからこそ悩んだのです。常盤はこの時期のことを「発心して得度したのでは」、僧侶の使命に疑問をいだき、考えれば考えるほど、果てしなくつづく砂漠を旅するような無常観に悩みつづけました[12]」と述懐している。ここで「僧侶の使命に疑問をいだき」とは、とかく葬式仏教と揶揄されがちな仏教会の現実が、常盤の考える「僧侶の使命」とかけ離れていたのであろう。進学先には東京大学の哲学科を選んでいる[13]が、このあたりにも常盤の迷いを感じさせる。常盤のこの迷いを吹き消したのは、良寛との出会いであった。

なお、常盤の生涯を知る資料は極めて少ない。日記や手紙、メモの類はなく、著作も雑誌等への投稿はあるが、単著は一冊のみである。しかもそれとて常盤が死の直前に執筆に取り掛かっていたものの出版にこぎつける前に力尽きてしまい、常盤のあとを継いで壷阪寺の住職となった長男勝範氏が父の意を汲んで父の名で出版したものである。常盤がなぜ書き物を残さなかったかであるが、勝範氏によれば、常盤は衆生済度という仏教僧としての本分以外のことに全く関心を寄せない人だったとの説明であった。おそらく常盤は、人の心の救済を、著作という間接的な方法ではなく、説法や福祉事業、ハンセン病救済事業といった直接的・実践的な方法で行おうとしたのであろう。その根拠は、やはり良寛との出会いに求めることができる。

良寛との出会い、ハンセン病との出会い

ある日のこと、常盤は学校の帰途、ある交番で警察官に呼び止められた。挙動不審に対する尋問であった。その折、奥の部屋から「貧しいからといって貧しさに負けることがあるか、心の豊かさがあれば、ものになんぞ負けないぞ」と良寛の心の豊かさを例にして諄々と説く老警察官の声が聞こえてきた。常盤は、その時の印象を、「説明のできない明るさが、私の全身に満ちてくるのがわかりました[14]」と述懐している。これがいつのことだったかは定かではないが、資料の文脈からみて、常盤が小僧修行を始めて間もない頃のことだったであろう。常盤はそれ以来、良寛に関する書物を読み漁った。

やがて常盤は東京大学哲学科に入った[15]。一九五一（昭和二六）年頃[16]、常盤は良寛生誕二百年記念講演「良寛を語る」と題する講演会に参加した[17]。その講演会で語られた良寛の姿は、およそ仏教僧らしくないものだった。越後の名主の家に生まれた良寛は、二十二歳で家を出て岡山の円通寺に入り、厳しい禅の修行を始める。十二年後、師僧の国仙和尚が遷化したのを機に、円通寺を出て諸国を行脚する。この間二十数年、良寛は自分の生きる道を「愛語」の実践に求め、「思いやりの言葉をかけるだけでも人を救うことができるのだ[18]」との信念を得て越後に帰る。そして経も読まず説法もせず、ひたすら田畑を耕し大衆に供養し、「農家の人たちと談笑し、子供たちと遊び、時には病人の看護にあたり、不幸なできごとにはともに悲しみ、また、楽しいことにはともに喜び、酒を飲んでともに歌い舞い、大衆とともに生きた[19]」。それは生涯を人のために尽くす「利他行」の毎日だった。常盤は、この講演を会場の誰よりも一生懸命聞いた。そして僧侶となったなら、良寛のような生き方をしたいと考えたことであろう。

その後常盤は、「この自我を克服した良寛の心を学びたいと願って、小僧の日々に精進[20]」したという。

また先の講演会では、常盤の人生を大きく左右するもう一人の人物と出会った。それは岡山の国立ハンセン病療養所長島愛生園の園長をしていた光田健輔だった。常盤はこの時はじめてハンセン病のことを知った。そして光田から、愛生園に来ないかと誘われた。しばらくして園を訪れた常盤は、目の不自由な人たちが集まっている寮に案内され、そこで信じられない光景を目にした。ハンセン病によって盲目となり、指先の神経が侵された患者が、点字の書物を舌を使って読んでいたのである。血をにじませながらむさぼるように読んでいる彼らの姿を目の当たりにした常盤は、「法衣を着て、大導師となって社会の先頭に立って人を導くような力も知恵もないし、りっぱな説法によって人を感動さす法もない私にとって、この福祉の仕事が私の心にいちばん適しているのではないかと感じ[21]」たという。そしてこのことが、常盤を、慈母園をはじめとする社会福祉事業や、インドでのハンセン病救済事業に向かわせるきっかけとなったのである。

2　慈母園における社会福祉事業の始まり

匂いの花園から始まった慈母園の社会福祉事業

こうして僧侶としての生き方に確信を得た常盤は、仏教を専門に学ぶため大正大学に進んだ。そして同大学を一九五五（昭和三〇）年に卒業後すぐに、壷阪寺の副住職となった。壷阪寺では、常盤快純亡き後の一九四六（昭和二一）年、千守教荘が東京の多聞院から転籍し、住職となっていた。古来より盲人ゆかりの地であった壷阪寺では、この千守住職の頃から職員を貧しい盲人家庭に派遣したり、盲学生林間学舎の提供や点訳クラブに対する援助等を行ってきた。さらに常盤の祖父快雅は、社会事業や公共事業に尽力し、しばしば当局より表彰されている。常盤が行った盲人に対する一連の事業は、その延長線上にある。

壷阪寺の副住職となった常盤がまず手を付けたのは、全国から寺にお参りに来る盲人に、心の慰めとなる施設を提供することであった。一九五七（昭和三二）年、ニューヨークのブルックリン植物園に盲人のための庭園ができたという記事が毎日新聞に載った。その記事を近畿日本鉄道株式会社の事業局長であった永井（筆者注：名前不詳）から見せられた常盤は、それがどのようなものかを知るため、ブルックリン植物園に手紙を出した。そこは愛称をシェークスピアガーデンといい、点字でいろいろな案内がしてあり、盲人がそれを楽しんでいるということであった。以前より寺に来る盲学生から「せめて、匂いだけでもいいからかぐことのできる花園がほしい[22]」との声を聴いていた常盤は、「匂いの花園」を作ることを決心した。

奈良盆地を一望できる境内内証院跡の畑地約一四〇〇平方メートルを約一千三百万円かけて整備し、春は梅、沈丁花、牡丹、夏はラベンダー、泰山木、秋は金木犀、冬は水仙、山茶花などが咲き匂う公園とした。百連、バナナの匂いのするギョクシン木、におい桜など珍しいものも植えた。盲人が一人で散策できるよう、手すりを巡らせ、点字で花の名前や説明を表示した。計画は一九五八（昭和三三）年に始められ、翌年に完成した[23]。資金は寺の山林の木を売却するなどして作った。園の話題が米国にも伝わり、完成時にはヘレン・ケラーからの祝電もあった。その後園内には音楽を奏でる階段やテーブルや椅子も設置された。また後には世界の薔薇も植えられ、鳥のさえずりや風の音、木の葉がすれあう音など、四季折々の自然を体全体で感じられる公園となった。盲人はとかく運動不足になりがちであるが、後に設置される盲老人ホームの入所者の健康維持にも、同公園は大きく貢献したであろう。なおこの匂いの花園の造園がきっかけとなり、常盤とヘレンケラー女史との交際がはじまり、以後何度か手紙のやり取りがあったようである[24]。

慈母園の設立にむけて

匂いの花園が完成すると、常盤勝憲は、かねてから温めていた盲人専用の養老院の建設準備に着手した。当時は、老人福祉法の制定前のことでもあり、高齢化社会の到来はまだ先のことと思われていた。しかし、寺を訪ねる盲人たちを見て、また高齢化したハンセン病の盲人たちを見て、特に一人暮らしの身寄りのない盲老人の暮らしぶりに心を痛めていたのであろう。常盤は動き出す。寺の勤めを土曜と日曜だけに整理し、平日は早朝に寺を出て、大阪近辺の会社に寄付を募って回る生活が始まった。時には、県内の盲老人にも同行してもらった。しかし、見ず知らずの僧侶や盲老人の訪問を受け入れてくれる会社は少なかった。「それは国がやることでしょう」、「うちの会社も大変なんです」、「理想は結構ですけど足元を見たらどうです[25]」と門前払いを受ける。しかし常盤は諦めない。足しげく訪問しているうちに担当者が耳を傾けてくれる会社が表れ始めた。三〇回目にやっと総務部長に会えたといった足だよりの勧進行脚が一年続いた。そうした努力の甲斐あって、一九五九（昭和三四）年には経済界の支援を取り付けることができた。大阪商工会議所会頭の杉道助が発起人代表となり、壷阪寺福祉事業後援会が発足[26]し、慈母園建設のために経済界及び広く一般の人々から浄財を募ることになったのである。

早川徳次との出会い

ところで、この勧進行脚の過程で、常盤はシャープ株式会社の創業者である早川徳次と出会い、以後交流を深めている。早川は、常盤が後にインドでのハンセン病救済事業に乗り出し一億円の資金が必要となった際にも資金集めに大きく貢献しており、また一九七五（昭和五〇）年には慈母園の後身である社会福祉法人壷阪寺聚徳会の理事にも就任している。このように早川は、慈母園の設立や運営に重要な役割を果たした人物であるため、ここで少し常盤との関係に触れておきたい。

常盤の遠縁に、大阪で証券業を営む、黒川幸七[27]という人物がいた。先の後援会の世話人にも名を連ねている人物である。常盤は、慈母園設立の資金集めのために大阪の会社を回っていた際、黒川にも協力を求めた。このとき、黒川は親しくしていた早川を常盤に紹介した。これが常盤と早川の交流の始まりだった。一九五九（昭和三四）年頃[28]のことである。早川は常盤から盲老人のためのホーム建設の話を聞き、協力の依頼を受けた。早川はこれを快諾した。それには理由があった。

早川徳次はもともと裕福な家に生まれたが、二歳になる頃母が病死したため、貧家に養子に出された。そしてその家で義母にいじめを受ける。そのとき親代わりとなって早川を助けたのが、井上という老夫婦だった。妻のほうは盲人だった。その後早川は、小学校を二年で中退し、錺屋に奉公に出るが、そのとき幼い早川の手を引いて奉公先まで連れて行ってくれたのも、その盲夫人だった。

早川は自著の中で慈母園のことを次のように記している。「奈良の壷阪寺に目の不自由な身寄りのないお年寄りのホーム慈母園がある。これは友人の黒川幸七さん（故人）杉道助さん（故人）や近鉄社長の佐伯さん[29]等と共にお世話をして、住職である常盤勝憲氏が八年前にわが国で初めて建てられたものである。特に私は目の不自由な人と幼いときから因縁があり住職とも親しい関係から、ホームの開設以来ずっと毎年五月にここを訪れている[30]」

また次のようにも書いている。「私のささやかな奉仕をとても喜んでくれる百余名の盲老人とお友達になれた「幸」を私は広く世の方々に話しかけたいのである。そしてこの盲老人の方々が障害のために果し得なかった社会への奉仕を自分に出来る範囲でさせて頂こうと思うのである[31]。」

すなわち、早川の慈母園への協力は、施設が建設される際のみならず、後々まで続いていたこと、また、早川の慈善の思想には、「社会への奉仕」という考え方があることがわかる。これは成功した者に共通に言えることであろうが、自分が今の地位にあるのは多くの人の協力があってこそのものであるから、自分の得たもののいくらかは社会にお返ししようとする「報恩」の思想があるのであろう。そして早川が地位を成すに至った協力者の一人に、井上という盲夫人がいたのである。なお、早川徳次の盲人福祉への貢献は、以前拙論[32]で指摘したとおりである。

勧進帳と福祉事業の計画

さて、慈母園の設立準備の話に戻る。先の勧進帳には趣意書として以下の記述がある。長くなるが当時の盲人の置かれた現実がよくわかるので以下に引用する。

全国には生来、又は疾患、職場において、更には戦傷等による中途失明の盲人が二十万人以上もおります。この人達の多くは盲目である為め、生きる者としての希望を失い、淋しい暗い、そして小さい時からの偏見で惨めな不安な生活を社会の片隅で送っております。又一部の人達は定職のないままに転々と流浪し、女子は結婚難をかこち、老境に入ればその人達の多くは見捨てられ、更には唯一つの職業である按摩業も正眼者の為めに次々と職場を奪われ、盲学校の生徒をはじめ壮年層、婦人層の人達の不安は益々顕著になってまいりました。私共はこれ等の人達の心の中に光明を与え力づけてあげたいと思い、左記の事業を計画し、既にその一部を実施してまいりました。然し乍らこれ等世界に類例のない綜合した盲人の福祉文化施設を完成いたしますには仏徒として当然の事とは申せ余りにも微力でございます。（中略）何卒皆様の尊い御喜捨によりまして盲人の天国が世界にさきがけて日本に完成出来ますよう切に御援助をお願いいたします。(33)

この盲人の生活実態を裏付けるものとして、一九六〇（昭和三五）年一二月一〇日付で慈母園から奈良県に提出された生活保護法に基づく「保護施設設置認可申請書」に添付された「収容者名簿」がある。これを見ると、収容予定者は四十五名で全員が生活保護世帯となっている。その多くが六十五歳以上で、しかも全員が世帯主またはその妻であることから考えて、身寄りのない一人暮らしの盲老人または盲老人夫婦であろう。しかも全員が奈良県在住であり、全国に目を向けると相当数の身寄りのない盲老人がいたと考えられる。なお上記引用中の「左記の事業」とは、

「一．文化事業　(1)点字による教育、文化、及び日本歴史の点訳出版　(2)盲学生の林間学舎による社会生活の指導（実施中）　(3)盲学校、図書館、ライ収容施設への点字図書の寄贈

二、福祉事業　(1)匂いの花園（盲人植物園）の建設…完成…　(2)職能学校の建設　(3)盲人専用養老院の建設　(4)愛と平和の象徴世界のバラ園の建設

三、其の他の事業[34]」

となっており、幅広く盲人の文化・福祉事業を手掛けようとしていたことがわかる。なおこの事業計画中、点訳出版や職能学校の建設には取り掛かった形跡がない。これらは既存の他事業者や盲学校と衝突する分野であり、その後事業を現実化する段階で断念せざるを得なかったと考えられるが、この勧進帳を回したわずか半年後の議事録に、法人名を「社会福祉法人盲人養老院慈母園」と決定した旨の記述[35]が見られることからして、上記事業計画は寄進を得やすくするための方便だったとも考えられる。いずれが正しいかはわからないが、結果として盲老人ホームを事業の中心に据えたのは正しい判断だったのではないだろうか。

3　厚生省との折衝

板山賢治との出会い

一方、資金集めと並行して、解決しなければならない一つの大きな問題があった。それはとかく前例主義となりがちな県や国に対し、我が国初となる盲人専用老人ホームの設置をどう説得するかである。奈良県からの勧めもあったのであろうか、一九六〇（昭和三五）年春、常盤は厚生省に陳情に向かった。このとき常盤が障害者団体の代表などの身分で厚生省に乗り込んでいったなら、受付でシャットアウトされていたであろう。しかし、常盤は由緒ある寺の僧侶である。そのため厚生省の係官もとりあえず話だけは聞かざるを得なかったのであろうか、常盤は何とか係官に会うことができた。しかし、その件は更生課に相談するようにと言われ、更生課に行けば施設課に行くようにと言われる。翌日も訪ねていくが、やはり色よい返事はもらえない。そこで常盤は厚生省の片隅にただ合唱

して動かなくなる。これに関心を寄せてきたのが、社会局施設課（総務係長）で生活保護施設を担当していた故板山賢治[36]であった。以下は、このあたりの経緯を生前の板山から聞き取った内容である。[37]

ある日、出省してみると、頭の丸い墨染めの衣を着た見たことのないお坊さんが、係員の前に座っている。見たら合唱をして座ってるの。僕は忙しかったので、奥の総務係長の自分の机に座って仕事をしていた。午後になってふと見ると、やっぱりいるんだよ。夕方になってもまだいるんだ。で、帰った。次の日行ったら、朝、まだいるんだよ。こうやってね（筆者注：合唱の格好を示す）。僕はさすがにほっとけないと思い、係長に事情を聴いてみた。するとその人は壷阪寺の常盤さんというお坊さんで、目の不自由な人のための養老院を作りたいと言ってきたという。僕は、常盤さんの話を聞いてみた。話の内容は、壷阪寺はお里・沢市の伝説のあるお寺で、全国から目の不自由な人がお参りに来る。その人たちが寺の近くに掘っ建て小屋を作ってしまう。そしてそこに住み続けたいという。自分はその願いに応えてあげたいと思う。それで養老院を作りたいと思うが国の補助金を出してほしいと、そういう内容だった。その話を聞きながら、僕はある施設のことを思い出していた。僕は山梨県の出身でね、故郷身延山に深敬園という施設がある。身延山・久遠寺は日蓮宗だが、ハンセン病の人の多くは日蓮宗を信仰しており、ハンセン病で目が見えなくなった人が久遠寺にたくさんお参りする。そういう人が、久遠寺の下の富士川の河原に掘っ建て小屋を作って住むんだ。そしてそういうひとが、大水が出ると流されちゃうんだ。で、冬の寒い時期になると生活が難しくなる。それを見かねた綱脇竜妙というお坊さんが、生活保護法による救護施設を作り、これらの人たちの生活の場を提供した。それが深敬園であり、綱脇竜妙という人は民間社会事業の先駆者だ。それと同じように、壷阪寺にお参りする盲老人のために、養老施設があってもいいではないかと僕は思ったんだよ、個人的に。それで、常盤勝憲さんに、わかった、それは不可能ではないと思うと答えたんだよ。[38]

そして板山は常盤に三つの注文を出した。

一つは、何人ぐらいの盲老人が壷阪寺にお参りし、そこに住みたいと言っているのか。数が少なすぎてはだめだ。ある程度まとまれば、作ってもいいのではないかと思う。二つ目は、盲老人のための施設を作ろうとすれば、県がお金を出すわけで、県庁が応援するかしないかで決まる。奈良県の了承を得てほしい。こちらは、省内で制度的に実現できるかどうか検討したい。三つ目は、財政的な裏付けを示す資料を出してほしい。[39]

これに常盤は、「わかりました」と言って帰っていったという。

以来、常盤は板山からの注文に応えるべく奔走した。厚生省内でも検討が始まった。しかし、「身体障害者福祉法を担当する更生課が社会局にあるのだから、盲老人施設は身体障害者福祉法で造ることはできないか、また障害の種類別に養老施設を設けるのは問題ないか、盲老人専用施設を設ける根拠はなにか、仮にこれを設けた場合は特別な手当が必要なのではないか、といった問題があった。[40]」そこで、これらについて板山が中心となって研究することになった。

盲老人ホーム設立以前の制度・政策の歴史的経緯

ところで、この当時、老人や盲老人の福祉は、制度・政策上どのように位置づいていたのであろうか。慈母園設立の話が佳境に入る前に、慈母園設立以前の老人や盲老人福祉の歴史的経緯を見ておこう。

まず明治期であるが、一八七四（明治七）年一二月、「恤救規則」が制定され、「極貧ノ者」であり、「独身ニテ七十年以上ノ者重病或ハ老衰シテ産業ヲ営ム能ハサル者ニハ一ケ年米一石八斗ノ積ヲ以テ給与スヘシ[41]」と七十歳以上の者について極めて限定的な救済措置が規定された。

大正期の後半から昭和初期、一九二〇（大正九）年の第一次世界大戦後の反動不況、一九二三（大正一二）年の関東大震災、一九二七（昭和二）年の金融恐慌などがあり、長い不況の時代が続いた。そうしたことを背景に、明治初年に制定された「恤救規則」の抜本的改正が政府の内外から要請され、一九二九（昭和四）年、「救護法」が制定

（実施は昭和七年）された。同法は、「救護機関である市町村が救護すべき対象として六十五歳以上の老衰者を取り上げ、市町村や社会事業団体は、知事の認可を受けて養老院その他の救護施設を設けることができる[42]」こととなった。

一九四五（昭和二〇）年八月の太平洋戦争終結とともに、戦災、引揚げ、失業、物価騰貴等に伴って貧困者が激増し、それまでのような細分化した制度では適切、強力な措置を講ずることができないと認識されるようになった。このため、「連合国軍最高司令官総司令部（ＧＨＱ）の指示を受け[43]」て一九四六（昭和二一）年九月、総合された救済法規としての「生活保護法」が制定された。この旧生活保護法では第三八条に保護施設の種類として、救護施設、更生施設、医療保護施設、授産施設、宿所提供施設の五種類が規定され、盲老人は第三八条の二の救護施設すなわち「身体上又は精神上著しい障害があるために日常生活を営むことが困難な要保護者を入所させて、生活扶助を行うことを目的とする施設」に収容された。

一九四九（昭和二四）年九月には社会保障制度審議会が「生活保護制度の改善強化」を勧告した。これを受けて旧「生活保護法」は全面改正され、一九五〇（昭和二五）年五月、新しい「生活保護法」が制定された。同法は、旧法が「保護施設」として一括規定していた施設を六種類に分類し、その一つとして「養老施設」すなわち「老衰のため独立して日常生活を営むことのできない要保護者を収容して、生活扶助を行うことを目的とする施設」が規定され、法律上初めて老人の特殊性について考慮が払われた。一九五五（昭和三〇）年五月一八日には厚生省社会局から「養老施設、救護施設及び更生施設の設備及び運営について」が出され、その「第三章　救護施設　第二　構造設備」の条文中に盲人を収容する救護施設については、「一　昇降の場所及び廊下の中央には、板きれ等による標示を設けること」、「二　室の入口を板きれ等で標示するほか、戸口には部屋名又は番号を標示すること」、「三　廊下その他の通路には、障害となるものをおかないこと[44]」と規定された。ここではじめて、わずかながらも盲人に対する特別の配慮がなされるにいたったのである。

以上要するに、常盤が厚生省と折衝を始めた当時の老人は生活保護法の枠組みの中のみの救済であり、盲老人に対しても盲人であるがゆえの特別な配慮はわずかなものでしかなかったのである。常盤が目指したものの実現の困難さがうかがえよう。

厚生省の結論

さて、厚生省の話に戻る。数か月ほどして、常盤は板山から指示のあった資料をそろえ、ふたたび厚生省を訪れた。同時に奈良県庁の部長からも、「伝統のある壺阪寺がやるというのなら県としても応援する。[45]」との電話が厚生省に入った。先の壺阪寺福祉事業後援会の働きにより多くの寄進が集まり、財政的にも何とかなりそうであった。厚生省内の議論は、養老施設の中に特殊な人を対象とするものを設ける必要があるかどうかに絞られてきた。ろうあ者用や車椅子使用者用の養老施設も設けるべきか、という議論も出た。そして「一般的にそれを広げて行くかどうかは実績を見たうえ判断することにし、今回はモデルとして造ることにしてはどうか[46]」という、当時の施設課長瀬戸新太郎[47]の決断で盲老人の施設を設けるべく結論が出た。とりあえず試験的にモデルを設け、その結果がよければ将来は広げて行こうとする含みのある結論であった。

なお、このような好結果がもたらされたのには理由がある。板山が社会局施設課に異動になったのは一九六〇（昭和三五）年四月のことであるが、それまでの十年ほどの間、氏は生活保護を担当する社会局保護課に所属していた。その頃の厚生省は福祉三法の時代とはいえ、社会局の予算の大部分を生活保護が占めており、保護課の影響力は大きかった。これに対し、施設課は生活保護法に基づく養老施設や授産施設を担当しており、戦後の復興に寄与したララ物資などについても担当していたが、それらは後始末の仕事であった。このため同課に移った板山は「未来を展望する政策的課題もなく課内の沈滞した空気に驚いた[48]」という。そこで板山は何か新しいことが始められないかと考えた。この頃といえば、一九五八（昭和三三）年の「国民健康保険法」改正と一九五九（昭和三四）年の「国民年金法」制定により、一九六一（昭和三六）年には国民皆保険、国民皆年金が実現する運びとなっていた時期である。板山は、これを横目で見ながら、次のように考えた。「いったい年金制度に国民がみな加入するのは何のためなのか。それは老後のためであろう。老人問題は大事である」[49]。また年金や保険などの各種制度が充実してくれば、生活保護は必要なくなってくる。そしてこれは素晴らしいことであり、施設課としてもこれに一役買えないかと考えたという。

そこで調べてみると、施設課の所掌事務に「養老施設に関すること」という一文があった。また年金課や人事課に聞いてみても、他に老人問題を扱う部局はないという。そこで、施設課こそが老人問題を担当すべき部署であるとして板山は人事課と掛け合った。その結果、一九六一（昭和三六）年六月、「厚生省組織令」が改正され、「老人福祉事業の指導及び助成に関すること」が同課の所掌事務に加えられた。法令用語として「老人福祉事業」という用語が用いられたのはこれが最初であった。またこれと並行して板山は、外務省を通じて諸外国の老人問題に関する資料を集めた。

この資料を翻訳できる職員としてこの時期採用されたのが、後に日本初の老人福祉専門官となる森幹郎である。そしてこのような準備のもと施設課が中心となって実現したのが、一九六三（昭和三八）年七月一一日に制定された「老人福祉法」である。板山は、これら一連の出来事の始まりを「老人福祉法の芽生え」[50]と称していたが、その初期に常盤が厚生省と折衝していたのは興味深い。その時期は常盤にとってまたとない時期であり、しかも早すぎても遅すぎてもいけない微妙なタイミングだったのである。というのも、こういうものは積極的に動いてくれる官僚がいなければ実現できなかったであろうし、先の森は、後にノーマライゼーションの理念を主張して、盲老人ホームの設置を一時ストップさせているからである。後になれば、説得力のある森のノーマライゼーションの理念を突き崩すことは困難だったであろう。

4　出会いによって成就した慈母園の設立

はじまりの頃

慈母園に話を戻す。常盤は、厚生省の結論を奈良県に伝えた旨の連絡を板山から受け取った。また前期の勧進帳の結果、経済界や一般から約三千万円の寄進が集まった。こうして、日本発の盲老人施設実現の目途が立ち、一九六〇（昭和三五）年一二月一〇日、社会福祉事業法に基づく「社会福祉法人盲人養老院慈母園設立認可申請書」および生活保護法に基づく「保護施設設置認可申請書」を提出、翌一九六一（昭和三六）年三月九日法人認可、同年三月二七日事業を開始した。法人の役員は理事長こそ住職の千守が就いたものの、残りは近隣に住む在家者に依頼し、常盤は責任だけ取るものとして黒子に徹した。これは、施設の運営は理事や職員全員が当たるものとする常盤の配慮であった。またそうでなければ、施設は長続きしないと考えてのことであろう。

建物は当面は寺の宿坊を利用することとし、新しい建物は一九六〇（昭和三五）年一一月一日第一期工事着工、翌一九六一（昭和三六）年三月三一日竣工、同年四月一日第二期工事着工、同年七月三〇日竣工、同年一〇月六日には落成式を行った。最初の収容定員は八十名であった。(51)この施設は、後に老人福祉法の制定をまって、養護盲老人ホームとなる。なお昭和三六年度には、七百二十七万円の補助金が下りている。

さて、発足した慈母園であるが、開園後数か月で定員は埋まった。入所者は遠く日本の各地から盲人ゆかりの地、壺阪寺のホームを求めてやってきた。開園当初の入所者は、視覚障害に加えて難聴や肢体不自由など、二重、三重の障害を負った高齢者が多かった。何年もの間、一度も風呂に入ったことのない人もいた。職員は、最初寮母二人と住み込みの調理員夫婦二人だけだった。(52)車が上がるのもままならない山寺である。買い出しは徒歩で、ときには元気な入所者の盲人をも借り出さなければならなかった。やがて、老人福祉法の制定に伴い、職員も増員されることになるが、当時は「不便な地の、しかも盲老人たちの施設には、世間の理解も得がたく、職員の応募も少なかった[53]」。しかし、苦労の多い中にも職員は互いによく協力し、常盤が自ら示した温かく思いやり深い心で、盲老人の生活介護に尽くしたという。

常盤が目指したもの

以上、ここまで日本最初の盲老人ホーム「慈母園」の設立過程を見てきた。由緒ある寺でありながら歴史に翻弄され荒れ果ててしまった壷阪寺。その再興を託されたのが、常盤勝憲である。しかし常盤は、僧侶として生きる自信がなかった。そんな常盤であったが、ふとしたことで良寛と出会う。そして良寛の「思いやりの言葉をかけるだけでも人を救うことができる」との信念とその実践に共感し、これこそが僧侶としての自分の生きる道だと確信する。また、光田健輔を通じてハンセン病のことを知り、病気で盲目となった患者が、点字の書物を舌を使って読んでいる姿を目の当たりにして、福祉の仕事こそが自分の天職であると感じる。

壷阪寺の副住職となった常盤は、寺が古来より盲人にゆかりがあることに鑑み、盲人のための福祉事業を始めようとする。しかしそのためには資金が必要であり、当局の理解も必要であった。常盤は大阪近辺の会社を回り、厚生省にも出向いて盲人の置かれた境遇、寺と盲人との関係、盲老人のための福祉事業の必要性を説き続けた。やがて常盤の心は通じ、早川徳次をはじめとする経済界の協力を得て目標の寄進が集まった。また板山賢治との出会いにより、厚生省のお墨付きを得た。こうして生まれたのが、我が国最初の盲人専用老人ホームとなる慈母園である。

繰り返しになるが、僧となった常盤が目指したもの、それは「思いやりの心」の実践である。これは常盤に僧となる決心を与えた良寛からもたらされたものであり、ハンセン病の患者を前にして、やむにやまれず出てきたものである。この思いやりの心とは「慈悲」を一般の人向けにわかりやすく言い換えたものであろう。常盤は、仏の心である「慈悲」を体現することに、僧としての生涯を捧げたと言ってよい。これは「慈母園」という名前にも表れているし、常盤の唯一の単行本であるから[54]もうかがい知ることができる。

一方、板山はその著作[55]で、厚生官僚時代の仕事の多くが、人との「出会い」から始まったと述べている。こうして見てくると、本論の主題は単純である。すなわち、僧となった常盤が慈悲の体現のため盲人専用の老人ホームを作ろうとし、多くの人との出会い、特に厚生官僚であった板山との出会いがあり、板山の機転を利かせた対応、さらには当時の施設課長瀬戸新太郎の柔軟な判断により、常盤の思いが成就したというものである。しかしだからといって、同じような条件が与えられたとしても、誰もが成功するわけではない。やはり常盤の迷いのない、私心のない態度、愚直とも感じさせるその態度が人の心をうち、多くの協力者を得る結果となったのではなかろうか。また板山のように、出会いを単なる出会いとせず、現場や当事者の心を受け入れる、懐の深い官僚がいたからこそ、常盤の思いが現実のものとなったのである。さらに言えば、二人には慈悲心が互いに共鳴し、信ずるところをとらわれのない心で実践に移していく、深い心の結びつきがあったのではなかろうか。結局は「人」なのである。

最後になるが、生前の板山から伺った、次の言葉を紹介しておきたい。

「現場や当事者の悩み、苦しみ、願いを受け止めて、それを制度的に、行政的に仕組んでいく、その精神があるかないか、志と言ってもよい、それを持つ人がいるかいないかで実現するかしないかは決まってしまうんだ」

注

（1）国立国会図書館「国会会議録」（http://kokkai.ndl.go.jp/）（2013.9/30〜1010）。

（2）特定非営利活動法人全国盲老人福祉施設協議会「全盲老連　盲老人ホーム一覧」（http://www.zenmourouren.jp/home_list.htm）（2014.11.8）。

（3）国立国会図書館および CiNii 論文情報ナビゲータを中心に検索（2013.9.30〜10.10）。

（4）岡本多喜子『老人福祉法の制定』誠信書房、一九九三年。

（5）板山賢治『すべては出会いからはじまった　福祉半世紀の証言』エンパワメント研究所、一九九七年。

（6）日本仏教社会福祉学会『仏教社会福祉辞典』法藏館、二〇〇六年。

（7）無『壷阪山南法華寺　開創一三〇〇年記念壷阪寺』南法華寺・大和歴史教育センター，二〇〇三年。

（8）萩谷朴「第百九十四段」『枕草子（下）』新潮社、一九七七年、一〇三頁。

（9）戸板康二「壺坂霊験記（壺坂）」（『名作歌舞伎全集　第七巻』東京創元新社、一九六六年、三四〇頁）では初演を明治二〇年としているが、社会福祉法人壺阪寺聚徳会『光を求めて　その慈母園の足跡』（社会福祉法人壺阪寺聚徳会、一九八四年、二〇頁）、では「この芝居は明治初年に、壺阪寺に伝わる沢市開眼の伝説をもとに招来た作者不詳の浄瑠璃『観音霊場記』に、近世文楽三味線の最高峰である豊沢団平と妻女の千賀が加筆、改曲して、明治一二年の大江橋の席で『観音霊場記』の中の一段として上演されたものを、さらに団平が手を加えて同二〇年二月の彦六座、『三拾三所花野山』〝沢市内の段〟で現行曲が完成したのである。」とあり、こちらの明治一二年を採用した。ただし初演の定義を最初の曲とするか現行局とするかは議論の分かれるところであろう。なお、戸板康二の前掲書（一九六六年、四〇頁）では『壺阪霊験記』の「阪」を「坂」としているが、たとえば『壷阪山南法華寺　開創一三〇〇年記念壷阪寺』（南法華寺・大和歴史教育センター、二〇〇三年）などから当時の資料では「阪」となっており、こちらを採用した。

（10）常盤勝憲の父の名前は、木村提蔵であり、「木材提蔵」（『壷阪山南法華寺　開創一三〇〇年記念壷阪寺』南法華寺・大和歴史教育センター、二〇〇三年、九四頁）は誤植である。また慈母園設立時の資料の中に寺の責任役員の一人として「木村貞三」という名前が見られる。漢字が違うが、これも常盤の父の名前である。

（11）常盤勝憲『思いやりの心広く深く』ＰＨＰ研究所、一九八九年。

（12）同右。

(13) 常盤勝憲「東洋の道」(『済生』六四六、一九八三年、二一頁)には、「普通の大学におりまして、私は学校の先生をしようかと思っていたわけでございます。」とある。常盤勝憲の妻の証言によると、常盤は生前、「自分は東大を卒業していないのに、そのように雑誌に書かれて困っている」と話していたとのことである。資料からは、常盤が東大に入学したのは確かなように見えるため、これは東大の卒業を待たずして大正大学に移ったことを意味すると解釈できる。しかし、東大への入学年等不明な部分も多いため、詳細については今後の研究課題としたい。
(14) 常盤勝憲、前掲『思いやりの心広く深く』、一九八九年、一三〇頁。
(15) 常盤勝憲「東洋の道」『済生』(六四六)、一九八三年、二一頁には、「普通の大学におりまして、私は学校の先生をしようかと思っていたわけでございます」とある。常盤勝憲の妻の証言によると、常盤は生前、「自分は東大を卒業していないのに、そのように雑誌に書かれて困っている」と話していたとのことである。資料からは、常盤が東大に入学したのは確かなように見えるため、これは東大の卒業を待たずして大正大学に移ったことを意味すると解釈できる。しかし、東大への入学年等不明な部分も多いため、詳細については今後の研究課題としたい。
(16) 常盤勝憲・清水寛「〈対談〉生き方に深いおくゆきを」『みんなのねがい』一五一、一九八二年、一二頁。
(17) 良寛の生まれは一七五八(宝暦八)年であるので、本文中の生誕二百年記念の講演会は少々時期がずれるが、その理由は不明である。
(18) 常盤勝憲、前掲『思いやりの心広く深く』、一九八九年、一三〇頁。
(19) 同右、一三五頁。
(20) 同右、一三三頁。
(21) 同右、一三六頁。
(22) 週刊時事編集部「盲人の福祉を守る(奈良県)」『この人・その事業』六、一九六三年、一一〇頁。
(23) 一次資料(「社会福祉法人盲人養老施設慈母園に対し盲人専用植物園『匂いの花園』を寄附することについて役員会を催した決議録謄本」一九六二年三月七日)による。
(24) 常盤勝憲・清水寛「〈対談〉生き方に深いおくゆきを」(『みんなのねがい』(一五一)、一九八二年、一三頁)による。なおヘレンケラー女史からの手紙は、二〇一二年七月から翌年四月にかけての資料調査では発見できなかった。
(25) 常盤勝憲、前掲『思いやりの心広く深く』、一九八九年、一六頁。

(26) 週刊時事編集部「盲人の福祉を守る（奈良県）」（『この人・その事業』六、一九六三年、一一一頁）には昭和三五年に「壺坂寺福祉事業後援会を組織」したとあるが、一次資料である「勧進帳」には寄附の募集期間として「昭和三四年一一月末日限り」とあり、この「勧進帳」が同後援会名で発行されていることからして昭和三五年に同後援会が組織されたとする記述は誤りである。

(27) 早川徳次・常盤勝憲「対話シリーズ　人生の心眼が開くとき」（『実業の日本』第七八巻九号、一九七五年、七二頁）では「黒田」とあるが、黒川幸七のことであり、誤りである。

(28) 早川徳次・常盤勝憲「対話シリーズ　人生の心眼が開くとき」『実業の日本』第七八巻九号、一九七五年、七二頁による。

(29) この三名はいずれも壺阪寺福祉事業講演会のメンバーである。このうち杉道助が同後援会の代表世話人で、当時は株式会社八木商店社長であり大阪商工会議所第十六代会頭であった。また黒川幸七は同後援会世話人で、当時は株式会社黒川証券社長、佐伯は佐伯勇のことであり同じく同後援会世話人であり、株式会社近畿日本鉄道の社長であった。

(30) 早川徳次『私の考え方』浪速社、一九七〇年、一三五頁。

(31) 同右。

(32) 小西律子「職業リハビリテーションの黎明としての大阪ライトハウス早川分工場」『社会福祉学』51(4)、二〇一一年、五～一七頁。

(33) 「勧進帳」壺阪寺福祉事業後援会。

(34) 同右。

(35) 「設立決議録謄本」および「社会福祉法人盲人養老院慈母園設立趣意書」（一九六〇年四月二一日）による。

(36) 板山賢治は厚生省監査指導課長（一九七五（昭和五〇）年六月二日から一九七八（昭和五三）年四月二〇日まで在任）、厚生省厚生課長（一九七八（昭和五三）年四月二〇日から一九八二（昭和五七）年四月二〇日まで在任）などを歴任している。

(37) 板山賢治への聞き取りは、二〇一二（平成二四）年二月一七日、一五時から一六時まで社会福祉法人浴風会法人事務所二階で行った。なお板山は、二〇一三（平成二五）年九月二二日に逝去した。

(38) 同右。

(39) 同右。

(40) 板山賢治「全盲老連研修会講演資料」一九九五年一一月七日。

(41) 厚生省五十年史編集委員会『厚生省五十年史（記述篇）』厚生問題研究会、一九八八年、一二四六頁。
(42) 同右。
(43) 同右、一二四七頁。
(44) 監修厚生省社会局他「養老施設、救護施設及び更生施設の設備及び運営について」『社会福祉六法　昭和三五年版』新日本法規出版株式会社、一九三一～一九九頁。
(45) (37) と同じ。
(46) 同右。
(47) 瀬戸新太郎は厚生省生活保護監査参事官（一九五六（昭和三一）年七月一六日から一九五八（昭和三三）年八月一日まで在任）、厚生省施設課長（一九五八（昭和三三）年八月一日から一九六四（昭和三九）年六月一六日まで在任）などを歴任している。
(48) 同右。
(49) 同右。
(50) 同右。
(51) 岡本多喜子『老人福祉法の制定』（誠信書房、一九九三年、一一六頁）では設立当初の定員を「三十名で始められた」としているが、これは一期工事分である。
(52) 厚生省社会局他監修「養老施設、救護施設及び更生施設の設備及び運営について（昭和30・5・18　厚発社72　各都道府県知事宛、厚生事務次官通知）」（『社会福祉六法　昭和三五年版』新日本法規出版、一九三一～一九九頁）によれば、「養老施設、救護施設及び更生施設（以下「収容保護施設」という）には、施設の長、庶務及び会計を担当する職員、収容者に対するケース・ワークを担当する職員、医師、看護婦、調理を担当する職員、その他必要な職員を置かなければならないこと」とあるのみで、この当時は職員の人数は規定されていなかった。
(53) 「第11章　高齢者施設と海外交流　壺阪寺の実践から（コピー資料）」刊行年不明、三二五頁による。
(54) 常盤勝憲、前掲『思いやりの心広く深く』、一九八九年。
(55) 板山賢治『すべては出会いからはじまった　福祉半世紀の証言』エンパワメント研究所、一九九七年。

参考資料・文献

○資料（社会福祉法人壺阪寺聚徳会養護盲老人ホーム慈母園所蔵）。
「自昭和三十六年起至全昭和五十六年四月　法人に関する重要書類一件　永年保存」。

「昭和三十七年三月以降　昭和五七年十一月二十九日迄　永年保存　理事会一件（No.1）」。

「仏の教え・社会福祉に生涯をかけた常盤勝憲と壺阪寺」。

「勧進帳」壺阪寺福祉事業後援会。

「第一一章　高齢者施設と海外交流　壺阪寺の実践から（コピー資料）」、三三二一～三四二頁。

「社会福祉法人盲人養老院慈母園設立趣意書」。

(1960.4.21)「設立決議録謄本」。

(1962.3.7)「寄附申込書」。

(1962.8.15)「社会福祉法人盲人養老院慈母園定款変更認可申請」。

(1962.3.7)「社会福祉法人盲人養老施設慈母園に対し盲人専用植物園『匂いの花園』を寄附することについて役員会を催した決議録
　謄本」。

○文献
〈社会福祉法人聖明福祉協会曙荘所蔵〉

　無（一九八三）『天竺渡来　大観音石像開眼記念　慈限放光』壺阪寺印度委員会。

　無（不明）『天竺渡来　大観音石堂落成記念花佛』西国第六番観音霊場壺阪寺印度委員会。

社会福祉法人壺阪寺聚徳会（一九八四）『光を求めて　その慈母園の足跡』壺阪寺聚徳会。

細田明宏「芸能化した霊験譚と宗教　生人形および浄瑠璃における壺阪寺の霊験譚」『歴史文化社会論講座紀要』（二）、二〇〇五年、
　一～一三頁。

井村圭壯『日本の養老院史　「救護法」期の個別施設史を基盤に』学文社、二〇〇五年。

岩本次郎「論考　壷阪寺史補考『南法花寺古老伝』の再検討」『帝塚山芸術文化』一一、二〇〇四年、三三一～四五頁。

加藤弁三郎「匂いの花園」『いのち尊し　続』在家仏教協会、一九六七年、一五三～一五五頁。

小西律子「職業リハビリテーションの黎明としての大阪ライトハウス早川分工場」『社会福祉学』第五一巻四号、二〇一一年、五～

一七頁。

百瀬孝『日本老人福祉史』中央法規出版、一九九七年。

中村元『釈尊の心を語る』東京書籍、一九九一年。

日本女子社会教育会「盲老人ホーム匂いの花園壷阪寺訪問記」『女性教養』（二八二）、一九六二年、三〇～三四頁。

尾上博克「仏教社会福祉の精華　盲老人ホーム慈母園の活動」『仏教生命観に基づく人間科学の総合研究』研究成果　二〇〇五年度報告書』二〇〇五年、一一四～一二五頁。

新日本法規出版株式会社「厚生省組織令」（昭二七・八・三〇政三八八）」『社会福祉六法　昭和37年版』新日本法規出版、一九六二年、六八〇～七〇〇頁。

白根清香「匂いの花園」『縞てほん』東洋経済新報社、一九六七年、一〇六～一一〇頁。

高田好胤「見えざるものへの努力」『心　いかに生きたらいいか』徳間書店、一九六九年、一九～三四頁。

＊　本章は、平成二四年度老施協総研調査研究助成金を受けて行った研究の成果の一部であり、二〇一三（平成二五）年一二月一九日に行われた平成二五年度全国老人福祉施設研究会議沖縄会議で発表したものを論文として取りまとめたものである。また本章は、『社会福祉学』第五五巻四号、二〇一五年に初出の「日本最初の盲人専用老人ホーム『慈母園』の設立過程」を再録したものである。再録に当たっては、承諾を得ている。

第11章　糸賀一雄と木村素衛
——教養の思想を中心に

蜂谷俊隆

福祉実践においては、現場に立ち続けるだけでは解決出来ない問題や矛盾に日々直面させられる。それは、眼前の状況に対して手持ちの能力で応急的に対応しながら、自分の周りにある方策や知恵では解決できない問題に宿命的に向き合わされることを意味する。そのため、方向性を見いだせず、無力感にさいなまれたり、日常的な活動の意味を見失ったりする場合も少なくない。

また、福祉実践に向かう動機には、正義感や義憤が含まれることも多い。それゆえ、個人の能力では動かしようのない問題や矛盾に直面した時、社会の無理解や公的支援の不備など、批判は直接外部に向きがちである。あるいは、自らの実践を過度に肯定しようとしたり、自らの狭い範囲の体験を普遍化しようとしたりして、言葉のみ激しく攻撃的になる。冷静に見れば、それらの態度は自らの正当性や優位性を利己的に主張しているに他ならず、他の可能性を否定することになる。強い正義感は実践のエネルギーとなる半面、適切な方向付けやふるまいを伴わなければ、状況に対する正しい認識や実践に対する自省を阻害したり、他者に対する暴力となったりする危険を含んでいるのである。

本章で取り上げる糸賀一雄は、社会福祉従事者に求められる「実践的な問い」、「実践的考察」を強調している。それは、「資本主義社会の構造的欠陥が生み出す問題」に対して、傍観者的に社会福祉事業の是非を問うのではなく、その欠陥を補うために「施設を砦として、この子らとともにどうしたらよいかという具体的な方法を考えさせるもの」である。同時に、施設は「理解と愛情にむすばれた新しい社会形成のための砦としての役割をもっていること」を自覚し、どのような役割を果たすべきか考えることであると提起する。(1) そして、そのために「福祉的活動そのもののなかにおいて、自己自身と実存的に対決(2)」し、自らの内にある利己心を克服することが不可避であると、次のように訴えている。

自分から進んでそういう自由を捨てることの出来る自由というものが人格的な深い根を持った自由として尊重されることがあるんですね。（中略）静かに己を抑えて、本当に本当の自由というものを、我々のものにしていくためのプロセスを、私は尊重したいと思いますね。そういうものが国民に訴えるでしょ。我々はですね、憤激して火花を散らしている者を見て、ビックリは致しますけれども感動は致しません。（中略）腹の底から揺さぶりをかけていけるものでなければいけない。(3)

このように、糸賀は福祉実践における傍観者的、観想的な態度を戒めながら、それ以上に実践に出るにあたっての反省的な態度を重視している。同時に、糸賀の発言には分厚く蓄積された本来の意味における教養の裏打ちがあり、社会の中において自らがなし得ることに対する問いかけがある。これらは、実践に向かう動機や態度に影響を与えていると考えられ、ここに焦点をあてることは、糸賀の思想の全体像を読み解くのに必要であるとともに、現代に生きる私たちに対しても貴重な示唆を与えてくれるだろう。

ところで、糸賀の思想には近江学園以前にその準備期間があり、特に代用教員時代に出会った木村素衛からの影響が指摘されている。(4) しかしこれまでの研究では、教育や福祉へ直接関連する側面に重点がおかれ、必然的に取り扱われる時期についても近江学園設立以降に限定される傾向がある。そのため、両者が直接に親交を結んだ時期の思想に焦点をあてた研究は、糸賀が提出した「アガペとエロスの矛盾的自己同一」や「重症児の生産性」など、個別の概念のルーツを木村の哲学に求めることに限られている。(5)

一方、当時の木村は、ファシズムが勢力を増す中において、自らの立場と国家との関連を強く意識していた。また、糸賀もキリスト者として、あるいは初等教育の教員や地方官僚として厳しい状況と向かい合っていた。そのため、個別の概念の持つ意味をより深く理解しようと思えば、そのような思想が提出された元々の背景についても見ていく必要がある。したがって本章では、糸賀と木村が出会う昭和一〇年代半ばから昭和二〇年代を中心に、両者の思想を再検討してみたい。

1　木村素衛の教養思想とファシズム批判

木村の生い立ちと哲学との出会い(6)

木村素衛は、一八九五(明治二八)年、石川県で代々北前廻船の船主を生業とする名家に生まれた。しかし、幼少期に父親の事業が失敗し、父親は家族とは離れて暮らすようになる。そのため、牛乳配達をして学費を稼ぎながら学校に通う生活を経験している。

また、京都第一中学校在学時には、病気のため高等学校の受験を見合わせざるを得ず、ようやく二年遅れて第三高等学校に入学したが、病気の再発のため退学している。木村はこの時の経験について、「私は病床でひとり生死の問題に直面していた。それは私にとつて回避を許さない現実当面の問題であった」と回顧している(7)。そして、「中学を出て直ぐ懐疑に突き当つた私は、自分の問題を究明するに当つて、信頼できる学問は教はつた数学と自然科学とのほかにないと思はれた」が、「どうしても考えが唯物論的運命論的になつて行った。併しその立場では意志の自由の問題で動きがとれなく」なってしまい、「認識論の研究」が関心の中心となっていったのだという(8)。またこの間に、別居していた父との死別も経験している。

そのように彷徨の後に出会ったのが、西田幾多郎の『善の研究』であった。木村は、西田を訪ねて聴講の許しを得る。しかし、聴講を始めて間もない一九一八(大正七)年一一月七日の日記には、「講義には単なる知的興味しか感ぜなくなつてきた。（中略）哲学から宗教へ私の求める方向が転向しつゝある事を知つた。知の満足などはどうでもよい。全人格の安心を得なければならない[9]」と、記している。自らが経験した「如何に反抗しても運命に支配され、「薄氷の上の生活」を生きざるを得ない「生」の苦悩に対し、哲学は直ちには安心感を与えなかったのである。そして、「懺悔は、真に運命の深さと、自己の無力と、生きることの悩みとをしみじみ知つた霊の必然的な行ひである。（中略）縷々善意が破られて悲しい運命に陥ることの多い人生、切るに切られない執着の為めに悩む煩悩から、吾々がとても自由になれないのを知つたとき、たゞひたすらに神に祈祷する依り他ない[10]」と、哲学への失望とともに、宗教にすがる気持ちを記している。

しかし、木村は直接に特定の宗教に入信することはなかった。大学での講義は論理は面白いが「空虚な面白さ」としか感じられなかった。それでも「幻滅の悲哀に沈んだ時、そこに却つて真の生活があつた。『生』の国への扉はその『悲しみ』に在つた[11]」と、合理的論理のみでは得られえないものを哲学において探っていくこととなる[12]。

なお、木村は芸術への関心も深く、すでにこの当時から自らの「生」の苦悩を芸術との関係で捉えている。例えば、一二月二日の日記には「懺悔は創造である。懺悔に於て人は初めて明確に罪の姿を凝視し得る。否彼れ自身の姿を明に見得る。（中略）悩める者は自己を芸術品に産み出で、漸く憩いを得る。芸術は懺悔でなければならぬ[13]」と、記している。また、翌年一月二七日には、「韓非子位つまらぬ人間はゐない。彼は小人の徳、奴隷の徳を説く。ここでは生活からあらゆる内面的、自主的なものが否定され、たゞ対者の鼻息をうかがふの外、生活と云ふものがない[14]」と記しており、後の節において検討する問題意識の原型が見られ、木村の哲学における命題は既に独学によって形成されつつあったのである。

「表現愛」と「表現的自覚」

木村は、二年間の聴講を経て、京都帝国大学文学部哲学科の選科に籍を置くこととなる（一九二〇年）。相変わらず生活は苦しく、学資にも苦労する学生生活であった。しかし、西田らの支援を受けながら卒業し、大谷大学や広島文理大学の教員を経て、一九三三（昭和八）年に京都帝国大学文学部教育学教授法講座に着任する。これも西田の推薦によるもので、本来の専門ではない教育学に自らの哲学を応用することに苦しみながらも、独自の哲学を形成していった。その到達点を示すと考えられるのが、一九三九（昭和一四）年に出版された『表現愛』（岩波書店）である。

木村はこの著の中で、人間の具体的本質を、自分の「外」に働きかけて、形の無いものを含む広い意味での「凡そ何ものかを作り現すことに於てみづからの存在を具体的に維持して行くやうな生命のはたらき[15]」に認め、それを「自覚的表現性」と表している。この場合の「外」とは、主体に対する抵抗者、障碍を与えるものであり、実現すべき形がそこに現れてはいないことを意味する。同時に、主体がそのような抵抗を排除し、障碍を克服して作り出すものであり、さらに主体に呼びかけ、語りかける意志である。

このようにして、主体は自らの内に、理想を見ることになり、現に主体が直面している環境において、本来あるべき理想を見るのであり、その意味において主体は歴史的な自覚点である。ここに主体は自由をもつことになる。なぜなら、歴史的な自覚点に立つことは、同時に理想を否定する自由も持つことになり、さらにこれを否定することによってのみ可能だからである。この「自由の二重否定」が「実践的自由」であり、利己的な自由を抑えて大義に随っていくという「道徳の世界」が成立する。つまり、理想と主体が働きかける現実との間には距離があり、「非連続的な連続」の関係を成す。その非連続性を克服していくことは主体に負わされた使命であり、同時に理想は主体に対して「内在的即超越的」なものとして存在するのである。

そのため、ここで言う自覚とは、「我が」「我を見る」という契機に加えて、場所としての「我において」（見る）という契機に包まれて成立するという。自分を自覚するためには、自分の内面を「外」へ出して表現しなければならないが、そうして表現された「外」は、本来あるべき姿を整えてはいない。つまり、理想との間に隔たりがある。

そのため、主体は理想に近づこうと、さらに何らかの行為を起こさざるを得ない。このように捉え直せば、自覚とは外に向けて表現する、働きかけることによって生じる反省的な態度であり、次のように端的に表される。

自覚と云ふことが自我の本性を成すと云ふとき、それは決して単なる観想的な自己認識として成立するのではなく、実践に即して自己を知ること、行為的に生命を造り現はすことに相即して自己を見ることに於て成立するのでなければならぬ(16)

しかし、エロス的な「理想主義的意志」に立つ限り、現実の人間はどうしても理想にはたどり着けない不完全な存在であることを引き受けなければならない。自覚することとは、理想との乖離を常に確認することであり、その意味では実践は善への意志表現であればあるほど自己の限界に行き当たり、絶望する運命にある。そのため、主体を根底から包み込み絶対的に承認し、肯定する原理としてアガペ（絶対愛）が求められる。そして、エロスとアガペは同一の構造の中に存在しなくてはならなず、そうして成立する原理が「表現愛」である。

このように木村にとって哲学とは、「常にその本性に従つて自己形成の形を見つつ作る」自覚的存在を形成するものであり、さらに「反省的自覚を与え、それに従って生命の発展を知性の静けさと落ちつきとをもつた確信ある行進へと導くもの(17)」である。

さらに、木村は歴史的、社会的存在としての人間を強調する。「公に表現しなければ私が私を知ることが出来ないという事は、私が始めから単なる個人でなくして本来社会的存在である事を意味する(18)」のであり、自らが個性的存在であるためには「公共の世界を媒介」として他の個性的存在との「互いの生命伝達」によらなければならない(19)。ここから、次の「国民教育論」において、国家や国民が、他の個性的な存在抜きには成立しないという主張と、それらを媒介する原理としての世界史的普遍という概念が提出される。

国民教育論の展開

一九三九年、木村はフィヒテの教育論を題材とした『国民と教養』（弘文堂）を出版している。また、ファシズム批判の論陣を張っていた河合栄治郎が大学生に向けた教養書として編集した『学生叢書』（日本評論社、一九三六～四一年）にも四編の論文を寄せており、昭和教養主義の代表的人物の一人として挙げられることもある。[20]つまり、木村は同窓の三木清のように直接的ではなかったが、自らの学問的立場を通じてファシズムに対峙していたのである。この点について村瀬は、木村の戦時中の言説から「直截に政治の象面からではなく、より間接的に教育の底面から時代状況に立ち向かうことにあった」[21]と指摘している。また大西は、木村が「国民教育論の文脈において木村が探求したのは〈国民〉というものの成立する原理的構造であり、〈国民教育〉が立脚するべき存在論的原理の問題」にあったことを指摘している。それは、時代状況の要請するところであり、木村自身の立場を明確にすることを迫る中心的な課題になっていった。そして、その「国民教育論」は、自国の伝統を尊重することは新たな創造を意味し、それは他国文化とのお互いの個性を維持した交流においてしか成立できないことを説いており、「国内の『独断的国民主義』に対して、国民教育の〝意味の争奪戦〟を挑むものであった」と結論づけている。[22]

これらの研究に於いては、木村の最期の体系的な著作であり、戦後になって出版された『国家に於ける文化と教育』（岩波書店、一九四六年）を中心に検討がなされているが、糸賀と木村が出会うのはこれより五年ほど時間を遡るため、ここでは両者が出会った時期に出版された『国民と教養』（弘文堂、一九三九年）や『国民学校の基礎問題』（諏訪郡永明国民学校購読会、一九四一年）等を通して、当時の言説を確認しておくことにしたい。

木村は『国民と教養』の冒頭において、「国家は全く大問題に今遭遇してゐる。精神文化の方面に於て深く考ふべき問題が夥しく存在してゐる。性急な一面的な考へ方は、深くして重大な問題を解くことはできない。問題の重大さと深さとは、それに対する態度の慎重さ、考察の周到さ、洞察の深さを当然要求する」と、問題を提起している。[23]そのために、知性と実践と完全な綜合を意味する教養が求められており、その目標は「全人間性の完全なる実現」にある。[24]そして、その実現を可能にするための多様な努力が、普遍的な価値の特殊なされ方として成立するのであり、「個人の自由に基づく個性の教養的完成が初めて人類文化の発展を可能ならしめる」[25]。この場合、人類普遍の理念を追求する「人類文化の立場」においては、個人は「人類文化的価値の実現者」であり、直ちに人類の一員と見ることになる。

ところが、ここには重大な問題が潜んでいるという。個人は家族の一員であり、特定の種々の社会の一員でもあり、常に「特殊な全体」に属してその成員としても存在する。そのような「特殊な全体」の内、極めて重要で独特な意味をもつものとして国家が存在し、そこで個人は国民として存在するのである。さらに、国家は「人類内部において区切られた単なる部分」ではなく、「一つの独特な統一原理があり、国民文化の根底には国民精神があつて、単なる人類的普遍化とは反対の方向に個性的統一を求めて行く」ものである。つまり、個人が人類の一員であり、同時に国民であるということは、直ちには連続せず、むしろ互いに否定し合う関係にある。人間の進むべき途に国境はない。しかし、道徳においても、芸術においても、或いは数学のような自然科学であっても、そこには常に国民性が現れている。ゆえに、「人間教養が全人間性の開発と完成を意味すると云はれるとき、単なる人類文化的教養の理念を以てこの全を云う」ことは具体を欠いた抽象となってしまう。ここで、両者相互の「否定的媒介」において矛盾的対立を止揚していく原理が必要となるのである。[26]

また、他とは異なる個性的な国民や国民文化が成立するには、他の個性的存在である他国の存在が不可欠である。つまり個性的な存在は単独では成立し得ないため、必然的に「自国の文化の世界史的媒介性を高めること」が伴うことが求められ、「国民的教養はこの面に於ては教養の世界史的拡大へと努力する」ものでなければならない。ここで「世界史」と表現されるのは、無限に交渉（かかはり）が繰り返されていく国民間、あるいは国家間の働きのことであり、静的ではなく動的に働く媒介原理のことである。このように木村は、「国民教育」の目的として、「世界史」の中に存在する「世界史的国民」としての素養を養うことを主張していくのである。[27]

ところで、木村のこのような問題意識の背景には、必然的に現実の利己主義的な個人と国家のあり方があった。つまり、単一の国民に立って絶対性を主張する国粋主義や、国家を全体とする侵略主義帝国主義への批判である。[28]木村は、フィヒテの「ドイツの祖国愛を失わしめたのは利己主義である」という主張を援用して、「宗教と道徳の欠乏」がもたらす深刻さを指摘し、そのために重要な方策は教育であり、その目的は道徳的頽廃の結果としての「利己心を超克し、祖国愛に目醒めた真実の実践的人格を造ること」[29]であると提起している。

このように、木村は自国の優越性を誇張する偏狭な国家主義を批判しており、日本の特殊性を強調してその下に世界を統一することを否定し、他国文化を尊重し交渉することを通じて自国文化の個性的意味を見いだすという間国家の働きを通じて、より普遍的な理念の実現を目指す世界観を提示している。このような主張は、戦争末期になるに従って、一方では「大東亜建設」という戦争目的に沿いながら、むしろより明確に言及されるようになっていくのである。[30]

2　戦時中の糸賀の「実践」と思想

糸賀の生い立ちとキリスト教との出会い

糸賀は、一九一四（大正三）年に、鳥取県鳥取市で生まれた。父親とは離れて暮らしており、母の実家のある米子で幼少期を過ごした。

鳥取県立第二中学校在学中には、親友となった圓山文雄に誘われて、鳥取教会のコー（Estella L. Coe）の主催する英語夜学校に通ったり、コーのハウスパーティに参加したりして、キリスト教に触れる機会を得ている。しかし、当時はまだキリスト教そのものに対しては、意識的に距離をおいていた。

糸賀が入信するのは、医師になることを目指して松江高等学校に進んだ後、病気のため休学を余儀なくされていた時期である。糸賀の回想によれば、「遊び過ぎて病気をしたり、散々な失敗の憂目を見たりして一年二年と悶えながら、放浪の時を過し」たり、「独力奮起しようと悲愴な決心と誓いを立てた」時におり悪く結核に罹たりして、「天はどこまで自分をくるしめるのか、悲憤と焦燥に身もだえしながら、病床に身を横たへ」ざるを得なくなった。その気持ちを伝えた圓山の「たゞ、祈っている」という答えと、圓山から送られた聖書の言葉に救われたことが入信の契機となったという[31]。

入信後は、松江北堀教会の寮に居を移し、教会活動やYMCAの活動にも積極的に携わっていく。そして、入学当初の志望であった医学を宗教哲学に変え、京都帝国大学文学部哲学科に進学する。在学中には圓山の急逝に直面し、「残された自分は深い責任を覚えて居ります。彼の急逝が、漠としてゐた自分の心の無知をむち打つて、生涯の研究テーマを確立せしめました[32]」と、卒業論文の「パウロの終末論」を書き上げた。

あらためて糸賀の生いたちを辿ってみると、父親との関係や病気、休学の経験、自然科学から哲学への転向など、木村との共通点が多いことに気づかされる。糸賀が木村のことを長兄のように慕っていたのには、このような共通点があったことも影響したと考えられる。しかしながら、木村が特定の宗教に入信しなかったのに対して、糸賀はキリスト者として苦しい時代に向き合うこととなる。

キリスト者としての自覚と国家

糸賀は大学を卒業した後、代用教員として勤めながら教会活動を続け、間もなく勤務先の先輩教員であった池田太郎を通じて木村素衞と親交を結ぶことになる。

代用教員となった一九三八年には国家総動員法が成立し、統制が強化されていく。キリスト者としておかれた立場が、日に日に厳しさを増したことは想像に難くなく、哲学を通じてファシズムと対峙していた木村との親交は、糸賀の時代に向き合う姿勢にも影響を与えたと推測される。

この時期の糸賀の思想がうかがえる史料は極めて限られるが、一九三九年に日本基督教青年会同盟の『開拓者』に「国家と教会の現実」と題した論考を寄せていることが確認できる。(33)糸賀はこの論考の中で、キリスト者であることは「それ自身本質的に二重の性格をもって国家に生き、教会に生きている」ことであり、「吾々にとつての問題は、常に吾々の生活、実践であつて、如何に生きるかの具体的な姿の中に、換言すれば吾々の生の動きの中に、解決を創造すること」にあると提起する。また、キリスト者の姿勢は、「現実を静止せしめ」、自己を疎外し「教会と文化、国家を切り離して対象的に考へる」といった「近代主義的な世界観の統一」によって導き出されるものではなく、「教会、文化、国家の問題は常に自己との聯関の下に、具体的に問はれ、具体的に答へられるものでなければならない」と強調している。

そして、基督者が必然的にもたされる「国家と運命を共にしつゝ而も信仰に生きている」という「二重の性格」は、「国家が国家としての主権を吾々の上に強力に振ひはじめる時に、（略）最も明瞭に暴露され」、その状況において教会に自覚的に踏みとどまるという時、「吾々は基督者としての義務を自覚する」のであり、矛盾の存在として如何に行為するかということが問われているのだという。なぜなら、教会は「主キリストの身体でありながら人間の交わり、更に文化・国家の中に存する仕方でしか存することができない」ため、「教会の神学は常に時代の問題に関わり、歴史の現実を問題として、それとの聯関の下にしか果たされ」ず、歴史文化の具体である「国家の現実を捨象してしまうことは不可能」である。それゆえ、パウロが「ユダヤ人にはユダヤ人の如く、ギリシャ人にはギリシャ人の如く」と発した言葉の中に「彼の時代に於ける立体的な生動性を把握すべき」であり、「吾々の主体的な実践、文化の現実に突入する信仰の現実を、吾々の各々の立場に於いて生きつゝ、またかくの如き教会を祖国に新しく創造しつゝ、強靱な自覚的な戦いの生活を有ちたいのである」と、決意を述べている。

このように糸賀は、自らが身をおく現実の動きの中にとどまりながら、自らのキリスト者として神に仕えながら同時に日本国民であるという「二重の性格」を直視しようとしている。同時に、それぞれの国民の下にキリストを蘇らせるというように、神と個人の間に国家を介在させる原理を木村から援用していることもうかがえる。しかし、ここでは教会と国家の関係に重点がおかれており、国家と人類文化や人類的普遍、或いは文化を越えるものとして神との関連、さらには国家間の問題については触れられていない。また、キリスト教関係の雑誌への寄稿という性格もあり、状況の制約を色濃く受けたもう一方の側面、つまり現職であった教育との関連についての言及はまだない。

初等教育の教員としての「自覚」と「確信」

前述の通り、糸賀は一九三八年から翌年五月まで、一年余りの期間ではあったが、尋常小学校の代用教員として教育現場に立っている。

戦時体制の深まりは、既に教育の現場にも陰を落としていた。京都市教育会の『昭和一三年度定期総会ニ於ケル宣言』には、「此の秋に当り我等は愈々深く聖旨を奉戴し、挙国一致聖戦の目的達成のため長期建設に邁進せざるべからず。惟ふに国家活動の源泉は教育に在り。之が進展に寄与せんとする本会々員たるもの、皇国ノ大使命ニ鑑ミ、益々有為ノ人材ヲ育成シ、以テ報国ノ赤誠ヲ致サンコトヲ期ス」と、時局に対して教育の果たす役割が唱道されている。そして、京都市教育会の発行する『京都市教育』にも、教育現場も国家の方針に従うのは当然であるという前提のもと、「自由主義」や「個人主義」を糾弾する言説が目立つようになる。

その一方で、そのような傾向に警鐘をならしているものも僅かながら見いだせる。[34] 糸賀が同誌に寄せた「『確信』について考へたこと」という論考もその一つである。

糸賀は、「各自が自己の天職使命を自覚して、国家百年の大計に参与せよといふことにある。従って、教育者が教育の使命を自覚することは直ちに、国家に対する積極的、建設的な意義を有つこと〻なるのである。教育使命の自覚は教育実践に於ける確信に相通ずる[35]」と、国家の大方針に共鳴し、教育の場から参画する意思を示している。

しかし、何よりの問題は、「教授上の細目が恐ろしく親切に規定されてゐること」であると危惧を示し、「どの様に規定されてゐるとしても、否規定されてゐればゐる程、甚だ逆説的ではあるが、その型を破らねば教育が生きて来ないのである」と、次のような問題を提出する。

然るに他面、時代の烈しい世界的相剋は、吾々を駆り立てゝ国家的な民族的な自覚に高め、教育実践上の態度も勢ひ此の全体的な部面に集中されて来た傾向を見のがしてはならない。（略）最近日本主義を標榜する教育界の著作が激増してゐるのを見る。かうした指導原理の確立は教育者にとつて誠に喜ばしいこと、謂はねばならないが、然したゞ一つ茲に気懸かりであり、同時に不満でもあるのは、かうした原理がやはり吾々にとつて規定されたものとしての意識しか持たないでしまひ易いといふことである。原理が確立される際に一番恐ろしいのはこの規定性である。其所に何時教師自身の主体的な、知性的であると同時に意力的な関与がなく、原理に対する安易な盲目的な追従だけが生じ易いのである。[36]

このように一旦は「日本主義による指導原理」に対する直接の批判を避け、大筋では賛意すら示しながらも、「全く日本主義に帰依」し尽くしてしまうことについては、「神話の形而上化」であると明確に批判している。ただ、後段では「日本主義」そのものを批判しつつ次のように警告する。

往々にして偏狭を排他的思想を以て日本精神に純なるものと考へるのは、全く批判的科学的精神の欠如に依るものと謂はねばならない。（略）此の点に関して吾々は大いに、所謂日本主義に批判的であつてよいのではなかろうか。考古学的な実証によつて始めて基礎づけられたと考へる如き日本主義が若ありとすれば、さうした日本主義を振りかざすことは、国家の現在の任務遂行に当たつて実に躓きの石たるを免れない。（略）功利主義御都合主義を廃して絶対的なるものに帰れるときに確信が生ずる[37]

このように、「日本主義」の内に含まれる功利主義的な態度を批判し、「吾々は少なくとも現在の自己の立場に確信と誇を持ち度い。（略）これは決して理想の放棄を意味したり、現状への安易な満足を意味したりするものではなく、彌々熱烈な向上の希望に燃えしめるものである[38]」と決意を示している。

この論考が掲載された直後（一九三九年五月）、糸賀は陸軍に招集され、再び学校教育の現場に戻ることはなかった。しかし、木村との邂逅は、不可避となった国家方針や時勢との対峙について、自らの職務における態度を獲得する重要な契機となったのである。

「キリスト教役人」として

一九三九年五月、糸賀は鳥取第四十連隊に入隊する。しかし、三か月後に発病して一一月には除隊となる。そして、木村の推薦によって滋賀県庁に移り、戦時下の地方行政に携わることとなる。滋賀県では、総務部総動員課と学務部社会教育課を兼務する社会教育主事補として、各地域を巡回しながら国家の方針を伝達する役割を担っていく。また、木村も滋賀県庁の教育関係者を度々訪ねて、両者の親交は変わらず続いていく。

滋賀県庁に入って半年ほど経った時期には、『開拓者』に「ある精動指導者の手記」という随想を寄せており、「学校の先生という好きな職場が待つてゐたのにそれを捨てゝ、大嫌ひの官吏になつた、というよりならねばならなかつたことに対して、私は不思議な摂理を感じてゐる。勿論私が決心したことである。しかしそのやうにしか決心出来なくなつたところに私は時代の波を感じ更にその背後に神の召を聴いたのである。（略）眼は外に向き勝ちである、しかし内側に向けなければならない[39]」と、自らの内面を省み、与えられた職務に誠実であろうとする姿勢を示している。

しかし一方では、総動員運動が困難になっており、その要因は国家総動員運動が掲げる標語である「物心一如の『物』が、精動運動に依つて真に取り扱はれたのではなく、たゞそれに就いて語られたにすぎなかったといふ面もあつたからである[40]」と、運動における実体が伴っていないことを指摘している。

さらに、職務の中でふれた農民の姿を象徴的に挙げ、「今日の農民は単に自己のために働くといふ狭い殻を破つている。殊に農村の青年はさうだ。事変に依るその国家的な自覚が最も熾烈に燃えているのが農村であると思はれる。彼等は伝統的な太々しさねばり強さを以て、黙々と鍬をふり上げ、単純に国を熱愛してゐるのである。私は茲に日本の強さを再発見した。（中略）せめても横柄な横柄づくな役人にならないことを以て、そして農民の真の声を聴きうる役人になることを以て、そして彼等の感謝することの出来る役人になることを以て基督に仕へる心をあらはしたいと思ふ」(41)と、心情を著している。迂遠な言い回しではあるが、ここには上からの一方的な統制や国家主義に含まれる利己的な側面を批判していることがうかがえる。

そして、「宗教的な心構えの萎えること程怖ろしいものはない」と統制や国家主義がもたらす道徳的な頽廃を危惧し、宗教家、とりわけキリスト者の役割を期待しつつ、「宗教が生命的に躍動するときに難局が内側から切り拓かれて行くといふのである。（中略）私は農村に語るに徒らに『東亜の新秩序』を口にしたくない。そのためには、我々としては自分の国の中に、郷土の中に、そして家の中にもう一つ突込んで自分自身の中に、精神的な新秩序を建設せねばならぬと信じてゐるからである」(42)と主張している。

またこの後、『次郎物語』の著者として知られる下村湖人とも親交を深めていく。下村は、上からの演繹的な国家統制のあり方を批判し、帰納的な国家を形成する方策として「煙仲間」運動を展開していた。糸賀は下村の思想にふれ、「世を挙げて作られた世界に安住してゐるだけではなるまい。何も彼も規定される世界であつても、その世界自体を作り之に方向を与へて行く者として、主体的にこの世界に住むのでなければならないと思ふ」(43)と自らの決意を確認している。

これらの戦時中の糸賀の著述は、官僚として国家の大方針に規定され、いやおうなく従わざるをえない状況において、表向きの文面を取り繕い、体制に取り込まれながら、最後の一線のところで自覚的に自らを表現しようとする苦悩を感じさせる。この後の糸賀は、近藤壌太郎知事によって秘書課長に抜擢され、県政の中核を担っていくこととなる。ただ、その活動の実態を示す史料は乏しく、この間の思想をうかがい知ることが出来る史料も披見出来ていない。

3　糸賀の福祉実践における教養の意味

「日本再建の責務」と木村の逝去

一九四五（昭和二〇）年、糸賀は食糧課長として敗戦をむかえる。糸賀は、敗戦の報を木村に伝えた際、互いに「日本再建の責務」を誓ったことを回顧している[44]。

木村は、「これからは嘘を言わなくて通る世界が開けてくることを感じた。戦争中はおびただしい虚偽が横行していた。私が戦時中言つて来たことは、今日の新しい国民教育においても、何等変りはない。従つて、二枚舌を使わなくてもよく、その点幸いである[45]」と、述べている。そして、敗戦の要因として次の点を指摘する。第一に国力の過大評価、つまり独善的な優越感があったことである。国力は、文化力や思想の貧困とも関連する。個人主義を利己主義と取り違えて道徳的頽廃、利己主義がはびこっていたことが、自国と他国の国力の正当な認識を阻害した。第二には、日本精神の本質とその発展の仕方の問題である。日本的なものを太らせるためには、外国文化を受け入れる必要があるのに、それをせず日本精神を食い物にするだけで、それを太らせることをしなかった。そのため、利己主義的に頽廃した国民道徳を再建することが、日本の再建にあたる教育関係者の責務であり、「自分自分に相応した教養をつけて行くべきである」ことを強調している。これらは、その目的が「大東亜建設」であるのか、民主国家の建設であるのかという点を除けば、戦時中の主張とも連続している。

併せて、「国家観念といつても、抽象的にでなく、農村児童としての正しい自由主義を伸張して、国家に結びつくように導かねばならぬ。画一主義を廃して真の自由主義にのつとつて行かねばならぬ。（中略）人生は常に荒波の待つているものである。これを正しく乗り越えていくのが真の自由である。真の人間性を実現するのが自由である。

それには困苦欠乏に耐え得る努力的なものを養うことが必要である。（中略）強い自立的意志を鍛錬しないと真の自由というものは生まれて来ない。日本の自由は強い意志を鍛錬してデモクラチックに行かねばならない[46]」と、教養に裏打ちされた自由主義的な教育のあり方を提起している。

木村は敗戦直後から、京都帝大の学生部長やアメリカ教育使節団の対応のための教育者委員も引き受け、精力的に講演活動も行っており、国家再建に対する強い責任感がうかがえる。しかし、木村は敗戦からわずか半年後の一九四六（昭和二一）年二月、講演に赴いた長野県上田市で急逝し、その責務を果すことは叶わなかった。

一方の糸賀も、病気の再発よりこの年の一月から休職、療養中であり、官僚としての進退を考え始めていた。この間に、近江学園構想が池田太郎と田村一二らによって練られ、糸賀も同年九月に園長への就任を決意した。糸賀は、池田や田村から園長への就任を要請された時、あたりまえのような使命感を感じたと回顧しているが、その動機には木村から託された教育分野からの「国家再建の責務」があったはずである。そして、困難を伴う施設運営においても、「現実を回避しないでいつも根源的なものに遡及しながら理想をめざして努力する[47]」という、かつて木村と共有した姿勢が貫かれていく。

近江学園の創設と発展の中で

しかし、設立から二年を経た一九四八（昭和二三）年一二月、近江学園に対して不正の疑いがかけられ軍政部からの立ち入り調査を受けるという、いわゆる「近江学園事件」に巻き込まれた。調査の結果、なんら不正の証拠は見つからなかったが、糸賀は近江学園に対する他の社会事業関係者等からの反感が、事件の遠因にあったことを反省する。それは自らに対する過大評価が、自覚を危うくさせていたことへの反省である。そして、それまでの学園運営をふり返り、自らの誇示の姿勢や過信を戒める必要があると次のように記している。

内部自体にも打破ることの困難な壁を自覚せざるを得なかった。（略）建設の苦労と戦う我々を、世人は、愛の聖者の如く賞賛し、次々とできあがって行くその事業を絶賛しつつ、その半面その賞賛に自惚れている者への批判と評価を忘れないものである。ひとたび自己自身の力を過信したものは、自己自身の真実の姿を凝視することをおそれ、いつも可能性の世界に逃避して、そこを真実の世界と誤信する。（略）荊の途はむしろ耐え易い。人の心の中に巣喰う影と戦うことは難い。(48)

近江学園設立当初、糸賀の発言からは、「国家再建」に教育を通じて貢献するという自負とともに、資金、物資面の厳しさに対する認識がうかがえる。その一方で、自らや職員集団の内面的な問題については楽観的な面もあった。この事件は、直視すべき課題は「内と外の両面」にあることを自覚させ、福祉実践者に求められる姿勢や態度について考察していく契機となった。

しかし、施設運営は益々経済的な困難を極め、職業的自立の困難な知的障害者の生活支援の方策も独自に整備する必要に迫られた。このことは社会事業における理想と現実の問題をより深く考えさせることとなる。設立から五年を迎えた時期の論考には、福祉実践者としての「自覚」の考察が、次のように展開されている。

実は、方法論が問題であったと同時に、その底を流れるもの、言いかえれば、職員として、教官として、自分自身というもののぎりぎりの「自覚」が問はれているということにみなが気づいた。（略）この社会がどういう成り立ちであつて、それをどうもつて行くべきかという自分自身の使命をも含めて、主体的に社会を考えて行くというのが「自覚」の名に値すると思うのである。この自覚は社会の保守的な現状維持の本能のようなものに対する妥協のみではなくて、全体的に向上、進歩しようとするもう一つの本能のような熱願を知つて、その責任をも担をうとする態度を生み出して来るものでなければならない。レアリズムであると共にイデアリズムでもあるような、ものであるかも知れない。そういう主体的な態度を含んでいるのである。いつでも社会は、そういう自覚者によつて支えられもし、進歩もしているものである。そして自覚したもののみが責任者である。(49)

ここには、木村から受け取った「表現的自覚」が、福祉実践との関連においてより明確に意識されている。福祉実践は、状況に制約されながら現実に即応し、同時にまだ見ぬ理想を目指すという、木村が構築した「表現愛」の構造がそのまま現れる世界である。

世界平和に対する「自覚」と生命の全体性

さらに、朝鮮戦争が勃発し、東西の対立が深刻になってくると、糸賀にとって戦争と平和が、看過できない問題として再び立ち現れる。糸賀は、「私は近江学園という私の働きの場を通して、世界の悩みを感じます。（略）多くの人々が絶望したり此の日常性の中に転落して、反省も決意も、祈りもない生活に陥っている時に、世界の悲劇は益々その深刻の度を深めつつあるのではないでしょうか」と心情を述べており、自らの取り組む事業との関連を意識せざるを得なかったことがうかがえる。そして、「世界といい国家といえば、巨大なマンモスのような、どうすることもできないものを私達に感じさせるのでありますけれど、今静かにその実体を洞察しますときに、結局は、その国を、また世界を構成している私達と同じ『人間』の問題に帰するのであります。（略）自由と平等の離反に悩む世界は、その悩みを自己の悩みとしている自覚者によってしか救われないでありましょう[50]」と訴えており、「歴史を成す者」としての自覚が強調されていく。

そして、この時期の糸賀は、西洋を中心として発展した近代的科学への批判とともに、福祉実践において当面する合理的な理論のみでは解けない課題を意識し、東洋的な思想の可能性をあらためて探りはじめている。

もしわれわれが、その純粋さと素朴さの故に、永遠にして絶対な「真理」と「平和」の原理を直覚して、それを生きることが出来るならば、虚偽と闘争の中に疲れ切っている世界の大人たちは、来ってわれわれからその原理を汲み取ろうと願うことだろう。（略）それは決して過去の自己中心的な、排他的な考え方でもなければ、狂気じみた妄想でもない。分裂と闘争の悲劇的な歴史を通じて、人々は、愛による一つの世界、真理と平和と自由と正義の世界を求めつづけている。（略）日本の世界的な生き方をもう一度改めて深く考えてみたい[51]。

このような思想的な展開が、「もともと分析されない全体としての人間[52]」に対する認識を確認させ、価値意識の底にある思想や世界観について、自らの実践との関連においてより深く捉え直していく。やがてこの思索は、「この子らを世の光に」という言葉に凝縮され、日本の福祉にとって極めて重要な意味を持つ障害観の転換へと連なり、さらに重症心身障害児への取り組みと独自の思想を生み出していくのである。

福祉実践における「行動的・実践的理論」

戦争を批判する論考は前出のものの他にも、一九五〇年代半ばから後半に数点が著されている。次に示すのは、一九五四（昭和二九）年に書かれたものである。

だれしも平和を願うことについては異論がないはずで、この点では世界中が一つであるべきだということである。それだのにその実現のための方法や立場が対立的であったり、排他的であったり、闘争的であるということはその願っている平和の理念と根本的に矛盾することである。（略）相手を斥け、たたきつけ、暴力的に押さえつけて平和を実現するのだというような考え方や、やり方は反省されなければなるまい。むしろ話し合いのできる共通の地盤の発見が大切だと思う。（略）国ぐにの政治も文化もそれぞれ異なっている今日、平和な政治体制や経済のあり方はこうでなければならないという、画一的な統制的なものが要求されるべきかどうかということに私は疑問をもっている。むしろそれぞれ異なった政治、経済、文化の底に共通なものとして、人間の生命が尊重される立場というものがあるはずだと思う[53]。

糸賀の国家観、世界認識は、それぞれの国の個性的存在を認めつつ、普遍的な価値を実現する方向に向かっていくという、木村が戦前期に提示したものとほぼ一致している。しかし、現実世界の状況や国々の利己的なふるまいは、社会事業家としての糸賀自身の姿勢にも跳ね返ってくる。糸賀は、近藤知事の秘書課長だった時期、行政官として厳しく鍛えられたこともあり、近江学園設立以降も職員や関係者に対しても厳しい態度に出ることがあった。それゆえ、他の施設や関係者との摩擦が生じることもあり、ある作品展をめぐって、他の施設と衝突した直後に次のように記して自省している。

学園の考えは正しいという自負だけでなく、他の施設のやり方の生ぬるさや、（略）当局の無為無策に対する非難も潜在していた。要するに積極的な態度をもてばもつほど、それは攻撃的であり、排他的であり、独善的であったことは否定できない[54]。

昭和二〇年代後半になると、戦時中から休眠状態であった施設・教育関係の団体や新たに設立された運動団体の活動が活発化し、考え方の違いによる衝突や行き違いも起こるようになる。糸賀は、ここに正義の衣をまとった利己的なものを見いだしていた。その中で、自らの態度が反省され、つまり自覚され、冒頭に引用した著述の中に見られるような「静かに己を抑えて」「腹の底から揺さぶりをかけて」社会的な支援の拡大を目指していかなければならないと確認されていく。このような反省が、昭和三〇年代以降になされる、より重度の障害児者への取り組みと、独特な思想的な展開の根元にある。

木村と糸賀は抗えない運命に直面し、苦しんだ経験から哲学に近接した。そして、個人の力では如何ともしがたい戦争も共に経験した。両者の関係によって培われた教養の思想は、自らが時代や状況に規定されているという自覚と、その中で如何にふるまうべきかという現実の考察をもたらした。その経験は、後の社会事業において「実践的考察」の基盤となっている。

福祉実践者は、過去から未来へと連続する現在における「個的自覚点」である。その実践において課題を掘り下げ、普遍的な理念に向かって反省と行動が繰り返されていくのである。また、普遍的な理念が具体的な媒介なしに、直接に実現するわけではない。具体である地域社会や国家、そこに属する人々の意識やシステムの中にあって、それらに自覚的に働きかけなければならない。そのため、正義や公正の具現化の方向で行動をするために必要な態度やふるまい、建前のためにどう行動したらよいのかということについて常に反省されなければならない。ここに、糸賀の言う「自己との対決」や、福祉実践における自由の意味がある。

注

（1）糸賀一雄『福祉の思想』日本放送出版協会、一九六八年、一四頁。
（2）同右、一一頁。
（3）糸賀一雄（國本真吾編）『ミットレーベン――故郷・鳥取での最期の講義』第十四回全国障がい者芸術・文化祭とっとり大会実行委員会、二〇一四年、一二一～二〇頁。
（4）清水寛『発達保障思想の形成』青木書店、一九八一年、等。
（5）冨永健太郎「『福祉の思想』再考――糸賀一雄における実践思想の原点を辿る」『社会事業研究』四六号、日本社会事業大学社会福祉学会、二〇〇七年、蜂谷俊隆『糸賀一雄の研究――人と思想をめぐって』関西学院大学出版会、二〇一五年、等。
（6）木村の経歴については、前田博「木村素衛教授の生涯と業績」『京都大学教育学部紀要』通号四号、京都大学教育学部、一九五八年、を参照した。
（7）木村素衛「研究の回顧」河合栄治郎編『学生と科学』日本評論社、一九三九年、三六五頁。
（8）同右、三六七頁。
（9）木村素衛『魂の静かなる時に』弘文堂、一九五五年、一七頁。
（10）同右、二〇～二一頁。
（11）同右、二四～二五頁。
（12）この点は小田部によって、「哲学のうちに生涯とどまりつつ、哲学的に『意志から愛へ』の移行を明らかにしようとした」と、指摘されている（小田部胤久『「表現愛」の美学』講談社、二〇一〇年、一四頁）。
（13）木村、前掲『魂の静かなる時に』、一九五五年、二三頁。
（14）同右、四五頁。
（15）木村素衛『表現愛』岩波書店、一九三九年、序二頁。
（16）木村素衛『国民と教養』弘文堂、一九三九年、一八一頁。

(17) 木村素衛「哲学すること」河合栄治郎編『学生と哲学』日本評論社、一九四一年、二八～二九頁。
(18) 木村素衛〔述〕『国民学校の基礎問題』諏訪郡永明国民学校購読会、一九四一年、三〇頁。
(19) 木村素衛『形成的自覚』弘文堂、一九四一年、五五頁。
(20) その後に河合が執筆した『学生に与ふ』(日本評論社、一九四〇年)には、木村からの強い影響があったという指摘もある(渡辺かず子「河合榮治郎と学生叢書」河合榮治郎研究会『教養の思想』(社会思想社、二〇〇二年、一八四～一八五頁)。
(21) 村瀬裕也『木村素衛の哲学――美と教養への啓示』(こぶし書房、二〇〇一)、三九～四〇頁。
(22) 大西正倫『表現的生命の教育哲学』昭和堂、二〇一一年、一五八～一八九頁。
(23) 木村、前掲『国民と教養』、一九三九年、序一～四頁。
(24) 同右、五頁。
(25) 同右、七頁。
(26) 同右、一〇～一三頁。
(27) 同右、一九六～二〇一頁。
(28) 木村はナチスについても、「国家を全体とする考へでは侵略主義帝国主義的になる心配がある」と批判している(木村素衛〔述〕『国民学校の基礎問題』(諏訪郡永明国民学校購読会、一九四一年、五二頁)。
(29) 木村、前掲『国民と教養』、一九三九年、一四七～一四八頁。
(30) 例えば、一九四四(昭和一九)年に『教育学研究』第一九巻一〇号(日本教育学会)に掲載された「大東亜戦争と文教政策」という論文では、個人主義と利己主義の混同を指摘し、「日本人そのものの誤つた優越感や過つた自己認識の脱却を要求」(一三頁)している。
(31) 糸賀一雄「圓さんを偲ぶ」今井新太郎『圓山文雄』北陸之教壇社、一九三七年、一一五～一一六頁。
(32) 同右、一二二頁。
(33) 糸賀一雄「国家と教会の現実」『開拓者』三四四号、日本基督教青年会同盟、一九三九年、一一～一七頁。
(34) 例えば、吉岡薫二郎「国民的反省」『京都市教育』一七六号、京都市教育会、一九四〇年、二四～二五頁。
(35) 糸賀一雄「『確信』について考へたこと」『京都市教育』一六巻六号、京都市教育会、一九三九年、二〇頁。
(36) 同右、二一～二二頁。

(37) 同右、二二二頁。
(38) 同右、二四頁。
(39) 糸賀一雄「ある精動指導者の手記」『開拓者』第三五巻第五号、日本基督教青年会同盟、一九四〇年、三四頁。
(40) 同右、三四頁。
(41) 同右、三五頁。
(42) 同右、三五~三六頁。
(43) 糸賀一雄「下村湖人著『青少年のために』を読んで」『滋賀教育』第五六八号、滋賀教育会、一九四三年、二四頁。
(44) 糸賀一雄『この子らを世の光に』柏樹社、一九六五年、四四~四六頁。
(45) 木村素衛「一、戦後の教育について」『恩師への追想』信濃教育会出版部、一九四八年、一頁。
(46) 同右、二二頁。
(47) 糸賀一雄「一年を回顧して」『南郷』六号、近江学園、一九四八年(『糸賀一雄著作集Ⅰ』日本放送出版協会、一九八二年、二三五頁)。
(48) 糸賀一雄「(続)山伏の夢」『南郷』九号、近江学園、一九四九年(『糸賀一雄著作集Ⅰ』日本放送出版協会、一九八二年、二四八~二四九頁)。
(49) 糸賀一雄「精神薄弱児の職業教育——学園の五年間の記録と反省」『近江学園年報　第四号』近江学園、一九五二年、二四二~二四五頁。
(50) 糸賀一雄「信仰とその働きを通じて平和へ(堅田教会におけるレーメンス・サンデー講壇の原稿)」一九五〇年(『糸賀一雄著作集Ⅰ』日本放送出版協会、一九八二年、二五四~二五七頁)。
(51) 糸賀一雄「東洋への郷愁(下)」『滋賀新聞』昭和二七年四月三〇日。
(52) 糸賀一雄「馬鹿談義」『滋賀新聞』昭和二七年六月一四日。
(53) 糸賀一雄「平和運動と生活」『清流』第九号、滋賀県瀬田高等学校定時制校報、一九五四年、『糸賀一雄著作集Ⅱ』(日本放送出版協会、一九八二年、三二〇頁)
(54) 糸賀一雄「展示会の反省」(未発表原稿)、一九五四年(『糸賀一雄著作集Ⅱ』日本放送出版協会、一九八二年、三二二頁)。なお、ここには、下村湖人の「煙仲間」運動の影響も強く見られる(蜂谷、前掲『糸賀一雄の研究』)。

終章にかえて　福祉の近代史を研究すること

——私の歩みと今後の課題への覚書

室田保夫

ここ何年か大学院後期課程の演習で、院生諸氏の発表を聞き、福祉について様々な議論が出来たことは、私にとっても本当に楽しい至福の時間であった。演習の時間に集まった人たちの多くは福祉に関わる歴史研究が中心であったが、大まかな共通点は福祉に関する思想史や人物史であった。しかしその中で研究において基本的な視座や方法について、私の内部にはある種の拘りもあったことは確かである。それ故にこそ大まかではあるが共通の議論の場が形成されていたように思う。さしあたり、その「拘り」とは何かを確認するためにも、私の拙い歩みの一端を振り返っておきたい。

私の研究の中心は過去に生きた人々が、その時代と社会の場において、いかなる福祉に関する実践や発言をしたか、それはいかなる思想のもとで為されていったのか、そうした素朴な問いかけであったし、それが出発点でもあった。福祉の実践論であれ、政策論であれ、福祉現場の中でそれを担っていくのは人間である。それを今、「人間の生き様への興味」とでも称しておこう。その生きた時代を背景に「社会的ニード」を喚起していくのは人間であり、そして「社会を変革」していくのも人間である。それが時代時代において社会問題、生活問題として登場した時、それへのアプローチとソリューション、時には改革が展開されていく。そのダイナミズムの中に、「いま、ここに」という時間軸と空間軸との交点、そこに時代の福祉状況が形成されていくのである。それには解決可能なもの、不可能なもの、そしてその時代に認識され得ない課題として後の時代に送られていく場合もある。

社会福祉の歴史研究は過去の福祉状況の中で実践し、あるいは関わっていった社会や国家とのダイナミックな関係、その動静を、その時代に生きた人々の情況と共に描いていくという面白さに集約されていく。それを如何に実証的に描ききっていくのか、あるいは歴史として再現していくか、それが議論の中心であろう。一人の人物を描くとは本当に難しい課題であることが、歳を重ねて来るごとに痛感させられる。たとえば生育歴を調査する過程で複雑な他人の人生の舞台(劇場)に入り込むことの非礼、それを一刀両断に評価したり、批判したりすることは本当に可能か、否、判断は正しかったのだろうかとも躊躇せざるを得ない時がある。しかし人生経験の軽重が正しい判断であるという保証はないし、時代が変われればその判断も変わっていくものでもある。

そのような時「歴史は書き換えられるものである」と考えると当初は確かに気分的には楽であり、些かの精神的安定をもたらしてくれるのだが、同様に「歴史は創造される」というテーゼは研究者の醍醐味とともに責任も重くのしかかってくる。歴史研究には埋もれていた事象を現代社会に蘇らせるという役割を果たす力をもっている。加えて蘇らせるだけでなく、これまでと違う歴史を描くことも出来るという冒険もある。それに魅せられているし、正直に今後もそうあり続けたいと思う。

以下の行論では「研究をふり返って」(*1*~*3*節)と「今後の研究への覚書」(*4*節)の二つに分けて述べていく。ただ、後者はあくまで覚書(ノート)であることを断っておく。

1 留岡幸助の研究

その契機

私が大学院で本格的に歴史研究に取り組んだのは一九七三年のことで、ちょうど、同志社大学人文科学研究所において留岡幸助の研究会が開始された時である。当時、私は大学院修士の時であった。恩師の嶋田啓一郎先生や小倉襄二先生から研究会参加のお誘いを受け、それに関わっていくことになった。そこには近代史の専門家でもあった杉井六郎先生が居られた。先生の研究スタイルは飽くなきといっていいほどの史料重視と実証主義にあった。

留岡幸助という人物は、今は映画化もされ、かなり有名であるが、当時まだ一部の人にしか知られていない状況であった。当初より研究会では留岡の著作集を作ろうという、大胆な企画にとり組むこととなり、杉井先生の指導の下、刊本に依拠せず地道に論文や関係論文や記事のリストの作成に当たった。その結果、初出論文の大切さを改めて認識させられた。つまり留岡の主著『慈善問題』や『社会と人道』、『明暗劄記』等は大部分が発表された論文から構成されていた。したがって初出論文を集めた刊本の多くは最終的には解体されていくことになる。そのための作業は今日のようにパソコンがない時代で、いわゆる図書カードでもって情報を収集するというアナログの最たる作業から開始された。キリスト教、社会事業、報徳、行刑関係等の百数十の雑誌や新聞から論文や消息、関連記事まで抜き出していくという、根気が必要なルーティンである。それと共に、関係人物の書簡や著書の収拾、関係施設・団体、教会の調査等々、あらゆる可能なだけの史料収集がベースとなっていた。その結果、留岡には三〇冊以上の著作、一〇〇〇を越す論文、多くの書簡、限りない消息記事が拾えた。それが『留岡幸助著作集』全五巻（同朋舎出版）として収斂され纏められていく（出版物としては珍しく毎日社会福祉特別賞を受賞）。

ちなみにこの作業と並行して留岡清男を中心にした北海道のグループは留岡幸助の日記も五巻本として矯正協会から出版されることになった。ちなみに北海道家庭学校に保管されている留岡の「日記・手帳」は三一八冊であり、したがって出版されたものはその一部である。そして家庭学校の機関誌『人道』も復刻された。

留岡幸助研究

上記の留岡研究に携わりながら、後年『留岡幸助の研究』（不二出版）という拙著を上梓したのは一九九八年のことである。その四年前に『キリスト教社会福祉思想史の研究――「一国の良心」に生きた人々』（不二出版）を上梓していた。その著で同志社関係の社会事業家を中心に十余人を扱った。その人物とは留岡幸助、大塚素、山室軍平、松田三弥、八浜徳三郎、緒方庸雄、小塩高恒、品川義介、尾崎信太郎、岡崎喜一郎、高橋元一郎、柏木義円といったユニークな人物像である。このように多くのキリスト教社会事業家たちを扱い、私にとって人物や思想史として最初の著作となった。この著の上梓に際し、キーワードとして「良心」という言葉を使ったが、それについては「単に政治的・道徳的な狭義の意味だけでなく、今後の我々自身を導くキーワードとしてあるように、いわば『一種の祈り』のような意味」[1]があると述べている。もちろん、新島襄の「良心教育」を意識したものであるが、現代においてもこの言葉は重要なメッセージを投げかけるものであろう。

そうした中から、留岡一人に絞って書いたのが前述の『留岡幸助の研究』である。大学院に入って歴史研究に取り組んでいた状況で留岡研究は確かに面白いものであった。その理由として一つには留岡は社会事業を考えて行く時の課題が凝縮している人物であることが挙げられる。彼のスタートは監獄改良という、まさに日本の暗黒と称された領域へ教誨師として入り、その一環として感化事業に目覚めていくという、いわば立場としては民間社会事業の先駆者として位置したことになる。しかし米国遊学から帰国した後は家庭学校を創設する一方、内務省の嘱託となり、井上友一らと席を並べ社会行政の中核にいることになる。この官(公)と民との二つの道をわたっていったその立ち位置である。

二つ目として、彼がキリスト者であり、そして米国に遊学し西洋を一つの模範としながらも、日露戦後には二宮尊徳の報徳思想に共鳴し、土着の思想に重きをおくようになったことが挙げられる。西洋と日本という思想への興味である。さらに多数の論文や講演録を発表し、あるいは『感化事業之発達』、『慈善問題』、『社会と人道』、『自然と児童の教養』といった三〇冊以上の著作、さらに月刊の機関誌『人道』を一九〇五年五月から一九三二年まで三二二号まで発刊し続けていったこと等、近代史においても稀にみる骨太な社会事業家である。つまり慈善事業から社会事業へ変遷していく流れを読み解くことが出来る数少ない人物であるように思われた。

幸いにこの様な人物研究であったればこそ、この著において留岡によって近代史や福祉の変遷をみていくというような大胆な趣旨の発言をさえしている。しかし留岡の事績を纏めるということを第一義においたので、その問題意識が十分に反映されてなく、かつ彼の全体像に迫ってないという憾みは残っており、当時、今後の課題としている。しかし、この問題意識は当時のものと若干相違しているが、今も大筋で持ち続けていることは確かである。端的に言えば福祉の概念を如何に一般の歴史の中に組み込んで行くか、であった。また留岡の膨大な「日記・手帳」の残された意味はきわめて大きい。それにつき、松沢弘陽が「ウエッブ夫妻やチャールス・ブースの実態調査のそれに通じる精神(2)」が脈打っているのではないかと評価しているように、その存在は近代史の遺産としても貴重である。ここには留岡の見た対象者としての民衆像や当時の社会事業の実態が描かれている。こうした研究方法や視点をこれらの作業を通して学び、当初の問題意識はその後も続いていくことになる。

2　山室軍平と石井十次の研究

山室研究会設立の経緯とその課題

同志社大学人文科学研究所において、留岡の仕事がひとまず終わり、杉井先生との日々の雑談の中で山室軍平の研究会を立ち上げてはどうかと相談されたのは一九八二年秋のことであった。同志社大学には救世軍や山室家からの寄託された山室関係の史料も沢山あるし、それを基礎資料として研究会を組織していけば可能であり、何よりも同志社大学がそれをやらなければならない一種の義務感から提起された。かくして翌年四月より山室の研究会が発足していく。留岡の『人道』に匹敵するものとして、膨大な救世軍の機関紙『ときのこゑ』（『鬨聲』）が全巻揃っており、それを利用しての研究会はまず、『ときのこゑ』を中心に共同作業をしていくことになる。これについても、留岡研究同様、地道にカードでもって作業が成されていった。

従来、山室については多くの伝記や論文が出ているが、その性格として顕彰的なものが多かった。それについて、客観的な視野に基づきながら研究を進めて行く必要があった。山室研究は当然救世軍の研究という色彩を持ちながら進んでいくことになる。山室については既に山室武甫編で『山室軍平選集』全一一巻（教文館）が刊行されており、新しく著作集刊行の構想も議論されたが、「屋上屋を架す」という訳にも行かず、ただ人文研の方針どおり、泥臭い方法でもって彼の論文や消息記事の蒐集をしていった。しかし彼の書いた夥しい数の小論の内容を精査してみるとかなりの重複がみられる。したがって山室に対して如何なる視点でもって捉えていくかが、我々にとっても大きな課題となった。新しい切り込み方としては社会事業や社会運動、救世軍の動静、天皇制の課題、国家との関係等々において、それぞれの専門的な課題からアプローチしていくという方法をとった。その成果は一九九一年に『山室軍平の研究』（同朋舎出版）として十数人の研究会参加者によってその成果が出された。

石井十次研究会の経緯とその課題

さてその次は石井十次の研究会で、一九九二年四月にスタートする。それは留岡、山室と続いたあと、きわめて自然の流れであった。これには当初から近現代史の田中真人先生やキリスト教史の竹中正夫先生も積極的に研究会の立ち上げに賛同し激励された。今回は私が一番気に掛かっていた石井十次関係の史料保存の問題があり、宮崎の石井記念友愛社と石井十次資料館への出張が命じられた。そこで初めて児島草次郎氏にお会いしたところ、史料整理しながらやっていき、我々の研究会に対して協力をしていただくことになった。従来、石井の史料については児島虓一郎氏が整理されていて、それをもう一度同志社大学のグループで整理するという作業をしていくものであった。石井記念友愛社への訪問と申し出は、当時の友愛社の事情を考えると本当にいいタイミングであった。この訪問については翌年の研究会で報告している。こうして研究会はスタートしていくが、最初の研究会には二〇数人が参加し、色々な角度から出来るという期待感で一杯であった。石井の場合は『人道』や『ときのこゑ』といった類いのものはなく、あるのは公刊されている三二冊に及ぶ『石井十次日誌』であった。もちろん資料館に残されている岡山孤児院や石井十次関係の史料の調査も平行して行われていったが、京都で持たれる研究会の方法としては、膨大な日誌を皆で共有し「料理」していくということであった。これについてはデータベース化という方法でもって様々な項目に分けて行くという作業をしていった。これも大変な作業ではあったが、後に石井の詳細な年譜作成の時に大変役立っている。

石井の研究をしながら、基本史料として彼の日誌を使ったが、この場合、日誌のもつ意味が重要になってくる。石井の場合、彼自身が途中からこれを職員の人たちと読んだりしている。いわば石井自身もこれを一つの史料として、あるいは後世に残すためのものとして意識して書くように変化していく。この時、日誌としての意味が「私的なもの」から「公的なもの」に変化しているといえる。もちろん岡山孤児院に機関紙たる『岡山孤児院月報』や『岡山孤児院新報』も残されていた。ただ石井の場合、留岡や山室に比し著作や論文、講演記録がきわめて少なかった。また石井の活躍する舞台の多くは岡山と宮崎という地域に限定されていた。その点も留岡や山室とは大きな相違があった。

社会事業家を研究する意味

以上、筆者の関わりを通しながら、三つの研究会の設立経緯やそこで学び、課題があったこと等をみてきたが、共同研究会は参加メンバーのチームワーク、程よい流れと協力のあり方が成否を決定する。この点から考えて見ると、我々の研究会はまさに「天の時は地の利に如かず　地の利は人の和に如かず」といった古諺の形容に当てはまるものがあった。

ともあれ、こうして留岡、山室、石井といったキリスト教社会事業家の研究会が成され参加できたことは私にとって幸運なことであったし、今後の研究に裨益するところ大であった。そして福祉関係者だけでなく様々な分野の人たちが入っての研究であり、専門外のことを教えて戴いたように思う。歴史研究における地道な研究スタイルは後にまで残っていくであろうと思っている。そしてこうしたいわゆる社会事業家を研究することは、総体として如何なる意味があるのかといった本質的な課題にも触発され、ともすれば光の当てられない「地の塩」「無私なる人」と形容できる人物を、歴史の中で読んでいくことの重要性を再認識した。それは次の雑誌研究と施設史とも関連するし、思想史研究の根幹ともなっていった。次にこの点を少し触れておこう。

3 雑誌研究と施設史研究、そして思想史研究

雑誌研究から

留岡、山室、石井の三人の研究の経緯とそれに纏わる課題について述べたが、こうした思想史や人物史研究に関係する一つとして雑誌（ジャーナリズム）研究と施設史研究というものもあった。たとえば留岡の家庭学校の機関誌『人道』、あるいは救世軍機関紙『ときのこゑ』、『岡山孤児院新報』等である。こうした雑誌新聞紙誌はその人物を理解するのに非常に大きな意味を醸出する。そして機関紙（誌）は論文のみならず、消息や関係人物等を理解していく為にきわめて有益な情報が満載されている。換言すれば、この三人に限定すれば関係する雑誌研究が必須であるということだ。これは周知のことで殊更述べる必要がないかもしれないが、可能な限り人物に肉薄しようと思えば関係雑誌の調査は必須の作業である。加えて、雑誌研究は時代が作り出した言説研究にも役立つし、それは関係雑誌そのものの研究にもつながってくる。たとえば留岡の場合、同じ原胤昭を中心にした「北海道バンド」の機関誌である『教誨叢書』や『獄事叢書』といったもの、あるいは『斯民』等であるし、山室なら『救世軍士官雑誌』等の救世軍関係の雑誌や新聞、そして廓清会の機関誌『廓清』といった雑誌等も多くの情報を提供してくれるものである。そういう所に目を配りながら研究をし、その一部を成果として纏めたのが『近代日本の光と影――慈善、

博愛、社会事業をよむ』（関西学院大学出版会、二〇一一年）という拙著である。そこでは近代日本という設定をして、近代化の過程で生じる「光」と「影」という視点で考察していくことの必要性を提起した。近代という時間は光が影を包摂しながら過ぎていく。その近代とは一体如何なる時代であったのか、慈善、博愛、社会事業といった言説は時代と如何なる関係にあるのかといったモチーフである。こうした視点も社会事業家の思想や生き方を学びながら関心を膨らませてきたものである。次に利用者の生活の舞台であり、社会事業家の実践の舞台である「施設史」というジャンルについて見ておく。

施設史研究から

上述のキリスト教社会事業家三人の研究は、家庭学校、救世軍の諸施設、岡山孤児院といった施設研究と密接につながっている。私は二〇〇〇年頃から大阪にある博愛社の史料整理の作業を始めた。博愛社の研究は西村みはる氏が行っていたが、ひょんなきっかけからそれの目録作製の作業を仰せつかるようになった。ここでの膨大な史料群はこれまで博愛社によって整理されていたが、一九九五年の阪神淡路大震災によって資料室はかなり混乱していた。そういう中で史料整理の作業が当時、関西学院大学社会学部の学生や院生、先生方の協力もあって少しずつではあるが進んでいたが、二〇〇七年四月から文科省科研費の援助を受け、それによって大幅に整理作業は進捗していくことになる。博愛社創立一二〇周年を記念して、仮目録が完成し、貴重な史料群は一〇〇箱に納めることができた。そして立派な資料室を博愛社に用意していただいた。残された史料はもちろん博愛社の貴重な財産であるが、社会福祉史のみならず近現代史の宝とも言うべき史料群である。これについては今後継続的に史料保存や調査を継続しながら研究していくことは言うまでもない。この中から創立者の小橋勝之助や弟の実之助、小橋カツエ、そしてそれを支えた林歌子らの研究を継続して行っている。また彼等の関係人物の発掘等多くの課題を背負っていることは当然である。こうした史料群に直に接せられたことは研究者として幸福なことであるが、それだけ責任の重い仕事であると覚悟している。ちなみに立ち上げた博愛社史の研究会には、博愛社関係の人も参加されており、全面的なバックアップがあり、感謝している。

施設史研究からは、まず生活の拠点であった利用者のことが浮上する。とりわけ博愛社の場合一二五年以上の歴史があり、そこで生活した児童の数は著しい数に上る。その人たちの生きた意味を共有し、そして汲み取っていかなければならない。それは社会福祉の施設史の共通の課題でもある。そこには利用者の生きた現実があるのだから。畢竟、施設史の中心は正に人間を中心において、時代と福祉の織りなす接点を考察することにある。この施設史とも関連するが、出版社からの要請を受けて『子どもの人権問題資料集成』戦前篇全一〇巻（不二出版、二〇一一～二〇一三年）の編集・出版もそうした作業の一環として納得できるものであった。

近代日本は前の時代と相違し、社会構造上、人々の間に新しい社会問題や生活問題を生起させる。具体的には資本主義社会の発展に付随して、貧富の格差や、それによる家庭崩壊を惹起し、失業者、離婚、孤児や捨て子、そして非行、虐待を受けた子ども、障害者、老人、病人等々の生活困難者を輩出していく。それは一方で「貧困と差別の歴史」、「社会的排除と包摂の歴史」とも称することができる。これに対応して国は充分と言えないまでも法制度を制定し、人々の生活保障への歩み寄りを行う。しかしそれは往々にして人々のニーズ全体をカバーするものではない。こうした状況を民間の社会事業家や団体は看過できないことになる。その重要な方策の一つが民間の福祉施設という場（装置）の創出であった。それが施設史という普遍的な研究の場を形成する。その時、議論の対象となるのが、施設を利用する人々が何故に生まれてくるかという本質的な論議が第一である。第二として近代社会はかかる人々の生活の場を如何に、そして如何なる思想のもとで、具体的に保障してきたか、という議論がある。もちろんその分析方法を尋ねると、施設の経営史や財政史、処遇史等々あることはいうまでもない。そして問題は近代社会、若しくは歴史の全体史の中で施設が如何なる布置にあるのか、いかなる意味があるのかを尋ねていくことにあろう。さらに、利用者こそが「主人公」であって、その人は一度限りの人生というドラマを如何に過ごしたか、幸福なる生涯を送れたか、生存は護られたかといったラジカルな問いが必要なのである。

思想史研究から

多くの社会科学系の学問分野において経済思想史、政治思想史、法思想史、教育思想史というように、思想史というジャンルが存在する。それは人間の営みにおいて、人間科学や経験科学において、社会での行為において何某かの意味づけを伴っていることが重要な要因であるという認識による。そしてそこには「価値」や「倫理」「哲学」といった要因があり、とりわけ人間や価値を重視する社会福祉学においては、他の学問同様、そうした領域は必要であるかと思われる。それは福祉哲学といった領域とも関連し、学問の基礎を構成する原論領域と密接な関係を保持している。

いままでに「社会福祉は人である」としばしば言及されてきた。福祉に従事した多くの社会事業家はもちろんのこと、それに関係した実践家や思想家（渋沢栄一、内村鑑三、大原孫三郎のような人物）の登場も可能となる。そして社会福祉学特有の「人物史」といった特異なジャンルも形成されて来たように思える。たとえば「福祉に生きる」という数十人の伝記シリーズ（大空社）の刊行があるし、社会事業史学会でも「人物史」が大会テーマとなったこともある。前近代・近現代、そして洋の東西を問わず、福祉に挺身した人物を題材にして福祉が語られてきた。私も『人物でよむ近代日本社会福祉のあゆみ』（ミネルヴァ書房、二〇〇六年）、『人物でよむ社会福祉の思想と理論』（ミネルヴァ書房、二〇一〇年）、『人物でよむ西洋社会福祉のあゆみ』（ミネルヴァ書房、二〇一三年）という著書を編集した経験がある。この三冊には日本だけでなく外国を含めて、九〇人の何らかの方法で福祉に関わった人物像が浮き彫りにされ、「人間の幸福への追求」という究極の目的に生きた人生の証が垣間見られるのである。

社会福祉思想史は「人物史」と深く関連する個人に集約される思想のレベルと、組織や集団、団体のレベルがある。どちらも、時代を創り、あるいは時代に抗う力、そして力と方向性を備えたベクトルを保持している。当初、それは人への憐憫、同情であったり、あるいは思い描く社会や幸福実現への夢の実現、希望、あるべき人間への構想、渇望であったりする。それは時には社会変革への思想として存在する。実際に行動に移される時、成功、失敗、挫折、喜び、煩悶、苦しみ等々、色々な結果を残すこととなる。

思想はその時代の刻印を押されながらも、決して消えさることなく、生き延びていくものでもある。というのはそれが過去のことでありながら、往々にして現在に生きるわれわれの共感を呼び起こすからである。歴史の中の思想として確固たる存在をもつと共に、それはまた過去に日の目をみなくとも今を生きる思想でもある。換言すれば、それを掘り起こしていく作業こそ思想史研究の目的であり、醍醐味とも称すべきものであろう。

したがって社会福祉思想史の醍醐味、面白さの一つは消え去ろうとしても消えない人間の営みと思想営為への共感とそれへの対象化なのである。歴史には多くの隠れた歴史的事象が存在し、それは人間や社会の本質的課題と連関している。福祉は時代と密接な関係を保ちながら、時代の中で普遍的な意味を内在させてきた。しかし現代のように普遍的な価値さえも揺らぐような不安定な時期にこそ、まさに先人達の「如何に生くべきか」を問うことが求められているように思う。少なくとも筆者の歴史への興味はこのような過去への拘りでもあった。

4　今後の研究への覚書——社会福祉思想史研究への課題

研究方法をめぐって

先に瞥見したように、私のこれまでの貧しい研究の中で、問題意識としてあった一つは「時代と福祉との関係性」であり、時代時代における福祉の形態は変化しているということである。換言すれば、それぞれの時代にそれぞれの福祉課題が存在し、その対応も様々であるということである。もちろんそれは近現代に限られることではない。その国の政治、文化を背景に現在の福祉制度や解決方法とは相違する方法でもって為されてきた。それは制度化されない、可視化されない人々の扶助や援助があってのことである。その思想としては「キリスト教的愛」「慈悲」「愛他主義」「共生」「相互扶助」等々と表現してもいいが、それはその国の伝統や民衆の在り方とも密接につながっている。研究をしていく時、過去にも幾度か指摘したことでもあるが、社会福祉の歴史や思想史の叙述の方法において、複数のファクターへ眼を配っていくことが必要である。たとえば最近の拙著『近代日本の光と影』でも「社会福祉の歴史は単純な単線の歴史発展でなく、さまざまな実践と活動からなり、思想や政策、国家や公共、民間といった性格は重層性と多様性の中に存し、豊かな遺産を未来への可能性として我々に残してくれている。それは思想史の課題でもある(3)」と述べている。

この数年の間、多くの刺激的な著書に巡り会った。金澤周作の『チャリティとイギリス近代』(京都大学学術出版会、二〇〇八年)という著もその一つである。金澤はこの著書でこれまでフィランソロピ(博愛)という概念は歴史においても正統な評価が成されてこなかった、というより、その概念が歴史の中に正統に組み込まれてこなかったことを指摘する。換言すればこの概念は重要な歴史的概念であるということである。つまり組み込んで行くことによって「近代英国という場をより実態に近いものとして把握できる(4)」と主張する。もちろんこれによって凡てが解決されるものではなく、限界はあるけれども、この公権力に依拠しない民間の活動の意味を、公的責任の補充性に帰するのでなく、歴史的に正当な評価を与えていくという視点はきわめて示唆をえるものである。

また高田実らの編集した『福祉』(ミネルヴァ書房、二〇一二年)は「福祉の複合体」という概念でもって福祉を説明する。福祉は「家族、企業、地域社会、相互扶助団体、慈善団体、商業保険会社、宗教組織、地方公共団体、国家、超国家組織などの多様な歴史主体と多元的な原理によって構成された構造的複合体である(5)」と把捉している。この複合体を動かす時代時代の要因が存在した結果、「複合体にダイナミズム」を与えていくということになる。これに高田は「福祉の複合体史」という概念を提起している。

また高田や金澤が編集者の一人となっている『英国福祉ボランタリズムの起源』(ミネルヴァ書房、二〇一二年)という著作にしても、ボランタリズムを「国家的な法＝権力的な機構から提供も強制もされない、私益を超えて人の生存の質向上のために動員されるエネルギーとその発現形態の総体」[6]と定義して論が展開される。福祉国家を主にした国家福祉の視点からは見えない、いわば「影の福祉」を見落とす危険性がある。「いうまでもなく、影の部分があることで光が浮かび上がる」[7]、この「主役」と「脇役」との「コンビネーションの妙こそが、福祉の舞台におけるパフォーマンスの質を大きく左右するのである」[8]と述べている。おそらく福祉国家の揺らぎや「福祉」そのものの意味付けを背景に、福祉史の形成とその展開を考察していくためにも重要な指摘である。

日本の近代の社会福祉史や福祉思想史を考える時においても、こうしたボランタリーな組織・団体、そして民間の事業や家族、地域の組織等の評価を組み込みながら考察していく必要があろう。それは社会福祉法制度や政策に固執しない救援システムへの目配りである。人々は生活を守るために積極的であれ消極的であれ、自発的な救援システムを保持してきた。そうした様々な救援のための社会システムが構築され、そして維持され、それらは重層化、複合化した様態を醸し出しているのである。つまりそうしたものが存在しなければ成り立たなくなるのが社会であり、近代国家でもあった。我々はかかる視点をあらためて歴史という時間枠において「福祉の近代史」として対象化していく必要がある。

現代社会への視点から――歴史哲学や公共哲学

さて、我々は近代を見て行く時、当然その延長としての現代社会をどう把握していくか、という面にも関心を払っておく必要があろう。福祉というものは常にその時代の対象と主体の関係の中で、生成展開されていくものである。その時の政治や文化等を背景に形作られていくものと把捉し、そしてその評価をしていくならば、現代社会を如何に把握して置くかということも大切な命題である。アルベルト・ノーマンが『クリオの顔』の中で歴史家の仕事は写真家というより画家の仕事に似ていると表現したように如何に歴史的事象、人物や思想を描くとき、その画家のまなざしは大切である。それは「すべての真の歴史は現代の歴史である」[9]といった表現、あるいはE・H・カーの「歴史とは歴史家と事実との相互作用の不断の過程であり、現在と過去との間の尽きることを知らぬ対話」[10]という表現にも共通している。それは画家の眼をとおした風景が描かれていくからである。

丸山真男が『日本の思想』の中で「ササラ型」でなく「タコツボ型」として専門化され、近代科学が縦に細分化された状況を指摘してから久しい。確かに現代は単一科学で解けない難問が生起している。かかる時、既成の学問への限界を超えるものとして「新しい公共」への視点を主張する「公共哲学」への期待もある。ここには未来を切り開く学問への可能性も想起されてくる。『人間の条件』の著者アレントも「公共」という視点からしばしば引き合いに出される。それは彼女のまさに表題にある「人間」や「公共」という機軸の重要性の議論である。このアレントから学んだハバーマスは『公共性の構造転換』（未来社、一九七三年）を著し、政府の政策でない民衆が議論し構想する「公共」が存在することを喝破した。この指摘は社会科学の分野に大きなインパクトを与え、「公共哲学」という新しい学問を産む重要な契機ともなった。

我々はここ数年の大きな自然災害として東日本大地震という経験を保有している。また少子高齢社会における介護や子育ての課題、子どもや老人の貧困問題、障害者問題、「格差社会」の深刻化等々、常にその生活問題、社会問題は共有されていく。そうした現代を正確に把握しておくことによって福祉の過去は優れた歴史記述となって表現されるであろう。そのためには現代社会とは何か、といった社会学や社会哲学のジャンルに相当するような認識も必要である。それを若干記しておこう。紙幅の条件もあり、舌足らずで誤解を承知の上で、そのデッサン的な枠組みをみておきたい。

「リスク社会」としての現代

我々、戦後民主主義の中で育ったものとしては、丸山真男や大塚久雄、川島武宣らのいわゆる「市民社会派」[11]

（山之内靖）といった人たちの理論と思想は懐かしい。歴史として講座派の影響にあり、社会科学がマルクス経済学の代名詞的にも存在した。人々、これは人民とも言われたが、階級的視点と社会運動が主流であった。社会福祉も孝橋理論が資本主義社会の分析に依拠する「社会事業の科学」として一定の影響を持っていた。そして戦後、日本国憲法の一三条や二五条が法源としてあり、基本的人権や生存権の具体化として国家責任の視点が大きかった。一方、竹内理論、岡村理論といった米国を中心としたソーシャルワークや英国のソーシャルサービス、福祉国家論等が大きな影響を持つに至る。しかし東欧革命やソ連邦の崩壊、東西冷戦構造の終焉の中で「歴史の終焉」という言葉でさえ表現されたように、イデオロギーの終焉の時代となった。そして現代社会はきわめて不透明な社会として我々の眼前に置かれている。以前からの「マルクスとウエーバー」といった図式やパーソンズの社会体系論も社会哲学としての性格をもって理解してきた。しかしグローバル社会、不安定な現代社会はポストモダンの構想として提起されてきている。

たとえば現代社会が以前と違うリスクを背負った社会であるとするものとして、ウルリヒ・ベックが著した『危険社会：新しい近代への道』（法政大学出版局、一九九八年）がある。ここでベックは現代社会が近代的な産業社会（資本主義社会）から「リスク社会」へと変化していく状況を描く。具体的には食品や水、あるいは空気といった環境問題、原発事故などの「大災害」、社会の中の紐帯でなく個人化していく人間、そしてここには科学技術と政治や社会の問題も指摘される。一見豊かな社会としての現代社会も薄っぺらなもので、そこには危険な状況と背中合わせの世界に過ぎないのである。また、ベックはアンソニー・ギデンズやスコット・ラッシュと共に『再帰的近代化——近現代における政治・伝統・美的原理』（而立書房、一九九七年）を出版している。「再帰的近代」という概念も、近代の中に生じる課題に向けて、さらに現代へと変容していく社会への問題発見へと反省的に構想される。こうした考え方は「第一の近代」から「第二の近代」という概念に集約されていく。またギデンズは『近代とは如何なる時代か？』（而立書房、一九九三年）においても社会学とモダニティの関係を問うていく。

こうした近代をめぐる理論をめぐってジークムント・バウマンも『リキッド・モダニティ――液状化する社会』（大月書店、二〇〇一年）の中で、近代は「固定化社会」から「流動化した社会」へと変化していると説く。またバウマンは『個人化社会』も著している。それは従来の社会と相違し、個々人が色んな選択を余儀なくされ、そしてその選択は自己責任として課せられて行く社会である。そこには従来あった人々が帰属する階級や家族、企業といった集団も存在しないし、個人化された社会である。これは先のベックの「リスク社会」と符合する課題である。近代化への志向があった「近代」、そしてそれが概ね達成された時の「現代」、この中で「個人化」という問題を如何に「リスク社会」の中で展望を示していくかという提起であり、我々に突きつけられている課題とする。

まさに現代社会はバウマンやベック、ギデンズらの主唱するように、豊かなかつ安定した社会ではなく、不安定な「リスク社会」であるという認識があることに注視しなければならない。それは現代社会の課題として問われている重要な問題提起であり、福祉の視点からも捉えていく必要がある。

こうした現代社会をめぐり、「社会」（「社会的なもの」）に関する議論の中で、次に経済学からアマルティア・センを中心に言及しておくことにしよう。人間を「危機社会」から回避し、生まれてきた人間が如何に人間らしい生涯を送ることができるか、という最大の課せられたテーゼとするなら、彼の指摘の文脈に人間や福祉を主軸にして展開していくことの一つのヒントがあるように思えるからである。

経済学の課題から――「人間の安全保障」と生きる豊かさ

アマルティア・センは「人間の安全保障」という用語によって展望を示す。近代を特徴づける大きな要因として経済がある。その祖とも呼ばれるアダム・スミスは『国富論』とともに『道徳感情論』を著し、第三者による人間の利己的活動を調整し判断していく、「道徳」「倫理」の重要性を説いた先駆的な人物でもある。実際、経済学の流れとしては功利主義的な追求に重きが置かれ、人間という視点は追いやられてしまったことは周知のとおりである。

経済学における福祉や人間の問題はピグーらの厚生経済学をとおしても議論の俎上に載せてきたが、それほど大きな流れとはならなかった。「経済学」と「倫理学」とは同居するかという原初的な視点は時には湧出し、この課題は重要な課題として現在も論じられている。日本でも、大正時代に「生存権」を説き、また関東大震災の荒廃した帝都の復興を「人間の復興」と位置づけた福田徳三、河合栄治郎らがおり、最近では「人間」を基軸にして経済学を構想した宇沢弘文は「社会的共通資本」を提唱し、「人間の豊かさ」を追求していった。

経済学者アマルティア・センは貧困を論じていく時、人間を中心にした経済学、そして倫理の重要性を指摘し、多くの著書の中で人間のもっている可能性や「安全の保障」について論じる。つまり「人間の生存や日々の生活の中の安全を脅かす不安、あるいは人が生まれもった尊厳を危うくし、病気や社会の害悪によって不安定な状況をさらす危険、さらに無防備な人びとが不況のせいで突如として貧困生活を強いられる状況などを考えれば、こうした困難状況に不意におちいる危険性に特別な関心を向ける必要があることがわかります。〈人間の安全保障〉はこうした危険から人びとを守り、エンパワーメントを求めるものであり、それによって、これらの障害と折り合いをつけ、できれば克服しようとするものなのです[12]」と論じる。そして人間の安全を脅かす様々な要素を排除し、それの克服を目指していこうとするこの視点は「国家の安全保障」と「対照的」なものであると主張する。この生活や人間への視点は非常に重要な概念であると考えられる。それは人間の生から死に至るすべての「生存」という概念にも相当するのではないだろうか。こうした視点は歴史学においても重視されようとしている。

歴史学の視点から――生存史という視点

ここ最近、歴史学において「生存」の課題に向けての議論がなされてきた。これはさきに指摘したセンの提起した人間の課題とも共通しているようにも思える。もちろん歴史における人間の問題は、有名な「昭和史論争」にもあるように、時代に於ける人間を如何に描いていくかという問題提起とも重なっている。生存史をというタームを掲げ、「生存」を歴史から捉えようとする大門正克は「日本の歴史」の一五巻『戦争と戦後を生きる』の中で生存は生命から生活、労働までを含むもので、生存の仕組みについて「家や村や社会的諸関係、国家の政策など、保護と依存、共同のつながりで生存を成り立たせるものである[13]」と把捉する。そして「人びとの経験、生存の仕組み、国家の対応――この三つを貫き、核になるものは『生存』である。人びとの経験に寄り添いながら、生存の仕組みと国家の対応に映し出された時代性を読み解き、二〇世紀なかばの四半世紀における生存の歴史的特質を読み解くこと、その検証を通して、大日本帝国の膨張・崩壊から戦後日本へ至る歴史のグランドデザインを描いてみたい[14]」と執筆目的を論じている。さらに大門は「人はひとりだけで生存することはできない。生存することは人と人とのつながりのなかにあるのであり、生存すること自体のなかに他者に働きかけるきっかけが含まれている。生存の仕組みは、日々を生きる人々が他者に働きかける側面と国家の対応のかかわりのなかでつくられる[15]」と指摘する。

人間の生存という視点から歴史を見ていくという視点は近代のみで考えられる概念ではない。歴史貫通的にみていく概念でもある。たとえば塚本学は無名の民の生活につき、「天下国家の歴史から些事とみなされるような、無名の民の日々の生こそが、人類の歴史の内容であったはずである。ひとびとが日常生活のなかで選択をせまられる問題は個々に多様であることが、各人にとっての重大な問題を天下国家の些事とするのだろうか[16]」と。そして「思えば、人類は生物の一種として地球上に発生して以来、生きるための努力を重ねて地球のほぼ全域に居住空間をひろげてきた。国家とよばれる組織も、本来はそのために人類が作り上げたものにほかなるまい。普遍性を主張した諸原理が動揺し、思想・信条の多様な存在を前提にした現代でも、ひとの生命を脅かすものの否定、別言すれば人命に最高の価値を置く立場は、だれにでも納得できる価値観になれるのでないか[17]」と論じている。同様に倉知克直も「小さな歴史」から「大きな歴史」を「とらえ返す」必要、「組み替える」必要を主張している[18]。長い歴史の中で「生命」「いのち」といった言葉を一人の人間を対象化していく作業がなされれば、それはきわめて反省的視点を超え、福祉史にも大きなインパクトが与えられるように思う。

福祉を考えるということは、あらゆる文明に於ける原点を探究していくという壮大な視点が必要でもある。それは哲学的な課題とも密接につながってくるし、地球上のそして国家や社会のあり方を根本的に組み替えて行く発想にもつながってくる課題でもある。

高岡裕之は近現代史において福祉を課題にするということは「『福祉』という観点から近現代における『社会』(ここには『国家』も含まれる)」の重層的・複合的構造をトータルに捉え直すことにつながる。この意味で『福祉』の『社会』史を問うことは、日本近現代史研究に新たな可能性を開くものであろう」と述べ、そして福祉の問題を考えることとは「人間が生きていくための条件を考えることにほかならないからである[19]」と論じている。近現代史において福祉への視点は重要な意味をもっている。歴史学と社会事業史学との一層の関係を築いていく必要を感じている。

古代から現在へと連綿と続く福祉の歴史は、制度化されたもの以外にも、多様な実践から成り立っていることを理解していく必要があろう。それは我々の眼前に豊かな遺産として残してくれている。今の社会福祉学といった枠組みに囚われることなく、更なる基本的な分析枠組みが、今の福祉への可能性を見いだしてくれるのかもしれない。それがひいては歴史学や他の学問に与えていける可能性を持っている。

社会福祉史の中にその視点をみる

ここで社会福祉史の中から少し例を挙げ、如何なる視点を福祉に組み込んでいくかを考えておこう。

北村透谷は一八九〇年代に「行いて家々の実情を看視せよ、天寒むく雪降れるに暖かき火を圍みて顔色ある者幾家かある、彼等が帰り来れる主人公を慰めん為めに供ふるの肉幾片かある、妙齢の少女頬に紅ゐなく、幼少の児童手に読本なくして路傍に彷徨する者の数、算ふ可きや、母病めるに児は家にありて看護する能はず、出でゝ其の日の職業を務むれども医薬を買ふの余銭なし、共に侶に死を待ちつ、若くは自らを殺しつ、死を招き、社会は其の表面が日に月に粉飾せられ壮麗に赴くに関せず、裡面に於いて日に月に腐敗し、病衰し、困弊するの状を見る事、豈に偶然の観念ならんや[20]」と、近代日本に生きた民衆生活の不可視の領域を直視する。この透谷が指弾した近代日本の実態、「影」の部分こそ、人々の生きる本当の姿であり、我々が直視しなければいけない対象であろう。ちなみに透谷は「同情」という言葉でもって「慈善事業」へ接近するが、それは人間としての内から湧出する精神の発露であり、行動への初発のエネルギーなのである。

あるいは桂木頼千代の一〇〇年前の言葉、「真正なる博愛は『人は平等なり』てふ観念に拠らずんば、決して実行せらるゝことなしと。蓋し吾人が理想とする博愛は、這の平等思想に依るて初めて真に美なる光を発すべく、黄金時代とは這の理想の実現したる時に外ならざるなり[21]」という思想に何度も立ち返ってみる必要がある。人間が生まれ、そして死んでゆくときその人が真に人間らしい生を全う出来る社会を目指すということを歴史から読みとって行くことも重要なのである。

また戦後、障害者福祉の指導的役割をになった糸賀一雄は重症身体障害児（者）の福祉にも取り組んで行く。有名な「この子らを世の光に」というフレーズは福祉を学ぶ者なら当然知っている概念でもある。彼の思想の根幹には「精神薄弱な人たち自身の真実な生き方が世の光となるのであって、それを助ける私たち自身や世の中の人々が、かえって人間の生命の真実に目ざめすくわれていくのだ[22]」というような人間の生命尊重への思想があり、それを受けついでいく必要性を痛感する。

さらに戦後、岩手県の豪雪地帯で乳幼児死亡率の減少を実現させ、老人福祉の充実にも努め、「福祉行政」の村としても有名にした深沢晟雄の思想も、今後の日本の福祉を考えていく時の導きにもなる。深沢の「私は、自分の政治理念を不動のものと考える。内にあっては村ぐるみの努力を惜しまず、更には外からの暖かい理解と協力を信じながら、住民の生命を守るために、私の生命をかけようと思う[23]」という「貧しい村民」のための「劣悪な環境」改善の覚悟はすさまじい思念である。

人間を視座にして

近代は確かに大きな歴史的転換であった。ベックやバウマンらが言うようにそれは近代化ということと、近代を達成した社会、いわゆる現代を如何に乗り越えていくか、その様な構想に触発されて、さしあたり我々の課題は如何なる研究方法が構想されるかである。それは歴史学における「生存」や「いのち」「生活」への関心、それを歴史に如何に埋め込んで行くかといった視点が不可欠と考える。経済学における「人間と経済」、「経済と倫理」を考えて行く視点、また政治学での民主主義の質の課題や人権の視座への深化、そして「正義論」や「共通善」と「生命倫理」いった哲学、倫理への再考、宗教における「スピリチュアリティ」への視点、こうした流れは押し並べて今、「人間とは何か」「人間の幸福とは何か」といった原点志向があるように思われる。もちろん、「人間」というのは「ヒト」と相違した概念であるという理解を前提の議論である。マックス・ウエーバーが近代の特徴を「精神のない専門家」と表現した危惧もこうした学問への提起としてあるのではないか。

これらから学ぶことの基本は、原点に「人間」が置かれていることであろう。もちろん人間とは人類という一般的な呼称でなく、固有名詞をもった個々人の人生そのものを指す。既述したように歴史学における「大きな歴史」より、このような人間一人ひとりの「いのち」に寄り添えるような実践活動から窺える「福祉社会」の在り方が展望されていくのではないか。そこには「成長して行く社会」「欲望の行き着く社会」ではなく、「成長志向でなく」「欲望をも抑え」ながら、我々が納得する社会の構想である。これは「地球環境」しかり、「核」の問題、戦争の問題しかりである、これらの問題につながっているのである。人類の未来を語るとき、そうした転換がない限り、地球崩壊への道は止まらないような危機を抱かざるを得ない。

もちろんこれは社会福祉学の課題でもある。本当に人間という視点が存在しているのか。少なくともそうした視野を埋め込んで考えていきたいと思う。これには歴史的視点が大切である。つまり歴史には過去の人間の知恵がヒントとして存在しているからである。その研究が社会福祉の歴史であり、社会福祉の思想史研究の重要な軸の一つになればいいと夢見ている。

結びにかえて――「福祉の近代史とは何か」を考える

私の大学院ゼミで対象としている分野、とりわけ、その領域や人々をみてみると、「孤児」や孤児院、貧困（家庭）の課題とそれを担う「方面委員制度」、障害をもった人々とその施設・団体、沖縄や地域コミュニティの課題、犯罪と社会、そして行刑施設の課題、近代の公娼制度の問題やジェンダーの課題を扱った人々であった。その対象者は差別と貧困という近代社会の中で「排除」され、「包摂」されうる対象であった。社会福祉の歴史領域からは、それはオーソドックスな研究課題でもある。それを如何に我々の歴史、生きる人間の課題として、それは当然社会を変革し、新しい社会への展望を持つような視点がなければならないことの確認である。そしてこの課題は近代日本の福祉課題と共に近代史という大きな括りでも当然、課題とされていかなければならないものであると考える。それは「福祉の近代史」と呼ぶべき議論ではなかろうか。

確かに社会福祉学において歴史の重要性を理解していると、現在の福祉教育の場において悲観的に成らざるを得ない状況がある。それは高等教育の場に於ける哲学や歴史といった基礎科目の軽視、さらに「資格制度」に左右される福祉教育の場における課題とも連動しているように思われる。人間や社会、幸福といった人間存在に根本的に関わる問題への追求である。たとえば、生と死の問題を考えて行く時、その問題は誕生や生きるという単純な生存と共に、重要な人間の営みが存するからである。誕生から死、そしてその後に至る人間そのものを全体的に把握していくこと、それが福祉の基本であると共に、未来につながる人類の課題でもある。であるからこそ、平和や環境、人工知能（ＡＩ）と社会、そして「核」の問題が歴史の課題として対象化されて行く必要がある。人間として、「生きる」意味を考える、それには歴史や哲学が看過されてはならない。

福祉は他者（対象者）があるからこそ対策があり、サポートが生まれる。それは人間の誕生があってからの営みでもある。ケアや助け合いといった課題はそれが社会的に制度化されていない時から存在していた。もちろん誕生、子育て、葬儀といった課題もそうである。制度化されない福祉には多くの「みえない福祉領域」がある。それは民俗学（民族学）の対象かもしれないが、それを学ぶ姿勢は大切である。岡村重夫が早い時期に「福祉と風土――民俗としての福祉こそ基底」（『地域福祉』一二一号）として民俗学への接近の必要性を語ったのもそうした人間同士の扶助、助け合いを評価していたのだろう。網野善彦と宮田登の『歴史の中で語られてこなかったこと』（洋泉社、一九九八年）やテツオ・ナジタの『相互扶助の経済』（みすず書房、二〇一五年）という著作にもそうした視点がある。外国ではモースの『贈与論』（勁草書房、一九六二年）という名著もある。日本の福祉の歴史を見ても、我々は制度化されなかった多くの福祉を看過、あるいは否定的に評価していたのではないだろうか。しかし人間の叡智のそこはかとなき良き面、可能性があることは確かだ。

社会福祉における歴史研究は、確かにその性格から福祉の「事業」や「政策」、そして個別の実践活動、ソーシャルワークの方法や調査史、技術史として描かれてきた。そこには「問題への解決」という社会福祉学、とりわけソーシャルワークとしての暗黙の了解が存在してきたと思う。しかしポストモダンとしてフーコーの「パノプチコン」、「監視社会」の視点は福祉の歴史分析の方法にもインパクトを与えたことはたしかであり、ジャック・ドンズロの『家族に介入する社会――近代家族と国家の管理装置』（新曜社、一九九一年）やレスリー・マーゴリンの『ソーシャルワークの社会的構成』（明石書店、二〇〇三年）、イアン・ファーガスンの『ソーシャルワークの復権』（クリエイツかもがわ、二〇一二年）といった著作もあり、人間と社会の本質を突く視点は重要である。今日のような原論が不在という状況で、社会福祉学そのものを歴史からみていくことは常套手段である。そして今は福祉の歴史研究を少しずつでもいいから、積み重ねていくしかないだろう。それが学として確立していく捷径なのかもしれない。

現代のような不透明な日本社会において、今後は人口減少社会への突入、少子・超高齢社会といったまだ経験したことがない社会を近未来に迎え、如何なる青写真を描いていくか、が問われてくる。ヤスパースが大著『歴史の起源と目標』(理想社、一九六四年)で指摘したような「枢軸時代」という長いスパンの歴史哲学は壮大すぎる嫌いがあるが、確かに現代は人類史の大きな歴史の転換点の中に立っているのかもしれない。しかし我々が未来を経験できない以上、予知は不可能であるし、過去の歴史にヒントを学んでいくのが一方法である。人間の長い営みの歴史の中にこそ、人間の叡智が積まれたものであり、何某かのヒントがあるはずである。私は社会福祉史や思想史の研究もこのような姿勢でもって今後も学んでいきたいと考えている。それはノーマンの「歴史の叙述は大いなる芸術であり、おそらく最も困難な仕事の一つであろう(24)」という表現に励まされながら。

注

(1) 室田保夫『キリスト教社会福祉史の研究』不二出版、一九九四年、四頁。
(2) 『世界』三八三号、一九七七年。
(3) 室田保夫『近代日本の光と影』関西学院大学出版会、四四五頁。
(4) 金澤周作『チャリティとイギリス近代』京都大学学術出版会、二〇〇八年、一一頁。
(5) 高田実・中野智世編『福祉』ミネルヴァ書房、二〇一二年、六頁。
(6) 岡村東洋光・高田実・金澤周作『英国福祉ボランタリズムの起源』ミネルヴァ書房、二〇一二年、八頁。
(7) 同右、一七頁。
(8) 同右。
(9) B・クロォチェ/羽仁五郎訳『歴史の理論と歴史』岩波書店、一九五二年、一七頁。
(10) E・H・カー/清水幾太郎訳『歴史とは何か』岩波書店、一九六二年、四〇頁。
(11) 山之内靖(伊豫谷登士翁・成田龍一・岩崎稔編)『総力戦体制』筑摩書房、二〇一五年、一六八頁。
(12) A・セン/東郷えりか訳『人間の安全保障』集英社、二〇〇六年、三八頁。
(13) 大門正克『戦争と戦後を生きる』小学館、二〇〇九年、一五頁。
(14) 同右、一六頁。
(15) 同右、一八頁。

(16) 塚本学『生きることの近世史』平凡社、二〇〇一年、八頁。
(17) 同右、九頁。
(18) 倉知克直『「生きること」の歴史学』敬文舎、二〇一五年、一一八頁。
(19) 『歴史評論』六九三号、二〇〇八年。
(20) 勝本清一郎編『透谷全集 第二巻』岩波書店、一九五〇年、三四三頁。
(21) 桂木伴水・持原皿山編『弱者』平民書房、一九〇七年、二〇七〜二〇八頁。
(22) 糸賀一雄『この子らを世の光に』相樹社、一九六五年（日本放送出版協会、二〇〇三年復刊）、三〇一頁。
(23) 及川和男『いのち見つめ心起こし』れんが書房新社、二〇一〇年、一〇五頁。
(24) ノーマン・E・H／大窪愿二訳『クリオの顔——歴史随想集』岩波書店、一九八六年、九一〜九二頁。

あとがき

本書の執筆者は、関西学院大学大学院で室田保夫教授の演習に集ったメンバーです。大学や職場は異なりますが頻繁に交流し、また博士論文を提出しOBとなるメンバーが少しずつ増えても、ほぼ変わらない面々が室田ゼミ（サロン）に集い続けました。先生の研究室での熱い議論が懐かしく思われます。

演習の主テーマは社会福祉の歴史で、とりわけ福祉に関連する人物史や思想史を中心に、それぞれの研究発表と議論が進められました。本書の各章を構成する論文も、ここでの研究発表と議論がもととなっています。室田先生は、それぞれの報告に対して常にウイットの効いたユーモアを交えながら指導され、そのような雰囲気で、メンバー同士の活発な議論が行われ、その研鑽の中からそれぞれの博士論文が書かれていきました。

室田先生は、二〇一七年三月をもって関西学院大学を定年退職されます。先生は、一九九九年の社会学部社会福祉学科創設以来、関西学院大学の社会福祉研究・教育の新たな特色として、社会福祉史の研究・教育をリードされてきました。そして、その結果、社会福祉史分野で多くの学位取得者や学会賞・学術賞受賞者を輩出することに繋がりました。今後も、先生を囲む研究活動は続いていきますが、退職という一つの節目を迎えられるにあたって、編集のための委員会を設け、このような出版を企画しました。その意味で、本書は福祉分野の歴史研究や人物史・思想史研究における多くの課題を究明しながら、それぞれの今後の研究の方向性を確認するものでもあります。

先生にもお忙しい中、これまでのご研究の歩みと今、お考えになって居られることをお願いしたところ、玉稿をいただき感謝申しあげます。我々も今後、室田ゼミの研究会をとおして、研究に精進していく覚悟をしております。

最後に、本書の出版をお引き受けくださったミネルヴァ書房と、企画・編集の労をとってくださった北坂恭子氏には大変お世話になりました。厚く御礼申し上げます。

編著者一同

は 行

ま 行

や 行

ら 行

わ 行

さ　行

た　行

な　行

人名索引

あ　行

か　行

執筆者紹介（所属，執筆分担，執筆順，＊は編著者）

＊細井《ほそい》　勇《いさむ》（編著者紹介参照：はしがき，第１章，あとがき）

＊小笠原《おがさわら》慶彰《よしあき》（編著者紹介参照：はしがき，第６章，あとがき）

＊今井《いまい》小の実《このみ》（編著者紹介参照：はしがき，第７章，あとがき）

＊蜂谷《はちや》　俊隆《としたか》（編著者紹介参照：はしがき，第11章，あとがき）

片岡《かたおか》　優子《ゆうこ》（元関西学院大学非常勤講師：第２章）

倉持《くらもち》　史朗《ふみとき》（天理大学人間学部准教授：第３章）

徳川《とくがわ》早知子《さちこ》（滋賀医科大学客員教授：第４章）

森田《もりた》　昭二《しょうじ》（関西学院大学大学院人間福祉研究科研究員：第５章）

嶺山《みねやま》　敦子《あつこ》（高槻市役所：第８章）

加山《かやま》　弾《だん》（東洋大学社会学部准教授：第９章）

本間《ほんま》　律子《りつこ》（社会福祉法人聖明福祉協会聖明園曙荘副園長：第10章）

室田《むろた》　保夫《やすお》（関西学院大学人間福祉学部教授：終章にかえて）

《編著者紹介》

細井　勇（ほそい・いさむ）

現　在　福岡県立大学人間社会学部教授。

主　著　『石井十次と岡山孤児院――近代日本と慈善事業』ミネルヴァ書房，2009年。

小笠原　慶彰（おがさわら・よしあき）

現　在　神戸女子大学健康福祉学部教授。

主　著　『林市藏の研究――方面委員制度との関わりを中心として』関西学院大学出版会，2013年。

今井　小の実（いまい・このみ）

現　在　関西学院大学人間福祉学部教授。

主　著　『社会福祉思想としての母性保護論争――“差異”をめぐる運動史』ドメス出版，2005年。

蜂谷　俊隆（はちや・としたか）

現　在　美作大学生活科学部准教授。

主　著　『糸賀一雄の研究――人と思想をめぐって』関西学院大学出版会，2015年。

福祉にとっての歴史 歴史にとっての福祉

――人物で見る福祉の思想――

2017年２月20日　初版第１刷発行　〈検印省略〉

定価はカバーに
表示しています

編著者	細井　勇 小笠原　慶彰 今井　小の実 蜂谷　俊隆
発行者	杉田　啓三
印刷者	田中　雅博

発行所　株式会社　ミネルヴァ書房

607-8494　京都市山科区日ノ岡堤谷町１
電話代表　(075)581-5191
振替口座　01020-0-8076

創栄図書印刷・新生製本

ISBN978-4-623-07889-9

Printed in Japan